中国证券期货统计年鉴

CHINA SECURITIES AND FUTURES STATISTICAL YEARBOOK

1998

中国证券监督管理委员会　编

Edited by

CHINA SECURITIES REGULATORY COMMISSION

中国财政经济出版社

CHINA FINANCIAL & ECONOMIC PUBLISHING HOUSE

图书在版编目(CIP)数据

中国证券期货统计年鉴：1998/中国证券监督管理委员会编. —北京：中国财政经济出版社，1998.11
ISBN 7-5005-4023-X

Ⅰ.中… Ⅱ.中… Ⅲ.①证券交易-统计资料-中国-年鉴-1998 ②期货交易-统计资料-中国-年鉴-1998 Ⅳ.F832.5-66

中国版本图书馆 CIP 数据核字（98）第 34139 号

中国财政经济出版社
URL：http://www.cfeph.com
e-mall：cfeph@drc.go.cn.net

社址：北京东城大佛寺东街 8 号　邮政编码：100010
发行处电话：64033095　　财经书店电话：64033436
北京市通州运河印刷厂印刷　　各地新华书店经销
787×1092 毫米　16 开本　15 印张　35 万字
1998 年 11 月第 1 版　1998 年 11 月北京第 1 次印刷
印数：1-4000　国内定价：80.00 元
海外定价：30 美元
ISBN 7-5005-4023-X/F.3662
（图书出现印装问题，本社负责调换）

前　　言

Preface

《中国证券期货统计年鉴》自 1995 年出版发行以来，在社会各界的关心支持下，已经成为反映中国证券期货市场全貌的权威出版物，为各级领导、政府有关管理部门、研究机构、市场参与者和国外证券管理机构、研究机构等开展工作起了重要的参考作用。大家对《年鉴》的出版发行寄予了很高的期望。

为了更加全面准确地反映证券期货市场的发展脉络，满足社会各界对证券期货统计资料的需求，在 1998 年《年鉴》的编制过程中，我们在内容、框架结构，以及版面设计等方面作了一些调整，增加了反映证券市场在国民经济中地位和作用的统计指标，如证券市场市价总值在国内生产总值中的比重、境内股票筹资与银行贷款增加额的比率、境外筹资在国家引进外资中的比重、股票印花税在财政收入中的比重以及投资者在总人口中的比重等。所有这些，既是我们对读者希望的回馈，也是我们为推动中国证券期货市场统计工作，在探索中所作的点滴贡献。

在《年鉴》的编制过程中，中国人民银行、财政部、国家外汇管理局、国家统计局等宏观部委的有关同志做了大量细致的工作，在此，对他们表示衷心感谢。同时，我们也衷心地感谢参加《年鉴》编辑工作的证券期货交易所和证监会各部门的各位同仁。

由于编制时间较短和我们主观能力有限，这本《年鉴》难免有不足之处，诚挚地希望您提出改进意见。随着我国证券市场的不断发展和证券监管体制的深化，人们对证券期货统计资料的需求会越来越大，期望也越来越高。我们愿意与您一起，将今后的《中国证券期货统计年鉴》编得更好。

如果这本《年鉴》能比过去更能满足您的需要，我们将感到欣慰。

中国证券监督管理委员会
信息中心
一九九八年十月

目　　录
CONTENTS

三、证券交易

Trading of Securities

四、上市公司
Listed Companies

五、登记结算
Settlement and Clearing

六、国际比较
International Comparison

七、期货

Futures

八、证券期货中介机构

Securities & Futures Intermediate Institutions

九、宏观经济指标

Statistical Date of Macroeconomics

第一部分　证券市场的作用

Importance of Securities Market

1-1 证券市场在国民经济中的地位

Role of Securities Market in National Economy

单位：亿元(100 000 000 yuan)

年份 Year	GDP	市价总值 Market Capitalization	比例% Rate	GDP	流通市值 Negotiable Market Capitalization	比例% Rate	固定资本形成额 Newly Increased Fixed Capital	境内筹资额 Domestic Raised Capital	比例% Rate
1992	26638.1	1048.13	3.93%	26638.1	N	N	8317	50	0.60%
1993	34634.4	3531.01	10.20%	34634.4	N	N	12980	276.41	2.13%
1994	46759.4	3690.62	7.89%	46759.4	964.82	2.06%	16856.3	99.78	0.59%
1995	58478.1	3474	5.94%	58478.1	937.94	1.60%	20300.5	85.51	0.42%
1996	67884.6	9842.37	14.50%	67884.6	2867.03	4.22%	23336.1	294.34	1.26%
1997	74772.4	17529.24	23.44%	74772.4	5204.42	6.96%	25698	856.06	3.33%

注：1. 固定资产形成主要是由基本建设投资、更新改造投资、大修理基金和其他投资基金形成的，它是总投资的一部分，总投资包括固定资本形成和库存增加两项。

2. 总投资是按支出法计算 GDP 的一部分。

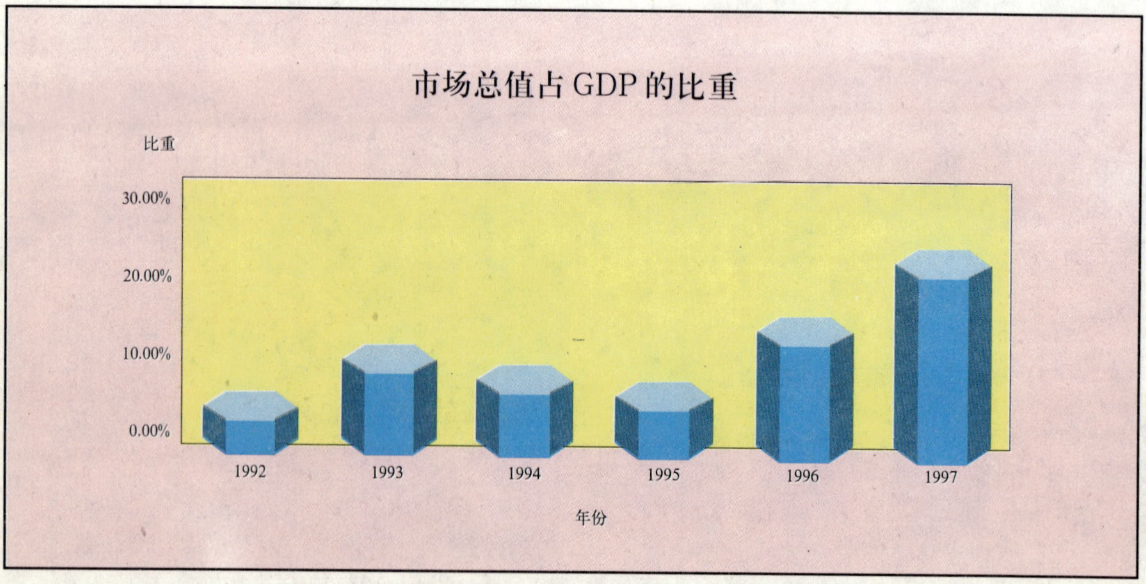

1-2 境内股票筹资和银行贷款增加额的比例

Ratio of Domestic Raised Capital in Stock Market to Amount of Loan of Bank

单位:亿元(100 000 000 yuan)

年份 Year	境内筹资额 Domestic Raised Capital	贷款增加额 Amount of Loan of Bank	所占比例 %	境内筹资额 Domestic Raised Capital	国家银行贷款增加 Amount of Loan of State-owned Bank	比例% Rate
1993	276.41	6335.4	4.36%	276.41	4845.61	5.70%
1994	99.78	7216.62	1.38%	99.78	5161	1.93%
1995	85.51	9339.82	0.92%	85.51	6915.45	1.24%
1996	294.34	10683.33	2.76%	294.34	7937.75	3.71%
1997	853.06	10702.97	7.97%	853.06	8142.59	10.48%

注：境内筹资额为A股发行、配股筹资额。因前几年A、B股配股筹资难以分开，故本表中的该指标由A股发行筹资额和A、B股配股筹资额构成。用这一百分比来反映证券市场的筹资情况，反映了直接融资与间接融资比例。

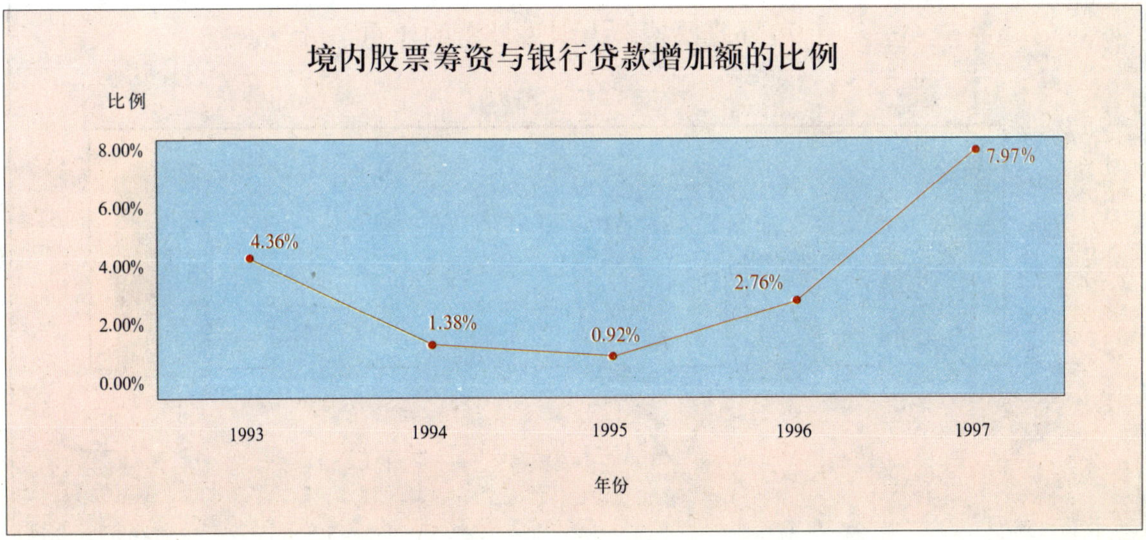

1-3 证券市场境外筹资在引进外资中的比重

Role of Securities Market in Utilization of Foreign Capital

单位:亿元(100 000 000 yuan)

年份 Year	境外筹资 Foreign Raised Capital	外商投资总额 Total Amount of Foreign Investment	所占比例 %	境外筹资 Foreign Raised Capital	外债发行额 Issuing Amount of Foreign Bond	比例% Rate
1992	44.09	1104.16	3.99%	44.09	17.54	251.37%
1993	99.06	2289.68	4.33%	99.06	176.42	56.15%
1994	227	3655.82	6.21%	227	28.28	802.69%
1995	64.81	3995.04	1.62%	64.81	78.06	83.03%
1996	130.74	4548.73	2.87%	130.74	143.39	91.18%
1997	441.79	5345.86	8.26%	441.79	35.37	1249.05%

注：境外筹资包括在香港、美国等地发行的H股和B股筹资。

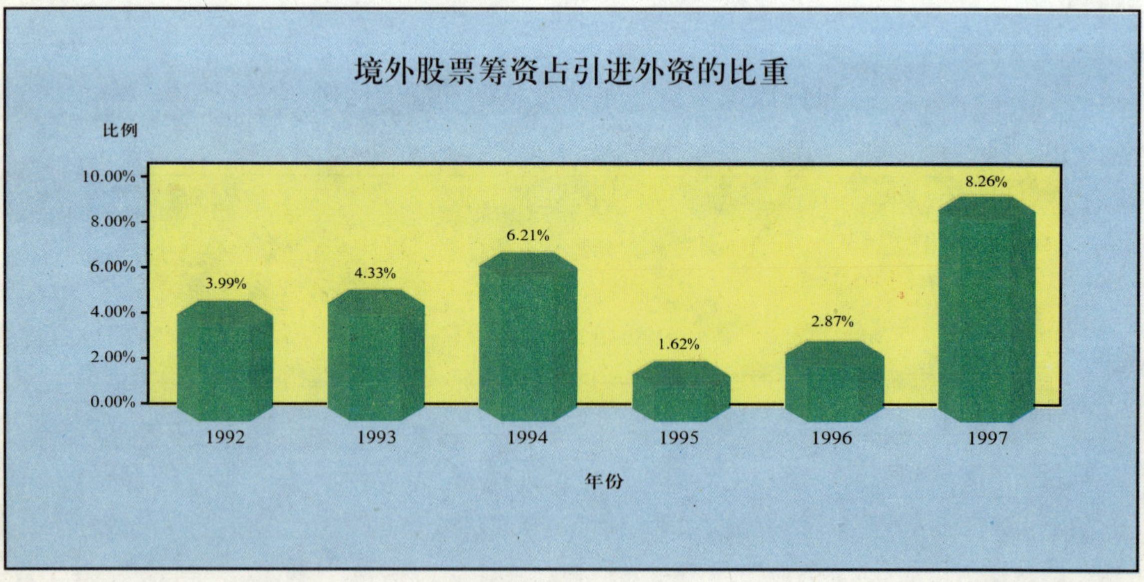

1－4 股票印花税在财政收入中的比重

Proportion of Stamp Duty in Revenue

单位：亿元(100 000 000 yuan)

年份 Year	股票印花税 Stamp Duty	财政收入 Revenue	比重％ Rate	股票印花税 Stamp Duty	中央财政收入 Central Revenue	比重％ Rate
1993	22	4349	0.51％	22	957.5	2.30％
1994	48.77	5248.1	0.93％	48.77	2906.5	1.68％
1995	26.38	6242.2	0.42％	26.38	3256.6	0.81％
1996	127.99	7408	1.73％	127.99	3661.1	3.50％
1997	250.76	8642	2.90％	250.76	4216.5	5.95％

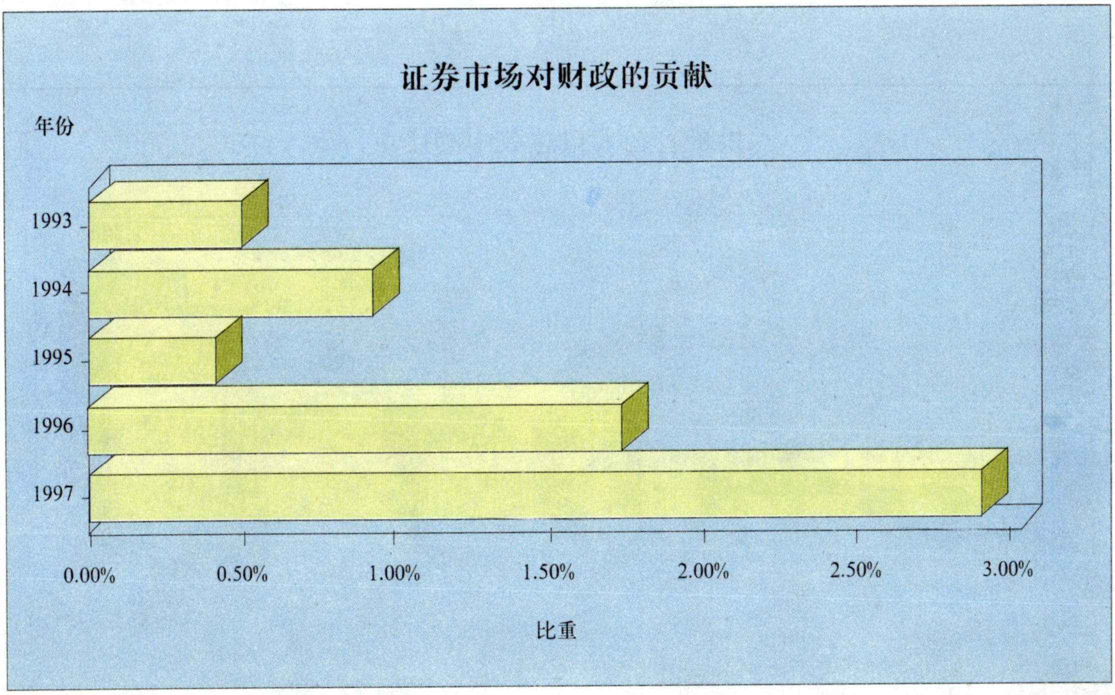

1-5 投资者在人口总数中的比重

Ratio of Investors to Total Population

单位：万户/万人

年份 Year	开户总数 Investors	总人口数 Total Population	比例% Rate	开户总数 Investors	市镇人口 Urban Population	比例% Rate
1992	216.65	117171	0.18%	216.65	32372	0.67%
1993	777.66	118517	0.66%	777.66	33351	2.33%
1994	1058.98	119850	0.88%	1058.98	34301	3.09%
1995	1242.47	121121	1.03%	1242.47	35174	3.53%
1996	2307.23	122389	1.89%	2307.23	35950	6.42%
1997	3333.33	123626	2.70%	3333.33	36989	9.01%

注：开户总数包括了机构和个人开户数，因机构开户数目很小，故不予考虑。

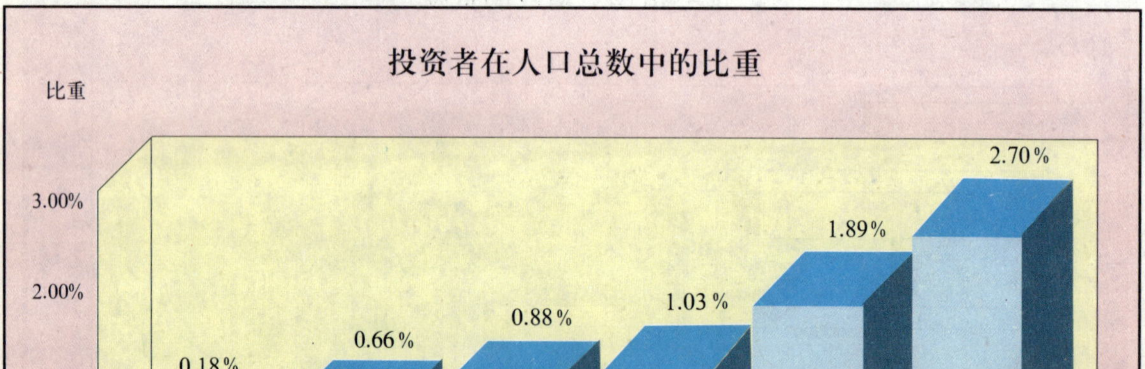

第二部分 证券发行

Issuance of Securities

2-1 1981—1997年国内有价证券分类发行情况

统计日期:1997年12月31日

		1981—1985年	1986年	1987年	1988年
一、国债	**发行额 Amount Issued**	**237.21**	**62.51**	**116.87**	**188.77**
Treasury Bond	**兑付额 Amount Repayed**		**6.65**	**18.41**	**21.66**
	期末余额 Balance	**237.21**	**293.07**	**391.53**	**558.64**
1. 国库券	发行额 Amount Issued	237.21	62.51	62.87	92.16
Treasury Bill	兑付额 Amount Repayed		6.65	18.41	21.66
	期末余额 Balance	237.21	293.07	337.53	408.03
2. 财政证券	发行额 Amount Issued				66.07
Financial Bond	兑付额 Amount Repayed				
	期末余额 Balance				66.07
3. 国家建设债券	发行额 Amount Issued				
State Construction Bond	兑付额 Amount Repayed				
	期末余额 Balance				30.54
4. 国家重点建设债券	发行额 Amount Issued			54.00	
State Key Construction Bond	兑付额 Amount Repayed				
	期末余额 Balance			54.00	54.00
5. 特种国债	发行额 Amount Issued				
Special Bond	兑付额 Amount Repayed				
	期末余额 Balance				
6. 保值公债	发行额 Amount Issued				
Price Index Bond	兑付额 Amount Repayed				
	期末余额 Balance				
7. 定向债券	发行额 Amount Issued				
Special Purchase Bond	兑付额 Amount Repayed				
	期末余额 Balance				
二、政策性金融债	**发行额 Amount Issued**				
Policy Financial Bond	**兑付额 Amount Repayed**				
	期末余额 Balance				
三、其他金融债券	**发行额 Amount Issued**		**30.00**	**60.00**	**65.00**
Other Financial Bond	**兑付额 Amount Repayed**		**5.00**	**30.00**	**40.00**
	期末余额 Balance		**25.00**	**55.00**	**80.00**
四、企业债	**发行额 Amount Issued**		**100.00**	**30.00**	**75.41**
Enterprise Bond	**兑付额 Amount Repayed**		**16.23**	**27.42**	**46.72**
	期末余额 Balance		**83.77**	**86.35**	**115.04**

Issuing Summary of Domestic Securities by Category(1981—1997)

单位:亿元人民币(100 000 000yuan)

1989年	1990年	1991年	1992年	1993年	1994年	1995年	1996年	1997年
223.91	**197.23**	**281.25**	**460.78**	**381.31**	**1137.55**	**1510.86**	**1847.77**	**2411.79**
13.22	**76.22**	**111.60**	**238.05**	**123.29**	**391.89**	**496.96**	**786.64**	**1264.29**
769.33	**890.34**	**1059.99**	**1282.72**	**1540.74**	**2286.40**	**3300.30**	**4361.43**	**5508.93**
56.07	93.46	199.41	395.64	314.77	1117.93	1486.76	1813.27	2382.44
13.22	49.59	106.65	120.41	105.75	349.76	297.99	700.30	1192.23
450.88	494.75	587.51	862.74	1071.76	1839.93	3028.70	4141.67	5331.88
	71.09	64.63	65.14	66.54				
			0.02	9.38	0.42	126.66	65.05	65.40
66.07	137.16	201.79	266.91	324.07	323.65	196.99	131.94	66.54
	21.58	4.95	2.25	0.90	0.29	0.45	0.09	0.03
30.54	8.96	4.01	1.76	0.86	0.57	0.12	0.03	0.00
	5.05					41.13	3.92	3.63
54.00	48.95	48.95	48.95	48.95	48.95	7.82	3.90	0.27
42.84	32.68	17.21						
					39.81	30.02	17.23	3.00
42.84	75.52	92.73	92.73	92.73	52.92	22.90	5.67	2.67
125.00								
				115.37	7.26	1.61	0.71	0.05
125.00	125.00	125.00	9.63	2.37	0.76	0.05	0.00	0.00
					19.62	24.10	34.50	29.35
					19.62	43.72	78.22	107.57
							1041.00	**1399.50**
							254.50	**312.30**
						1613.20	**2399.70**	**3486.90**
60.66	**64.40**	**66.91**	**55.00**				**14.60**	**32.00**
70.11	**50.07**	**33.67**	**30.00**	**34.29**	**13.54**			
70.55	**84.88**	**118.12**	**143.12**	**108.83**	**95.29**	**95.29**	**109.89**	**141.90**
75.26	**126.37**	**249.96**	**683.71**	**235.84**	**161.75**	**300.80**	**268.92**	**255.23**
43.94	**77.29**	**114.31**	**192.76**	**255.48**	**282.04**	**336.30**	**317.80**	**219.81**
146.36	**195.44**	**331.09**	**822.04**	**802.40**	**682.11**	**646.61**	**597.73**	**521.02**

续表

		1981—1985年	1986年	1987年	1988年
1. 中央企业债券	发行额 Amount Issued				
Central Enterprise Bond	兑付额 Amount Repayed				
	期末余额 Balance				
2. 地方企业债券	发行额 Amount Issued		100.00	30.00	30.00
Local Enterprise Bond	兑付额 Amount Repayed		16.23	27.42	46.72
	期末余额 Balance		83.77	86.35	69.63
3. 短期融资券	发行额 Amount Issued				11.72
Enterprise Short - term Bond	兑付额 Amount Repayed				
	期末余额 Balance				11.72
4. 内部债券	发行额 Amount Issued				33.69
Internal Bond	兑付额 Amount Repayed				
	期末余额 Balance				33.69
5. 住宅建设债券	发行额 Amount Issued				
House Construction Bond	兑付额 Amount Repayed				
	期末余额 Balance				
6. 地方投资公司债券	发行额 Amount Issued				
Local Investment Company Bond	兑付额 Amount Repayed				
	期末余额 Balance				
五、国家投资债券	**发行额 Amount Issued**				
State Investment Bond	**兑付额 Amount Repayed**				
	期末余额 Balance				
六、国家投资公司债券	**发行额 Amount Issued**			**30.00**	**90.00**
State Investment Company Bond	**兑付额 Amount Repayed**				
	期末余额 Balance			**30.00**	**120.00**
债券合计	**发行额 Amount Issued**	**237.21**	**192.51**	**236.87**	**419.18**
Total of Bond	**兑付额 Amount Repayed**	**0.00**	**27.88**	**75.83**	**108.38**
	期末余额 Balance	**237.21**	**401.84**	**562.88**	**873.68**
七、股票(A股)	**发行额 Amount Issued**			**10.00**	**25.00**
A Shares	**筹资额 Raised Capital**			**10.00**	**25.00**

注：1. 国债数据由财政部、人民银行提供，国家投资债券和国家投资公司债券的数据由国家计委提供，企业债券和金融债券

2. 兑付额指还本金额，不包括付息。

3. 1992年以前的股票按面值发行，1992年以后为溢价发行，其中1992年的筹资额为按照5倍溢价估算值，1997年债券

Continued

1989 年	1990 年	1991 年	1992 年	1993 年	1994 年	1995 年	1996 年	1997 年
			74.10			77.50	86.15	86.15
								0.00
			74.10	74.10	74.10	151.60	237.75	238.00
14.83	49.33	115.25	258.77	20.06	38.43	52.50	62.15	99.66
15.32	22.05	25.34	37.26	79.45	91.19	152.50	43.41	101.28
69.14	96.42	186.33	407.84	348.45	295.69	195.69	214.43	213.61
29.72	50.15	104.44	228.53	215.78	123.32	170.80	120.62	69.42
14.74	32.73	60.03	111.27	176.03	190.85	173.00	150.88	118.53
26.70	44.12	88.53	205.79	245.54	178.01	175.81	145.55	69.41
30.71	26.89	30.27	111.51					
13.88	22.51	28.94	44.23				123.51	
50.52	54.90	56.23	123.51	123.51	123.51	123.51	0.00	
			6.43					
						6.43		
			6.43	6.43	6.43	0.00	0.00	
			4.37					
						4.37		
			4.37	4.37	4.37	0.00	0.00	
		95.00	**60.00**					
				1.50	**14.11**			
		95.00	**155.00**	**153.50**	**139.39**	**139.39**	**139.39**	
22.53	**6.15**	**2.29**	**8.01**					
		0.83	**2.04**	**2.38**	**1.92**	**32.70**		
142.53	**148.68**	**150.14**	**156.11**	**153.73**	**151.81**	**119.11**	**119.11**	
382.36	**394.15**	**695.41**	**1267.50**	**617.15**	**1299.30**	**1811.66**	**3172.29**	
127.27	**203.58**	**260.41**	**462.85**	**416.94**	**703.50**	**865.96**	**1358.94**	
1128.77	**1319.34**	**1754.34**	**2558.99**	**2759.20**	**3355.00**	**4300.70**	**6114.05**	
6.62	**4.28**	**5.00**	**10.00**	**42.59**	**10.97**	**5.09**	**38.29**	**105.65**
6.62	**4.28**	**5.00**	**50.00**	**194.83**	**49.62**	**22.68**	**224.45**	**655.06**

的数据由中国人民银行提供，股票数据由中国证监会提供。

数据由人民银行提供。

2－2　1997年国内政府债券发行表

Issuing Summary for Goverment Bonds in 1997

统计日期：1997年12月31日　　　　单位：亿元(100 000 000 yuan)

	凭证式国库券 Certificate TB.	凭证式国库券 Certificate TB.	凭证式国库券 Certificate TB.	记账式国库券 Book-entry TB.	记账式国库券 Book-entry TB.	无记名国库券 Bearer TB.	特种定向债券 Specialy Allocated
发行日期　Issue Date	3月1日	3月1日	3月1日	1月22日	9月5日	5月1日	9月22日
计息日期　Dated Date	3月1日	3月1日	3月1日	1月22日	9月5日	5月1日	交款日
发行面值　Face Value Issued	256.38	1133.65	253.29	213.83	130.00	395.29	29.35
实际缴款　Actually Raised Amount							
发行利率(%)　Interest Rates %	8.64	9.18	10.17	贴现	9.78	9.18	8.8
偿还年限　Maturity	2年	3年	5年	2年	10年	3年	5年
面额 Face Value						100 1000 5000	
备注　Notes	对月对日还本付息	对月对日还本付息	对月对日还本付息	每100元发行价82.39元	按年付息		按年付息

注：凭证式国库券的计息方法是：承销机构对投资者从购买之日开始计息，财政部对承销机构按缴款数分别从5月15日和6月1日开始计息。

数据来源：财政部国债金融司

Source：Ministry of Finance

2－3　1997年国债余额一览表

The Balance of T－Bond at the End of 1997

统计日期:1997年12月31日　　　　单位:亿元(100 000 000yuan)

项目　Items	数量　Volume	期限　Maturity	备注　Notes
应兑未兑部分	**28.85**		
特种国债	2.67		
国家重点建设债券	0.27		
国库券	25.91		
未到期的财政债券	**66.54**		
1993年5年期	66.54	1年	
未到期的特种定向债券	**107.57**		
1994年5年期	19.62	2年	
1995年5年期	24.10	3年	
1996年5年期	34.50	4年	按年付息
1997年5年期	29.35	5年	按年付息
未到期的无记名国债	**1419.93**		均可上市流通
1993年5年期	24.64	1年	
1995年3年期	250.00	1年	
1996年3年期	350.00	2年	3月份发行,利率14.50%
1996年3年期	400.00	2年	8月份发行,利率10.96%
1997年3年期	395.29	3年	
未到期的凭证式国债	**3061.98**		均不可上市流通
1995年3年期	1117.86	1年	
1996年5年期	300.80	4年	
1997年2年期	256.38	2年	
1997年3年期	1133.65	3年	
1997年5年期	253.29	5年	
未到期的记帐式国债	**824.06**		均可上市流通
1993年5年期	15.23	1年	按年付息
1996年10年期	255.3	9年	按年付息
1996年7年期	209.70	6年	按年付息
1997年2年期	213.83	2年	贴现发行
1997年10年期	130.00	10年	按年付息
合　计	**5508.93**		

数据来源：财政部国债金融司

Source：Ministry of Finance

2-4 1985—1997 年对外债券发行兑付总表

Issuing and Repayment Summary for Foreign Bond (1985—1997)

单位:万美元(10 000 USD)

年份 Year	发行额 Amount Issued	还本额 Repayment of Principal	付息额 Payment of Interest	期末余额 Balance
1985	92800	0	2103.5	100028.1
1986	136509	不详	不详	269974.4
1987	127486.9	4089.5	13413.4	416818.3
1988	78197.3	8030	25309.9	505955.2
1989	17562	5250	27373.5	482910.2
1990	0	10611.2	20669.2	498821.6
1991	31022.3	5245.4	19659.2	515544.8
1992	30504	47164.7	18596.8	549119.3
1993	304173.7	139515.3	16928.3	786153.9
1994	33429	56998.7	55493	1073146
1995	94050	91333.3	43825.9	1070221.4
1996	172755	94542.98	28963.93	1117939.98
1997	353,686.00	135,220.00	34,359.73	1,287,569.68

注：本表根据国家外汇管理局提供的数据整理。

期末余额中不含付息额。

发行额是按发行时的汇率折算，期末余额是按年底的汇率折算，因此本期余额不一定等于 上期余额+本期发行额-本期还本额。

2-5 1997 年对外债券发行情况一览表

Issuing Summary for Foreign Bond in 1997

发债单位 Issuer	签约日期 Date of Contract	发行额 (亿) Amount	借款期限 (年) Duration	发行成本 Interset Rate	主承销商 Lead Underwriter	发行市场 Locality of Issued
国家开发银行	1 月 29 日	USD33000	10	7.38	雷曼	美国
财政部	6 月 20 日	DEM50000	5	5	德意志银行	欧洲
财政部	10 月 28 日	USD40000	5	6.625	大通/JP 摩根	全球
财政部	10 月 28 日	USD10000	30	7.5	大通/JP 摩根	全球
上海浦东发展银行	9 月 18 日	USD5000	1	L+0.235	汇丰银行	香港
中国银行	4 月 11 日	USD30000	7	L+0.54	N	欧/亚
中国银行	6 月 23 日	USD20000	5	L+0.4	大和证券	新加坡
中国建设银行	4 月 4 日	USD20000	5	L+0.3	美林/大和	亚洲
中国投资银行	5 月 20 日	USD10000	5	L+0.57	大通/大和	香港
中国国际信托投资公司	5 月 23 日	USD20000	5	L+0.39	第一波士顿	欧洲
中国国际信托投资公司	8 月 12 日	USD11100	5	L+0.35	德国商业银行	德国
福建国际信托投资公司	8 月 8 日	USD10000	10	7.38	美林	香港
海南国际信托投资公司	9 月 11 日	JPY1400000	7	3.4	日兴证券	日本
庆铃汽车股份有限公司	1 月 22 日	USD11000	5	3.5	N	香港/伦敦
华能国际电力股份有限公司	5 月 14 日	USD23000	7	1.75	JP 摩根	美国/欧洲

数据来源：国家外汇管理局

Source: State Administration of Foreign Exchange

2－6　1997年企业债券发行兑付统计表

Issuing and Repayment Summary for Enterprise Bond in 1997

统计日期:1997年12月31日　　　　金额单位:万元(10 000 yuan)

地　区 Locality	发行额 Amount Issued	兑付额 Amount Repayed	期末余额 Balance	其中:远期
辽　宁	86437	40714	255918	132508
广　东	80000	232249	218235	106614
吉　林	146178	280315	337468	19814
陕　西	3600	2100	21600	18000
安　徽	29000	5000	59450.85	3058
湖　北	12000	6150	44635	2983
黑龙江	1000	110	20440	2090
重　庆	0	7800	23000	2000
内　蒙	30900	2000	38020	1700
江　西	14500	8528	30050	1500
甘　肃	23000	3730	43481.7	1481.7
山　东	34020	19402	46867	443
深　圳	20500	24997	385	385
北　京	15000	8000	0	0
天　津	14000	11000	39000	0
上　海	135000	141950	406200	0
浙　江	17407	15610	26607	0
福　建	21000	12000	58400	0
湖　南	24950	49238	37350	0
云　南	17000	7300	27000	0
西　藏	0	0	0	0
青　海	14000	2000	20000	0
宁　夏	13000	2000	21000	0
新　疆	0	0	0	0
河　北	60500	16300	120500	0
山　西	39000	10950	46000	0
江　苏	52000	28626	80000	0
河　南	37330	22100	37330	0
广　西	7000	0	7000	0
海　南	8000	10500	21000	0
四　川	25300	42137	34139	0
贵　州	15000	0	15000	0
中央企业债券	861520	0	2380000	0
合　计	**1858142**	**1012806**	**4516076.55**	**292576.7**

数据来源:中国人民银行

Source:The People's Bank of China

2-7 1997年企业短期融资券发行兑付统计表

Issuing and Repayment Summary for Enterprise Short-term Note in 1997

统计日期:1997年12月31日　　　　金额单位：万元(10 000 yuan)

地　区 Locality	发行额 Amount Issued	兑付额 Amount Repayed	期末余额 Balance	其中：远期
辽　宁	113268	130856	131833	128833
广　东		44150	120381	120381
安　徽	200	27500	18149.15	17949.15
江　西	30650	47880	23950	13200
湖　北	9500	5544	14756	4356
内　蒙	13100	12600	11458	2423
福　建	2900	9300	2455	1055
浙　江	16350	120857	12293	100
上　海	58300	106900	29250	
江　苏	397306	572383	280033	
河　南	7000	6000	1000	
湖　南	10000	8490	10000	
广　西	18585	44616	17430	
海　南		6000		
四　川	15800	40219	19886	
宁　夏	1200	2000	1200	
重　庆	0	0	0	
贵　州	0	0	0	
云　南	0	0	0	
北　京	0	0	0	
天　津	0	0	0	
河　北	0	0	0	
山　西	0	0	0	
吉　林	0	0	0	
黑龙江	0	0	0	
山　东	0	0	0	
深　圳	0	0	0	
西　藏	0	0	0	
陕　西	0	0	0	
甘　肃	0	0	0	
青　海	0	0	0	
新　疆	0	0	0	
合　计	**694159**	**1185295**	**694074.15**	**288297.15**

数据来源：中国人民银行

Source: The People's Bank of China

2-8 1997年A股发行情况一览表

公司名称 Issuer	发行时间 Date Issued	发行方式 Pattern	发行量（万元面值） Issued Volume	发行价（元） Issuing Proce	筹资总额（万元） Raised Capital	超额认购倍数 Level of Over Subscription
辽通化工	1-Jan	上网	13000	5.38	69940	47.77
广东宝丽华	1-Jan	即退	1250	7.08	8850	27.69
云南马龙	1-Jan	即退	1500	4.8	7200	146
深圳中金	1-Jan	上网	1800	8.00	14400	180.87
内蒙远兴	1-Jan	上网	6500	5.11	33215	68
海南大东海	1-Jan	转存	1100	3.20	3520	34.1
佛山兴华	1-Jan	上网	1600	6.74	10784	79.6
保定天鹅	1-Jan	上网	7500	6.30	47250	50.7
浙江轻纺城	1-Jan	上网	2925	6.78	19831	120
厦门信达	1-Jan	转存	6500	4.00	26000	18.9
深圳华强	1-Jan	上网	1800	11.40	20520	94
沈阳化工	1-Jan	上网	8000	6.40	51200	39.6
贵华旅业	1-Jan	上网	1000	4.02	4020	136.2
鲁抗医药	1-Jan	上网	8000	6.30	50400	61.6
海南寰岛	1-Jan	上网	3100	6.15	19065	119.7
惠天热力	1-Jan	上网	1100	12.13	13343	110.3
大理造纸	2-Jan	转存	1578	3.75	5917	43
佳木斯纸业	2-Jan	上网	5000	4.70	23500	252.3
正虹饲料	2-Jan	转存	5000	7.06	35300	17
咸阳偏转	2-Jan	转存	1129	5.95	6719	99
大冶特钢	3-Jan	上网	7000	8.70	60900	119.3
无锡小天鹅	3-Jan	上网	6000	12.24	73440	80.2
宁波海运	3-Jan	上网	4100	6.45	26445	183.12
浙江震元	3-Jan	上网	2500	4.45	11125	317.5
阿城钢铁	3-Jan	上网	5000	5.25	26250	76.49
唐山钢铁	3-Jan	上网	12000	9.22	110640	40.6
海信电器	3-Jan	即退	7000	6.28	43960	59.4
广西斯壮	3-Jan	上网	3000	3.75	11250	116.4
吉林纸业	3-Jan	上网	6000	6.45	38700	75.8
龙江龙发	3-Jan	上网	1464	4.09	5987	123.8
广东金泰	3-Jan	即退	1670	7.28	12162	37.4
中国有色	3-Jan	转存	6000	7.96	47760	11.7
钱江生化	3-Jan	上网	1035	5.13	5309	264.24
浙江天然	3-Jan	上网	3000	6.12	18360	201.34
宁波联合	3-Jan	上网	3000	11.78	35340	65.25
浙江广厦	4-Jan	上网	3500	5.70	19950	105.5
许继电气	4.2-4	转存	5000	9.24	46200	30.4
江西纸业	4-Jan	上网	4500	5.60	25200	102.8

注：本表中所有空白数据填N

Issuing Summary for A Shares in 1997

有效申购总量(万股) Shares of Effcient Application	申购资金(亿元) Capital for Application	中签率 % Ratio of Placement	有效申购户数(户) Effcient Applicant	主承销商 Lead Underwriter	上市地点 Exchange Listed in
558931.2	300.7	2.09	222794	君安	深交所
31154.3	22.36	3.61	10447	广发	深交所
197000	96.6	0.68	10553	君安	上交所
325560.6	260.45	0.55	360612	招银证券	深交所
400654.6	204.73	1.46	266812	深国投	深交所
37552.4	12.39	2.93	927	港澳国投	深交所
127355	85.84	1.26	202877	广证	深交所
342106.3	215.53	1.97	167322	君安	深交所
351099	238.05	0.83	377970	海通	上交所
129264.6	52.61	5.03	17618	兴业证券	深交所
169276.6	192.98	1.06	186981	君安	深交所
316605.2	202.63	2.53	229297	国泰	深交所
136157.7	54.74	0.73	364746	申银	上交所
492788	310.46	1.62	323779	国泰	上交所
371087.9	228.22	0.84	250244	深国投	深交所
121322	147.16	0.91	194892	建行信托	深交所
67800	26.10	2.32	8977	云南证券	上交所
1261250	592.80	0.40	N	广发	深交所
76523.8	54.79	5.88	16215	大鹏	深交所
111858.3	67.67	1.01	15000	中经开	深交所
83488	726.35	0.84	366269	申银万国	深交所
408878	500.46	1.25	331646	江苏省证券	深交所
676440	436.30	0.54	715816	申银万国	上交所
793865	353.26	0.31	702236	大鹏	深交所
382468	200.79	1.31	413425	国泰	上交所
487671	449.63	2.46	248791	国泰	深交所
372506	236.54	1.69	22780	中信证券	上交所
349089	130.90	0.85	348281	海南港澳国投	深交所
454880	293.39	1.31	243993	长城证券	深交所
181206	74.11	0.80	361616	国泰	深交所
562300	41.49	2.67	7977	广证	深交所
63246	50.91	8.53	15870	广发	深交所
331624	170.12	0.31	621674	中信证券	上交所
604031	528.84	0.49	1211	中信证券	上交所
188829	222.44	0.52	235925	君安	上交所
3694004	210.56	0.95	395079	广发	上交所
151885	141.86	3.29	3206	招银	深交所
416510	233.25	0.97	463444	华良	上交所

续表 1

公司名称 Issuer	发行时间 Date Issued	发行方式 Pattern	发行量 （万元面值） Issued Volume	发行价 （元） Issuing Proce	筹资总额 （万元） Raised Capital	超额认购倍数 Level of Over Subscription
双环碱业	4-Jan	上网	6000	7.60	45600	126.0
成都天兴	4-Jan	上网	1750	5.10	8925	172.0
合肥丰乐	4-Jan	上网	4500	6.75	30375	90.3
南风化工	4-Jan	上网	6200	6.47	40114	171.3
西安饮食	4.9-4	转存	4000	3.15	12600	204
重庆国投	4-Jan	上网	1000	3.30	3300	636.3
中兴商业	4-Jan	上网	3000	7.50	22500	366
漯河银鸽	4.16-	转存	4000	4.62	18480	37.6
黄山旅游	4-Jan	上网	4000	6.02	24080	231.7
通化金马	4-Jan	上网	4000	7.23	28920	184.9
韶钢松山	4-Jan	上网	8000	7.76	62080	81.1
山东电缆	4.22-	即退	4000	6.86	27440	79.3
青岛东方	4.22-	即退	3000	5.70	17100	87
南京新港	4.23-	转存	5000	7.84	39200	36.71
天宇电气	4.23-	转存	3000	5.80	17400	25.1
宇通客车	4.23-	即退	3500	9.75	34125	36.3
万东医疗	4-Jan	上网	1500	8.54	12810	197.5
中纺投资	4-Jan	上网	3000	6.20	18600	123.7
古越龙山	4-Jan	上网	3500	8.84	30940	193.9
中技贸易	4-Jan	上网	3000	7.02	21060	111.7
武汉百货	4-Jan	上网	4000	5.25	21000	160.5
大庆联谊	4-Jan	上网	5000	9.87	49350	114.2
漳泽电力	22-Ma	全额	1500	6.00	9000	21.9
北京化二	22-Ma	上网	8000	7.20	57600	40.7
恒泰芒果	21-Ma	全额	3500	6.61	23135	40.3
啤酒花	12-Ma	转存	3000	4.05	12150	27.51
厦新电子	13-Ma	全额	4000	4.43	17720	34.3
当代科技	22-Ma	上网	2000	5.22	10440	85.4
广东福地	20-Ma	全额	12000	7.79	93480	43.2
鼎球实业	21-Ma	上网	3500	5.80	20300	12.9
内蒙兴发	19-Ma	上网	4000	5.66	22640	183.9
湖北多佳	22-Ma	上网	3000	6.04	18120	58.6
北新建材	20-Ma	上网	4500	5.93	26685	109.7
皖维股份	12-Ma	上网	5000	6.15	30750	71.6
凤凰光学	12-Ma	上网	2200	5.60	12320	74.6
三毛派神	12-Ma	上网	4500	5.50	24750	70.2
五矿发展	5-May	上网	7500	8.52	63900	89.8
新兴铸管	9-May	上网	8000	9.80	78400	47.6
双鹤药业	6-May	上网	4700	6.69	31443	91.4
葛洲坝	8-May	上网	19000	6	114000	74.5

Continued 1

有效申购 总量(万股) Shares of Effcient Application	申购资金 (亿元) Capital for Application	中签率 % Ratio of Placement	有效申购 户数(户) Effcient Applicant	主承销 商 Lead Underwriter	上市 地点 Exchange Listed in
755716.30	574.34	0.79	374757	湖北证券	深交所
270902.40	138.16	0.58	369630	君安	深交所
397515	268.32	1.10	233596	安徽省证券	深交所
955883	618.46	0.59	380229	南方证券	深交所
818119	265.90	0.49	29045	陕西省证券	深交所
636262	209.97	0.16	884532	海南港澳国投	深交所
988200	741.15	0.27	593760	中信证券	深交所
357071	168.54	1.12	4724	河南证券	上交所
868925	523.09	0.43	841112	安徽证券	上交所
739697	534.80	0.54	356904	深国投	深交所
583913	453.12	1.23	274928	广证	深交所
317209	220.78	1.26	14580	大鹏	深交所
235278	1364.61	1.15	18973	申银证券	深交所
183574	145.76	2.72	12064	国泰	上交所
78355	46.35	3.83	25927	福建兴业证券	深交所
126952	125.05	2.76	13572	黄河	上交所
266652	227.72	0.51	442990	广发	上交所
336781	208.8	0.80	353698	君安	上交所
61076.40	539	0.52	473199	中信证券	上交所
304319	213.63	0.89	268555	南方	上交所
642183	337.15	0.62	353278	广发	深交所
514059	507.38	0.88	268411	申银万国	上交所
32914.40	20.08	4.56	10829	国泰证券	深交所
292901.40	210.89	2.45	99034	中信证券	深交所
126809.70	85.09	2.48	2759	信达	上交所
82522.90	34.25	3.64	N	君安	上交所
123407.80	55.90	2.92	33021	厦门证券	上交所
170865.80	89.19	1.17	246805	申银万国	上交所
466294.70	363.24	2.32	50937	广证	深交所
534705.20	310.13	0.65	450475	N	上交所
735750.40	416.44	0.54	334603	中经开	深交所
175779.80	106.17	1.71	166781	湖北证券	上交所
444364.60	263.51	0.91	287280	南方证券	深交所
357935.90	220.13	1.40	1060	安徽国投	上交所
164071.60	0.92	1.34	246006	东方信托	上交所
284377.80	156.41	1.42	199817	甘肃省投资信托	深交所
629432.90	536.28	1.11	329694	中信证券	上交所
380559.10	372.95	1.89	159042	中经开	深交所
386691.80	258.70	1.09	298117	南方证券	上交所
1416143.40	849.69	1.34	549031	湖北证券	上交所

续表 2

公司名称 Issuer	发行时间 Date Issued	发行方式 Pattern	发行量 （万元面值） Issued Volume	发行价 （元） Issuing Proce	筹资总额 （万元） Raised Capital	超额认 购倍数 Level of Over Subscription
环保股份	6-May	全额	3300	6.53	21549	39.4
铁岭精工	5-May	全额	1022	5.18	5293.96	28.9
金果实业	6-May	全额	2500	5.09	12725	34.6
盛道包装	13-Ma	上网	4500	6.43	28935	183.2
华光科技	6-May	全额	5000	5.60	28000	118.5
华东电子	7-May	全额	4000	6.16	24640	52
合成制药	27-Ma	全额	4500	5.70	25650	9.7
海口农贸	23-Ma	全额	4500	4.35	19575	65.7
浙江富润	14-Ma	上网	2000	3.77	7540	338
金花企业	14-Ma	全额	3000	6.16	18480	119
延边公路	14-Ma	存单	3000	3.60	10800	83.2
红光实业	23-Ma	上网	7000	6.05	42350	36.2
美丰化工	30-Ma	上网	2300	8.85	20355	99.2
中视股份	23-Ma	上网	5000	7.95	39750	74.7
丹东化纤	21-Ma	全额	6000	5.88	35280	19.2
赛格中康	21-Ma	上网	15000	5.45	81750	52.6
同 仁 堂	29-Ma	上网	5000	7.08	35400	112.98
长安汽车	23-Ma	上网	12000	6.36	76320	48.15
江南重工	16-Ma	上网	6000	5.37	32220	262.58
新疆天业	23-Ma	上网	2700	6.53	17631	41.13
一汽轿车	29-Ma	上网	30000	6.8	204000	50.49
南京水运	27-Ma	全额	3500	6.05	21175	6.75
重庆路桥	6.3-6	转存	9000	5.40	48600	13.5
广东美达	6.3-6·	转存	5000	6.33	31650	9.2
西安飞机	6-Jan	上网	6000	6.15	36900	226.8
燕京啤酒	6.25	上网	8000	7.34	58720	79.6
特变电工	6.4-6	转存	3000	5.19	15570	39.9
天津百货	6.6	上网	3000	5.18	15540	175.4
南方摩托	6.12	上网	8500	7.20	61200	96.8
拉萨啤酒	6.9-6	转存	2500	3.38	8450	18.6
精密股份	6.11-	转存	4000	3.00	12000	44
四川禾嘉	6.10	上网	3000	8.05	24150	110.1
福建双菱	6.11-	转存	3500	7.02	24570	13.6
五一文	6.10-	转存	2500	4.57	11425	24.2
锌业股份	6.11-	转存	9000	7.42	66780	12.7
清华同方	6-Jan	上网	4200	8.28	34776	129.8
中核阀门	6.16	上网	3000	5.33	15990	38.4
黄河化工	6.13	上网	3700	5.28	19536	73
东风汽车	6.13	上网	1250	7.55	9438	58.5
振华科技	6.17	上网	7000	7.81	54670	59.3

Continued 2

有效申购总量(万股) Shares of Effcient Application	申购资金(亿元) Capital for Application	中签率 % Ratio of Placement	有效申购户数(户) Effcient Applicant	主承销商 Lead Underwriter	上市地点 Exchange Listed in
130148.8	86.29	2.54	171	广发证券	深交所
29488.9	15.57	3.47	2714	申银万国	上交所
86386.2	44.83	2.89	23730	湘财证券	深交所
741617	476.86	0.546	308605	湖北证券	深交所
592487.7	337.72	0.84	21255	申银万国	上交所
210157.4	131.56	1.90	10986	国泰	深交所
43704	25.35	10.31	8275	国泰	深交所
295857.7	131.66	1.52	5115	中经开	深交所
608691.9	229.48	0.26	537618	申银万国	上交所
321321.6	201.14	0.84	8170	申银万国	上交所
249690.5	923.48	1.20	5949	中民信	深交所
253103.2	15.31	2.76	156217	中兴信托	上交所
228135.90	201.90	1.01	226678	大鹏	深交所
373465.8	296.91	1.27	298117	中教信托	上交所
115437.4	68.80	5.20	2830	深国投	深交所
707823.2	385.76	1.9	191949	深国投	深交所
564888.4	399.94	0.8	466314	华夏	上交所
399636.7	254.69	2.07	164704	国泰	深交所
1417947.0	761.40	0.38	540596	君安	上交所
99946.1	65.26	2.43	125577	申银万国	上交所
1363126.4	926.93	1.98	505079	海通证券	深交所
23615.8	14.52	14.81	N	招银	上交所
118640.9	64.65	7.41	N	广发证券	上交所
46018.9	29.59	10.87	13992	广发证券	深交所
1361050	837.05	0.44	607230	君安证券	深交所
636536	467.21	1.26	321976	北京证券	深交所
119584.5	63.26	2.51	N	中信证券	上交所
527594.6	273.29	0.57	471625	申银万国	上交所
740587.7	533.22	1.03	373271	深国投	深交所
44060.7	15.33	5.38	N	北京证券	深交所
170833	54.51	2.27	N	国泰证券	上交所
297264.4	239.30	0.91	279657	广发证券	上交所
42916.8	30.56	7.35	N	福建华兴	深交所
60365.9	28.19	4.13	11445	湖南国投	深交所
114420.1	85.47	7.87	4687	国泰证券	深交所
490593.2	406	0.77	431542	中信证券	上交所
103722.6	55.20	2.60	132076	广发证券	深交所
242982.5	128.29	1.37	282813	光大证券	上交所
65764.6	49.65	1.71	149158	君安证券	上交所
373303	291.55	1.69	157010	光大证券	深交所

续表 3

公司名称 Issuer	发行时间 Date Issued	发行方式 Pattern	发行量 （万元面值） Issued Volume	发行价 （元） Issuing Proce	筹资总额 （万元） Raised Capital	超额认 购倍数 Level of Over Subscription
上海梅林	6.16	上网	10000	4.00	40000	62.7
湘计算机	6.17-625	转存	4500	6.52	29340	10
峨嵋柴油机	6.16	上网	3000	6.19	18570	30.3
长城电脑	6.10-6.19	转存	5700	6.58	37506	9.2
林海股份	6.17	上网	4000	6.09	24360	55
新天国际	6.18	上网	3000	7.84	23520	130.5
云 天 化	6.18-	余款	10000	6.21	62100	38.2
西藏矿业	6.18-	转存	3500	6.90	24150	10.3
青山纸业	6.18-	转存	8000	5.10	40800	7.3
福建三农	6.18-	转存	4000	4.30	17200	8.8
山西三维	6.17-	转存	6000	5.55	33300	5.4
宝鸡商场	6.18-	转存	3000	7.74	23220	21.5
桂林集琦	6.19	上网	4000	6.99	27960	122.8
南京中达	6.5	上网	3000	6.63	19890	202.3
哈 高 科	6.23	上网	5000	5.78	28900	147.3
华源股份	6.24	上网	4000	7.04	28160	118.4
中国武夷	6.25-	余款	7700	6.72	51744	14.8
湖南酒鬼	6.24-	余款	5500	8.00	44000	35.3
广州控股	6.27	上网	10000	7.87	78700	90.5
深盐田港	7-Jan	上网	12500	5.31	66375	180.5
石家庄炼化	7-Jan	上网	12000	5.89	70680	132.3
海口管道	7-Jan	上网	5000	5.74	28700	158.1
安凯客车	7.7-7	余额	6000	5.69	34140	6.3
太原刚玉	7-Jan	上网	5500	5.31	29205	294.8
中国泛旅	7.22-	余额	2500	5.28	13200	104.1
三峡水电	7-Jan	上网	5000	6.38	31900	144.29
江淮动力	7.23-	余额	5500	8.52	46860	57.59
亚盛集团	7.24-	余额	7000	6.06	42420	52.63
新华制药	7-Jan	上网	1000	3.45	3450	311.91
华 侨 城	8-Jan	上网	5000	6.18	30900	317.2
盐湖钾肥	8.5-8	即退	5000	4.35	21750	256.3
莱钢股份	8-Jan	上网	8000	6.73	53840	173.3
锦州石化	8-Jan	上网	10000	4.76	47600	143.7
综艺股份	8-Jan	上网	3500	6.77	23695	395.8
万年青水泥	8-Jan	上网	5000	4.26	21300	440.1
超声电子	8.25-	即退	6500	4.97	32305	163.7
北方商用	8-Jan	上网	1300	5.80	7540	304.2
天大天财	8-Jan	上网	3000	5.04	15120	204.7
永新化工	8-Jan	上网	4500	5.47	24615	125.1
稀土高科	8-Jan	上网	8000	4.43	35440	153.6

Continued 3

有效申购总量(万股) Shares of Effcient Application	申购资金(亿元) Capital for Application	中签率 % Ratio of Placement	有效申购户数(户) Effcient Applicant	主承销商 Lead Underwriter	上市地点 Exchange Listed in
564043.5	225.62	1.60	394639	海通证券	上交所
40342	26.70	10	10672	平安证券	深交所
90772	56.10	3.30	95922	君安证券	深交所
47337	31.57	10.84	9068	中信证券	深交所
197862.7	120.50	1.82	165752	江苏证券	上交所
352257.6	276.17	0.77	353958	申银万国	上交所
352348	220.57	2.55	N	光大证券	上交所
32535	22.77	9.60	1840	光大证券	深交所
58317.7	30.11	13.72	29687	福建华兴	上交所
35134.4	15.46	11.38	27902	福建兴业	深交所
38933.9	16.31	18.60	13137	国泰证券	深交所
64393.1	50.48	4.65	5332	南方证券	深交所
454202	317.49	0.88	301453	华夏证券	深交所
546126.6	362.08	0.49	564003	申银万国	上交所
736499.4	425.70	0.68	518223	华夏证券	上交所
426306.7	300.12	0.84	392809	国泰证券	上交所
103017.7	69.95	6.76	58588	福建兴业	深交所
174864.4	141.64	2.80	23123	湘财证券	深交所
814696	641.17	1.10	489780	广州证券	上交所
2102043	1116.20	0.55	569397	华夏证券	深交所
1429136	841.80	0.76	409917	国泰证券	深交所
790664	453.80	0.63	349868	海南国投	深交所
36953	21.30	15.70	2722	安徽证券	深交所
1459029	774.70	0.34	591967	大鹏证券	深交所
250608	134.80	0.96	N	广东证券	上交所
721352	460.20	0.69	469029	南方证券	上交所
285066.8	245.70	1.74	6572	国泰证券	深交所
331571	203.30	1.90	N	甘肃证券	上交所
311904	107.60	0.32	446204	湖北证券	深交所
1445858.7	893.54	0.32	630638	君安证券	深交所
1153286.2	513.21	0.39	12854	广发证券	深交所
1247576.9	839.62	0.58	540471	海通证券	上交所
1292882	615.41	0.70	383791	南方证券	深交所
1385169	937.76	0.25	727597	南方证券	上交所
1980548	843.70	0.23	656280	君安证券	深交所
957723	483.70	0.61	21260	广东证券	深交所
395452	229.40	0.30	488749	中信达	深交所
552776.7	278.60	0.49	368983	南方证券	深交所
506454	277.10	0.80	221428	招银证券	深交所
1106088	4.90	0.65	447915	申银万国	上交所

续表 4

公司名称 Issuer	发行时间 Date Issued	发行方式 Pattern	发行量（万元面值） Issued Volume	发行价（元） Issuing Proce	筹资总额（万元） Raised Capital	超额认购倍数 Level of Over Subscription
锦化氯碱	9.3-9	即退	9000	6.31	56790	137.90
永鼎光缆	9.15	上网	3500	7.10	24850	426.30
长春热缩	9.19	上网	3000	7.52	22560	197
峨嵋山旅游	9.18	上网	4000	6.76	27040	238.40
浙江东日	9.22	上网	4000	5.75	23000	78.90
国安信息	9.22	上网	5000	7.09	35450	107.90
承德露露	9.24	上网	3500	5.52	19320	230.50
西宁特钢	9.23-	即退	8000	5.80	46400	100.90
中兴通讯	10/6	上网	6500	6.81	44265	284.30
重庆啤酒	10/10	上网	4000	5.54	22160	464.60
赣南果业	10/14	上网	2500	5.00	12500	273.90
美 尔 雅	10/16	上网	5000	8.10	40500	217.20
江西赣能	10/20	上网	8600	6.94	59684	95.10
太极集团	10/22	即退	5000	7.00	35000	147.60
东方航空	10/24	上网	30000	2.45	73500	156.50
郑州煤地	10/28	即退	8000	5.50	44000	126.33
秦皇岛华联	10/30	上网	3000	3.78	11340	244.50
京西风光	10/31	上网	3000	4.72	14160	238.80
长征电器	10/31	上网	4000	4.31	17240	136.80
本钢板材	11/3	上网	12000	5.40	64800	95.80
上海汽车	11/7	上网	30000	7.02	210600	77.10
河南预能	11/10	上网	8000	3.36	26880	132.50
中 青 旅	11/14	上网	6000	6.57	39420	247.10
浙江东方	11/12	上网	1050	7.56	7938	411.80
鞍钢新轧钢	11/17	上网	30000	3.90	117000	77.20
长江投资	11/20	上网	4000	4.76	19040	474.20
中水集团	11/24	上网	6300	7.24	45612	214.90
海南高速	12/1	上网	7700	5.92	45584	328.80
邯郸钢铁	12/19	上网	35000	7.50	262500	59.16
乐凯胶片	12/26	上网	7000	6.42	44940	263.15

Continued 4

有效申购 总量(万股) Shares of Effcient Application	申购资金 (亿元) Capital for Application	中签率 % Ratio of Placement	有效申购 户数(户) Effcient Applicant	主承销 商 Lead Underwriter	上市 地点 Exchange Listed in
1116746	711.4	0.73	11739	中信证券	深交所
1492006	1059.3	0.24	694591	国泰证券	上交所
591112.9	444.5	0.51	398949	中科技	上交所
858189	580.1	0.42	374482	国泰证券	深交所
315756	181.6	1.27	245545	华夏证券	上交所
485754	344.4	0.93	218526	北证券	深交所
725955	400.7	0.43	366024	申银万国	深交所
726832	425.9	0.99	N	南方证券	上交所
1663331	1132.7	0.35	528575	君安证券	深交所
1672563	926.6	0.22	780618	申银万国	上交所
616272	308.1	0.37	418658	蔚深证券	深交所
1086137	879.8	0.46	450118	东方信托	上交所
744113	516.4	1.05	261606	申银万国	深交所
664034	471.5	0.68	N	海南港澳	上交所
4226161	1035.4	0.64	881209	国泰证券	上交所
909522	505.7	0.79	N	中煤信托	上交所
660087	249.5	0.45	447719	河北证券	深交所
644855	304.4	0.42	395813	南方证券	深交所
492524	212.3	0.73	366632	贵州证券	上交所
1035096	558.9	1.04	249193	申银万国	深交所
2081106	1460.9	1.28	694469	申银万国	上交所
958935	322.2	0.76	433275	君安	深交所
1334084	876.5	0.41	728630	湖北证券	上交所
432371	326.9	0.24	586914	光大证券	上交所
2204050	859.6	1.30	482974	中信	深交所
1707040	812.6	0.21	952562	申银万国	上交所
1218596	882.3	0.47	491926	华夏	深交所
2531803	1498.8	0.30	789519	海南港澳	深交所
1892968.8	1420.17	1.69	579869	中信证券	上交所
1655744.7	1063	0.38	433275	深国投	上交所

2－9　1997 年 B 股发行情况一览表

Issuing Summary for B Shares in 1997

公司简称 Issuer	发行期 Date Issued	发行价（美元）Issuing Price（US＄）	发行量（百万股）Issued Volume（Mil. Shares）	筹资额（百万美元）Raised Capital（Mil. US＄）	主承销商 Lead Underwriter	国际协调人 International Cordinator	上市时间 Listing Date	上市地点 Exchange Listed In
轻　骑	5.29—30	0.482	230	110.86	海通证券	山一（香港）	1997.6.17	上海
海　航	6.16—17	0.47	71	33.37	君安证券	惠嘉融资	1997.6.26	上海
振　华	7.15—17	0.433	100	43.30	华夏证券	荷银浩威洛希尔	1997.8.5	上海
伊　煤	7.18—24	0.4073	166	67.61	国泰证券	怡富证券	1997.8.6	上海
东　电	9.13—17	0.346	600	207.60	浙江证券	巴克莱德胜	1997.9.23	上海
五　菱	9.25—26	0.52	100	52.00	申银万国	里昂证券	1997.10.16	上海
大　化	9.29—30	0.311	100	31.10	湖北证券	海裕证券	1997.10.21	上海
瓦　轴	2.27	0.344	130	52.36	南方证券	西敏融资	1997.03.25	深圳
沙隆达	4.29	0.450	115	51.74	君安证券	无	1997.05.15	深圳
晨　鸣	5.08	0.573	115	65.86	南方证券	海裕证券	1997.06.20	深圳
宁通信	4.30	0.314	100	31.42	南方证券	荷银浩威洛希尔	1997.05.22	深圳
京东方	5.21	0.398	115	45.79	南方证券	无	1997.06.10	深圳
本钢板	6.10	0.308	400	123.08	申银万通	荷银浩威	1997.07.08	深圳
鲁　泰	7.31	0.250	80	19.96	南方证券	日兴证券	1997.08.19	深圳
张　裕	9.01	0.420	88	36.97	国泰、光大证券	荷银浩威洛希尔	1997.09.23	深圳
合　计			**2510**	**973.02**				

注：换算汇率 1 港元＝0.1293 美元

2－10　1997 年 H 股发行情况一览表

Issuing Summary for H Shares in 1997

公司简称 Issuer	发行量（亿股）Issued Volume（Bil. Shares）	发行价（港元）Issuing Pric（HK＄）	市盈率（全面摊薄）P/E（Fully Diluted）	超额认购倍数 Level of over Subscription	筹资金额（亿港元）Raised Capital（Bil. HK＄）	上市时间 Listing Date	筹资分布 香港公募/国际配售 Raised Capiatl Distribution HK/International
上海石化	1.50	2.28			3.42	97.01.06	香港配售
中国东航	15.67	1.38	10.90	10.00	21.80	97.02.05	27%/73%
深圳高速	7.48	2.20	23.18	36.00	16.44	97.03.12	30%/70%
北京大唐	14.31	2.52		80.00	36.05	97.03.21	10%/90%
北京北辰	7.07	2.40	13.50	397.00	16.00	97.05.14	25%/75%
沪杭甬	14.34	2.38	43.90	118.00	34.44	97.05.15	30%/70%
江西铜业	6.56	2.55	13.10	33.00	16.74	97.06.12	
第一拖拉机	3.35	4.50	13.00	296.40	15.10	97.06.23	30%/70%
燕山石化	10.12	1.78	9.39	11.38	17.80	97.06.25	14.25%/85.75%
宁沪高速	12.22	3.11	38.40	2.50	38.00	97.06.27	7%/93%
天津中药	1.00	1.79		8.40	5.26	97.06.27	
鞍山钢铁	8.90	1.63	9.20	99.70	14.50	97.07.24	10%/90%
科龙电器	0.77	9.20	14.00		7.00	97.07.29	
南方航空	11.74	4.75	15.20	2.50	55.65	97.07.31	6.9%/93.1%
深圳中航	2.42	1.73	13.30	653.00	4.19	97.09.29	50%/50%
四川成渝	8.95	1.55	21.10	1.87	13.88	97.10.7	10%/90%
重庆钢铁	4.14	1.71	8.40	2.29	7.08	97.10.17	9.3%/90.7%
安徽海螺	4.15	2.28	15.00		9.47	97.10.21	13%/87%
广州药业	2.20	1.65	9.32	1.13	3.63	97.10.30	15%/85%
合　计	**136.88**				**336.45**		

2－11　1987—1997 年股票发行总表

Issuing Summary for Stocks (1987—1997)

	1987	1988	1989	1990	1991	1992	1993	1994	1995	1996	1997	合计 total
股票发行额(亿股) **Amouns Issued(bli, Shares)**	**10.00**	**25.00**	**6.62**	**4.28**	**5.00**	**20.75**	**95.79**	**91.26**	**31.60**	**86.11**	**267.63**	**644.04**
A 股 A Shares	10.00	25.00	6.62	4.28	5.00	10.00	42.59	10.97	5.32	38.29	105.65	263.72
H 股，N 股 H Shares & N Shares							40.41	69.89	15.38	31.77	136.88	294.33
B 股 B Shares						10.75	12.79	10.40	10.90	16.05	25.10	85.99
股票筹资额(亿元人民币) **Ralsed Capital**	**10.00**	**25.00**	**6.62**	**4.28**	**5.00**	**34.09**	**375.47**	**326.76**	**150.32**	**425.08**	**1293.82**	**2717.49**
A 股 A Shares	10.00	25.00	6.62	4.28	5.00	50.00	194.83	49.62	22.68	224.45	655.06	1247.54
H 股,N 股 H Shares & N Shares							60.93	188.73	31.46	83.56	361.03	725.71
B 股 B Shares						44.09	38.13	38.27	33.35	47.18	80.76	281.78
A、B 股配股筹资							81.58	50.16	62.83	69.89	198.00	462.46

注：折算汇率　1992 年　1 美元 = 5.75 元人民币　1 港元 = 0.74 元人民币
1993 年　1 美元 = 5.80 元人民币　1 港元 = 0.75 元人民币
1994 年　1 美元 = 8.46 元人民币　1 港元 = 1.09 元人民币
1995 年　1 美元 = 8.30 元人民币　1 港元 = 1.07 元人民币
1996 年　1 美元 = 8.30 元人民币　1 港元 = 1.07 元人民币
1997 年　1 美元 = 8.30 元人民币　1 港元 = 1.07 元人民币

数据来源：中国证监会

Souce：CSRC

主要统计指标解释

Definition

1. 重点建设债券（Key Construction Bond）

是为筹集国家计划内重点建设资金，由财政部发行的一种用于生产性项目的专项政府国内债券。

Domestic government bond issued by Ministry of Finance（MOF）in purpose of raising funds for budgetary production projects.

2. 财政债券（Financial Bond）

是由财政部向各专业银行、综合性银行以及其他金融机构发行的一种私募公债。

Bond issued by MOF through private placement to specialized banks, comprehensive banks and other financial institutions.

3. 国家建设债券（State Construction Bond）

同重点建设债券。

See Key construction Bond.

4. 保值公债（Price Index Bond）

是一种对本金实行价格变动贴补的政府国内债券。

Domestic government bond with index-linked principal subsidy.

5. 特种国债（Special Bond）

是由财政部向国内经济条件好的单位及对全民所有制企业职工养老基金和待业保险基金管理机构定向发行的一种公债。

Bond issued by MOF to domestic entities with sound economic conditions, pension fund and unemployment insurance fund of state-owned employees.

6. 转换债（Converse Bond）

是财政部将单位持有的当年到期的国债转换为等额的新债。

Bond issued by MOF to redeem matured bond with equivalent value.

7. 定向债券（Special Purchase Bond）

是特种国债停发以后，财政部向国内企业职工养老基金和待业保险基金管理机构发行的一种私募债券。

Bond issued by MOF through private placement, after terminating the issuance of Special Bond, to pension fund and unemployment fund of employees in domestic enterprises.

8. 国家投资债券（State Investment Bond）

指中国工商银行、中国建设银行发行的，有财政部担保的，用于支持国家重点建设项目投资的，约定在一定期限内还本付息的有价证券。

The State Investment Bond refers to the securities that issued by the China People's Construction Bank, guaranteed by the Ministry of Finance, used in supporting the investment of State key construction projects and would be paid back the principals and interests within a certain appointed period.

9. 国家投资公司债券（State Investment Company Bond）

指原国家计委所属六大投资公司，即国家能源投资公司、国家原材料投资公司、国家农业投资公司、国家机电轻纺投资公司、国家交通投资公司、国家林业投资公司发行的，用于支持国家重点建设项目投资的，约定在一定期限内还本付息的有价证券。

The State Investment Company Bond refers to the securities issued by six investment companies (namely The State Energy Resources Investment Company; The State Raw and Processed Materials Investment Company; The State Agriculture Investment Company; The Industry Investment Company of State Machinery and Electronics Industry, Light Industry and Texitile Industry; The State Communications Investment Company; The State Forestry Investment Company) which were formerly under the State Planning Commission.

10. 金融债券（Financial Bond）

指金融机构依照法定程序发行、约定在一定期限内还本付息的有价证券。按发行机构性质的不同，金融债券可分为政策性金融债券和一般性金融债券。前者由国家开发银行、国家进出口银行和中国农业发展银行发行，后者由商业银行及非银行金融机构发行。

The State Investment Company Bond is used to support the investment of State key projects and would be paid back the principals and interests within a certain appointed period. The Finance Bond refers to the securities issued by the financial institutes according to the legal process and would be paid back the principals and interests within a certain appointed period. According to the types of issuing institutes, the Finance Bond can be divided into the Policy Finance Bond and the General Commercial Finance Bond, while the former is issued by the State Development Bank, the State Import and Export Bank and China Agriculture Develop Bank, and the latter is issued by the Commercial Banks and Non-Banking financial instituters.

11. 企业债券（Enterprise Bond）

指企业依照法定程序发行、约定在一定期限（一年期以上）内还本付息的有价证券。不含金融债券和外币债券。

The Enterprise Bond refers to the securities issued by the enterprises and would by paid back in a certain appointed time (over one year). The Enterprise Bond excludes the financial bond and the foreign currency bond.

12. 企业短期融资券（Enterprise Short-term Note）

指企业依照法定程序发行的，约定在3、6或9个月内还本付息的，用以解决企业临时性、季节性短期资金需求的有价证券。

The Enterprise Short-term Note refers to the securities that issued by the enterprises according to legal process, paid back the principals and interests in abort 3, 6 or 9 months, and is used to meet the temporal and seasonal short capital needs of the enterprise.

13. 大额可转让定期存单（Certificate of Deposit）

指商业银行发行的固定面额、固定期限、可以转让的大额存款凭证。

The Certificate of Deposit refers to the convertible certificates that are issued in fixed price and fixed maturity.

第三部分　证券交易

Trading of Securities

3-1 1992-1997 年全国股票交易统计表

交易所	深圳证券交易所 Shenzhen Stock Exchange						上海证券	
项目	1992年	1993年	1994年	1995年	1996年	1997年	1992年	1993年
会员总数 No. of Members	177	426	496	532	542	373	171	481
异地会员 Nonlocal Members	-	398	466	498	508	349	131	438
上市公司数 No. of Listed Companies	24	77	120	135	237	362	29	106
上市股票数 No. of Listed Stocks	33	95	142	161	270	399	39	123
A股 A Shares	24	76	118	127	227	348	30	101
B股 B Shares	9	19	24	34	43	51	9	22
发行股本(亿股) Total Issued Capital	26.56	122.05	220.59	267.38	439.54	795.85	46.94	206.62
A股 A Shares	22.11	111.51	205	240.48	399.47	738.37	38.89	188.67
B股 B Shares	4.16	10.54	15.58	26.9	40.06	57.48	8.05	17.95
流通股本(亿股) Negotiable Shares	-	36.19	77.57	105.13	158.76	275.06	-	45.43
A股 A Shares	-	29.99	67.6	83.78	125.77	225.3	-	27.15
B股 B Shares	-	6.2	9.97	21.35	32.99	49.76	-	18.28
市价总值(亿元) Total Market Capitalization	489.73	1335.32	1090.48	948.62	4364.57	8311.17	558.4	2195.69
A股 A Shares	457.53	1251.01	1032.49	876.86	4132.42	8121.74	520.55	2067.66
B股 B Shares	32.2	84.31	57.98	71.75	232.14	189.43	37.85	128.04
流通市值(亿元) Negotiable. Market Capitalization	-	437.68	381.93	351.22	1458.29	2690.95	-	423.94
A股 A Shares	-	388.63	343.5	295.89	1266.95	2528.22	-	294.4
B股 B Shares	-	49.05	38.42	55.33	191.33	162.72	-	129.54
成交金额(亿元) Total Turnover	434.07	1286.66	2392.55	932.99	12217.35	16958.66	247.18	2380.36
A股 A Shares	417.44	1260.87	2376.35	915.95	12032.05	16744.97	232.72	2301.5
B股 B Shares	16.63	25.79	16.2	17.03	185.3	213.69	14.45	78.86
成交量(百万股) Trading Volume	1911.99	7914.66	35657.88	19148.06	143126.0	134433.7	1883.4	15507.51
A股 A Shares	1766.39	7548.57	35369.65	18656.67	139092.7	130528.6	1570.41	14133.63
B股 B Shares	145.6	366.09	288.23	491.38	4033.35	3905.1	312.99	1373.88
最高综合指数 High Composite Index	312.21	359.4403	242.0553	169.6577	473.0215	517.9073	1429.01	1558.4
A股 A Shares	285.84	379.0684	249.7096	176.771	498.4544	546.015	1511.27	1640.71
B股 B Shares	142.03	185.4458	142.8507	86.5851	198.1383	184.1926	140.85	105.78
最低综合指数 Low Composite Index	107.08	203.9103	96.5606	112.6292	105.3415	305.806	292.76	750.48
A股 A Shares	169.04	214.8934	95.2609	116.3245	107.9327	319.2467	292.76	765.58
B股 B Shares	105.72	80.6326	85.0718	59.3993	58.9686	92.7944	56.81	51.01

数据来源：上海证券交易所、深圳证券交易所历年年报

Source：Yearbook of Shanghai Stock Exchange and Shenzhen Stock Exchange

Trading Summary for Stocks (1992—1997)

交易所 Shanghai Stock Exchange				合计 Total					
1994年	1995年	1996年	1997年	1992年	1993年	1994年	1995年	1996年	1997年
550	553	524	467	348	907	1046	1085	1066	840
501	504	478	424	131	836	967	1002	986	773
171	188	293	383	53	183	291	323	530	745
203	220	329	422	72	218	345	381	599	821
169	184	287	372	54	177	287	311	514	720
34	36	42	50	18	41	58	70	85	101
419.06	498.25	670.82	975.37	73.5	328.67	639.65	765.63	1110.36	1771.22
387.63	463.6	625.54	907.76	61	300.18	592.63	704.08	1025.01	1646.13
31.43	34.65	45.28	67.61	12.21	28.49	47.01	61.55	85.34	125.09
108.06	129.85	186.59	285.56	–	81.62	185.63	234.98	345.35	560.62
76.81	95.2	141.3	217.95	–	57.14	144.41	178.98	267.07	443.25
31.25	24.65	45.28	67.61	–	24.48	41.22	46	78.27	117.37
2600.13	2525.66	5477.81	9218.07	1048.13	3531.01	3690.61	3474.28	9842.38	17529.24
2483.54	2433.71	5316.13	9032.45	978.08	3318.67	3516.03	3310.57	9448.55	17154.19
116.59	91.95	161.68	185.61	70.05	212.35	174.57	163.7	393.82	375.04
586.96	587	1408.74	2513.47	–	861.62	968.89	938.22	2867.03	5204.42
470.37	495.05	1247.06	2327.86	–	683.03	813.87	790.94	2514.01	4856.08
116.59	91.95	161.68	185.61	–	178.59	155.01	147.28	353.01	348.33
5735.08	3103.48	9114.81	13763.18	681.25	3667.02	8127.63	4036.47	21332.16	30721.84
5626.73	3402.63	9020.24	13550.24	650.16	3562.37	8003.08	4318.58	21052.29	30295.21
108.35	60.85	94.57	212.94	31.08	104.65	124.55	77.88	279.87	426.63
165676.0	51399	110188	121645.4	3795.39	23422.17	201333.9	70547.06	253314.0	256079.1
63432.75	49450	107400	116601.2	3336.8	21682.2	98802.4	68106.67	246492.7	247129.8
2243.28	1949	2788	5044.16	458.59	1739.97	2531.51	2440.38	6821.35	8949.26
1052.94	926.41	1258.69	1510.18	1741.22	1917.840	1294.995	1096.067	1731.711	2028.087
1092.85	972.03	1313.92	1578.61	1797.11	2019.778	1342.559	1148.801	1812.374	2124.625
104.71	63.81	87.12	99.31	282.88	291.2258	247.5607	150.3951	285.2583	283.5026
325.89	524.43	512.83	870.18	399.84	954.3903	422.4506	637.0592	618.1715	1175.986
321.2	539.86	527.85	905.5	461.8	980.4734	416.4609	656.1845	635.7827	1224.746
59.81	47.03	44.8	51.93	162.53	131.6426	144.8818	106.4293	103.7686	144.7244

3－2 1997年上海证券交易所按行业分类股份成交额

Turnover of Stocks by Classification (Shanghai Stock Exchange, 1997)

股份分类 Classification	成交金额(亿元) Turnover	占市场比重 % of Total
工　业 Industrials	7864.43	57.1412
商　业 Commerce	1480.13	10.7543
地　产 Properties	536.72	3.8997
公用事业 Utilities	1288.59	9.3626
综　合 Conglomerate	2593.29	18.8423
总　计 Total	**13763.16**	**100**

数据来源：上海证券交易所

Source: Shanghai Stock Exchange

3－3 1997年深圳证券交易所按行业分类股份成交额

Turnover of Stocks by Classification (Shenzhen Stock Exchange, 1997)

股份分类 Classification	成交金额 Turnover	占市场比重 % of Total
地　产 Properties	1263.84	7.4524
工　业 Industrials	9952.53	58.687
金　融 Finance	1337.55	7.8871
商　业 Commerce	1194.05	7.0409
公用事业 Utilitie	1145.5	6.7546
综　合 Conglomerate	2065.17	12.1776
总　计 Total	**16958.66**	**100**

数据来源：深圳证券交易所

Source: Shenzhen Stock Exchange

1997 年上海证券交易所成交金额按行业分类图

Turnover of Stock by Classification(Shanghai Stock Exchange, 1997)

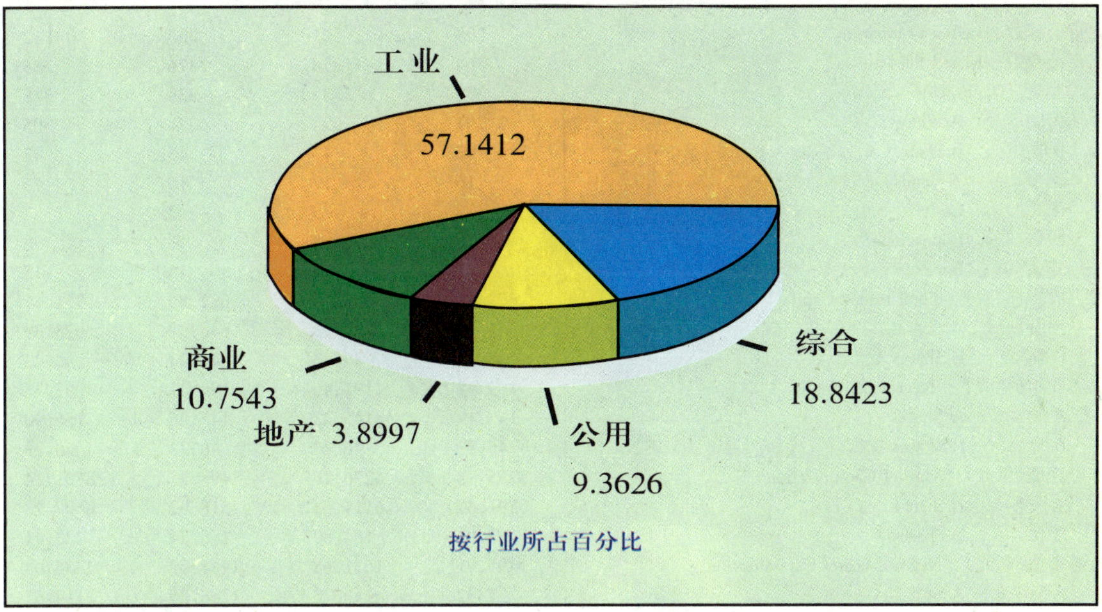

1997 年深圳证券交易所成交金额按行业分类图

Turnover of Stock by Classification(Shenzhen Stock Exchange, 1997)

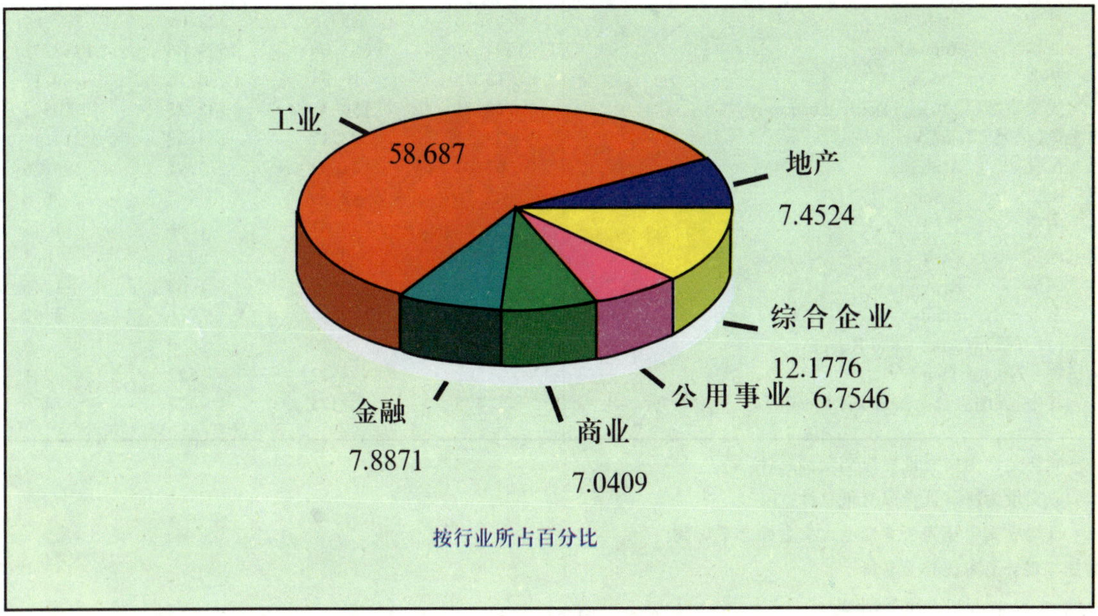

3-4 1997年上海证券交易所上市证券月概况

项目 Items	1月 Jan.	2月 Feb.	3月 Mar.	4月 Apr.
上市公司数 Listed Companies	298	301	303	312
上市证券数 Listed Securties	464	376	376	385
股票 Stocks	334	337	339	348
A股 A Shares	291	294	296	305
B股 B Shares	43	43	43	43
国债 T-Bonds	16	17	15	15
现货 Cash	8	9	7	7
回购 Repurchase	8	8	8	8
基金 Funds	15	15	15	15
发行股本(亿股) Total Issued Capital	677.57	684.16	692.85	721.61
A股 A Shares	631.34	637.93	646.62	675.39
B股 B Shares	46.23	46.23	46.23	46.23
流通股本(亿股) Negotiable Shares	189.42	191.46	194.31	203.15
A股 A Shares	143.19	145.23	148.08	156.92
B股 B Shares	46.23	46.23	46.23	46.23
市价总值(亿元) Market Capitalization	5755.78	6276.26	7498.27	8731.14
A股 A Shares	5591.87	6111.38	7318.02	8507.73
B股 B Shares	163.91	164.87	180.24	223.41
流通市值(亿元) Nego. Market Capitalization	1495.91	1631.68	1968.52	2338.04
A股 A Shares	1332	1466.8	1788.28	2114.63
B股 B Shares	163.91	164.87	180.24	223.41
总交易日 Trading Days	22	10	21	22
总成交金额(亿元) Total Turnover	2655.7	1503.46	3889.89	4472.61
股票 Stocks	588.7	674.8	1955.08	2494.49
A股 A Shares	574.87	665.22	1937.73	2464.4
B股 B Shares	13.83	9.58	17.35	30.09
国债 T-Bonds	1882.37	811.46	1901.95	1791.41
现货 Cash	288	157.8	322.09	327.69
回购 Repurchase	1594.37	653.66	1579.86	1463.72
基金 Funds	13.75	10.34	30.76	39.17
日均成交金额(亿元) (Dairly Turnover)	120.71	150.35	185.23	203.3
成交量(亿股) Total Volume	73.11	78.17	188.28	214.14
A股 A Shares	61.81	71.93	173.91	196.26
B股 B Shares	3.76	2.59	4.5	6.6
国债 T-Bonds	1.85	0.81	1.88	1.76
现货 Cash	0.26	0.15	0.3	0.3
回购 Repurchase	1.59	0.65	1.58	1.46
基金 Funds	3.69	2.84	7.6	8.87
权证(百万张)Warrants and Rights	0	0	0	0
会员数 No. of Members	522	522	522	521
其中：异地会员 Nonlocal Members	475	475	477	476

注：成交金额为所有证券成交金额总计。

成交量为所有证券成交量总计。

日均成交金额为所有证券成交金额之平均数。

数据来源：上海证券交易所

Source: Shanghai Stock Exchange

Monthly Trading Summary (Shanghai Stock Exchange, 1997)

5月 May.	6月 Jun.	7月 Jul.	8月 Aug.	9月 Sep.	10月 Oct.	11月 Nov.	12月 Dec.
327	350	329	365	370	376	381	383
404	454	501	459	451	469	466	467
364	388	398	404	409	415	420	422
321	343	353	357	361	365	370	372
43	45	45	47	48	50	50	50
15	16	16	16	17	17	17	17
7	8	8	8	9	9	9	9
8	8	8	8	8	8	8	8
15	15	15	15	15	15	15	15
770.08	818.99	857.55	877.3	902.27	920.79	969.99	975.37
722.65	765.69	803.05	819.71	838.25	853.2	902.38	907.76
47.43	53.31	54.5	57.59	64.02	67.6	67.61	67.61
219.2	237.27	247.9	256.01	268.59	276.13	283.51	285.56
171.78	183.96	193.4	198.41	204.56	208.54	215.9	217.95
47.43	53.31	54.5	57.59	64.02	67.6	67.61	67.61
8465.2	8612.62	8418.26	8696.88	7979.45	8690.3	8799.78	9218.07
8244.51	8387.93	8218.45	8451.58	7735.44	8477.51	8619.83	9032.45
220.68	224.68	199.81	245.3	244	212.79	179.95	185.61
2294.23	2384.37	2301.42	2399.25	2213.49	2378.09	2345.55	2513.47
2073.54	2159.69	2101.61	2153.95	1969.49	2165.3	2165.61	2327.86
220.68	224.68	199.81	245.3	244	212.79	179.95	185.61
20	20	22	21	22	20	20	23
3845.95	2242.36	1785.13	1662.69	1702.71	1854.65	1821.34	2406.03
2073.89	1326.62	1038.55	841.31	783.02	677.53	600.74	708.44
2045.21	1306.81	1028.97	806.53	766.91	664.87	590.35	698.38
28.68	19.8	9.58	34.78	16.11	12.66	10.39	10.07
1724.52	880.69	716.39	789.6	856.3	1147.09	1200.46	1678.31
198.14	244	198.09	187.02	195.86	324.06	303.53	722.13
1526.39	636.69	518.31	602.58	660.44	823.04	896.93	956.19
44.86	12.1	8.71	13.03	17.24	15.88	9.67	4.02
192.3	112.12	81.14	79.18	77.4	92.73	91.07	104.61
159.95	110.21	119.55	102.39	96.74	73.34	67.36	71.7
141.81	90.9	85.4	81.53	83.91	61.72	56.12	60.71
5.08	3.67	2.04	6.9	3.98	3.58	3.04	3.92
1.71	0.86	0.71	0.78	0.84	1.12	1.17	1.58
0.18	0.22	0.19	0.17	0.18	0.3	0.28	0.62
1.53	0.64	0.52	0.6	0.66	0.82	0.9	0.96
9.38	2.81	2.29	3.55	4.46	4.63	3.59	1.86
0	0	0	0	0	0	0	0
520	518	518	517	515	484	470	467
475	473	473	472	470	442	427	424

3－5　1997年上海证券交易所每日收市综合指数

Daily Closing Composite Index (Shanghai Stock Exchange, 1997)

日期 Date	1月 Jan.	2月 Feb.	3月 Mar.	4月 Apr.	5月 May.	6月 Jun.	7月 Jul.	8月 Aug.	9月 Sep.	10月 Oct.	11月 Nov.	12月 Dec.
1				1241.03				1192.83	1229.87			1133.09
2	919.44			1233.85		1336.28	1199.06		1226.30			1130.17
3	899.61		1063.05	1246.03		1338.76	1150.62		1240.82		1180.85	1122.55
4			1068.16	1260.96		1361.19	1159.34	1200.33	1251.30		1184.7	1135.87
5			1052.15		1448.93	1360.23		1196.27	1251.55		1194.04	1136.20
6	876.50		1079.13		1482.99	1275.30		1171.94		1098.90	1181.12	
7	898.17		1077.72	1276.41	1495.46		1096.82	1199.24		1102.57	1195.14	
8	896.41			1247.26	1405.18		1109.67	1206.05	1255.23	1134.87		1139.36
9	906.98			1286.85	1467.23	1274.92	1120.84		1231.03	1122.47		1148.17
10	918.40		1099.68	1281.89		1241.74	1120.15		1256.04	1130.79	1185.78	1157.84
11			1109.73	1278.53		1220.40	1154.92	1184.08	1242.71		1186.63	1159.17
12			1126.16		1500.40	1212.77		1146.81	1208.70		1174.19	1153.84
13	929.52		1117.28		1464.28	1243.98		1120.13		1119.82	1185.02	
14	907.85		1125.8	1316.92	1379.22		1185.72	1168.11		1117.93	1197.83	
15	916.72			1324.96	1417.67		1200.11	1143.06	1179.29	1125.78		1168.03
16	915.01			1327.78	1315.92	1261.47	1190.83		1187.22	1150.31		1174.80
17	919.85	982.40	1158.48	1323.37		1245.93	1197.23		1167.56	1176.49	1191.33	1146.52
18		894.85	1162.63	1338.03		1232.68	1209.86	1134.63	1172.37		1183.35	1154.17
19		962.69	1161.27		1344.61	1230.74		1132.91	1184.52		1181.63	1160.77
20	933.28	965.08	1120.72		1381.12	1291.20		1144.64		1187.37	1172.43	
21	929.11	1017.13	1167.17	1362.08	1354.88		1193.53	1164.55		1191.87	1158.56	
22	942.44			1365.50	1235.22		1208.25	1171.83	1103.97	1177.52		1169.01
23	945.8			1378.84	1254.27	1283.50	1198.86		1041.97	1173.36		1171.25
24	953.92	1009.56	1191.73	1380.28		1303.93	1174.22		1110.01	1178.31	1124.94	1169.66
25		1017.96	1197.84	1364.98		1297.59	1170.86	1184.10	1117.01		1125.53	1181.28
26		1031.51	1215.31		1251.55	1284.46		1194.04	1109.63		1143.82	1191.92
27	959.06	1025.3	1214.26		1281.74	1250.27		1198.51		1235.83	1122.52	
28	956.31	1040.27	1202.67	1351.10	1270.35		1141.78	1213.89		1177.92	1139.63	
29	962.10			1376.77	1263.35		1153.23	1221.06	1084.07	1184.09		1186.61
30	960.17			1393.75	1285.18		1179.42		1097.39	1174.85		1181.14
31	964.74		1234.62				1189.76			1180.39		1194.10

数据来源：上海证券交易所

Source: Shanghai Stock Exchange

3－6　1997 年上海证券交易所每日收市 A 股指数

Daily Closing A Share Index (Shanghai Stock Exchange, 1997)

日期 Date	1 月 Jan.	2 月 Feb.	3 月 Mar.	4 月 Apr.	5 月 May.	6 月 Jun.	7 月 Jul.	8 月 Aug.	9 月 Sep.	10 月 Oct.	11 月 Nov.	12 月 Dec.
1				1300.40				1248.48	1284.03			1193.71
2	958.19			1292.74		1395.34	1253.01		1282.61			1190.21
3	937.36		1111.46	1305.73		1397.79	1202.28		1296.87		1239.77	1180.91
4			1116.79	1321.66		1422.07	1211.45	1256.27	1308.37		1243.61	1195.22
5			1099.47		1513.30	1421.44		1251.87	1308.59		1251.95	1195.03
6	913.84		1128.34		1549.37	1331.94		1225.80		1147.48	1237.68	
7	936.57		1127.04	1338.06	1562.65		1145.25	1255.19		1152.02	1253.73	
8	935.65			1307.03	1467.86		1160.24	1262.18	1311.88	1185.93		1197.60
9	947.04			1349.53	1534.12	1331.17	1171.20		1284.59	1173.12		1206.80
10	958.91		1150.39	1344.30		1295.91	1169.99		1311.15	1181.61	1244.43	1217.45
11			1160.65	1340.59		1274.09	1206.86	1239.57	1297.12		1245.49	1219.77
12			1177.70		1569.00	1265.84		1200.15	1260.91		1232.51	1215.07
13	970.32		1168.47		1531.31	1298.92		1170.61		1170.58	1244.58	
14	947.26		1177.85	1381.45	1442.52		1239.26	1218.93		1168.72	1258.08	
15	956.96			1389.75	1483.24		1254.72	1188.82	1229.66	1178.15		1230.97
16	955.18			1391.93	1375.91	1317.13	1244.91		1238.67	1204.12		1238.19
17	959.95	1024.72	1212.75	1384.79		1301.12	1252.01		1217.14	1231.14	1251.14	1207.68
18		932.78	1217.23	1399.61		1287.16	1265.61	1179.44	1223.16		1242.74	1215.92
19		1004.95	1216.27		1406.47	1285.01		1179.37	1236.78		1241.41	1223.25
20	974.15	1007.73	1172.89		1444.22	1349.15		1191.44		1243.83	1232.58	
21	969.99	1063.28	1222.44	1424.11	1416.12		1248.55	1211.32		1248.66	1218.07	
22	984.08			1428.20	1290.11		1264.56	1219.48	1151.44	1233.52		1232.66
23	986.65			1442.62	1310.63	1340.68	1254.62		1085.80	1230.63		1235.40
24	995.50	1055.08	1248.30	1443.90		1362.87	1227.93		1158.43	1235.79	1184.03	1233.87
25		1063.83	1254.72	1426.97		1356.72	1224.04	1232.96	1165.68		1185.34	1245.68
26		1078.20	1272.89		1307.82	1343.20		1242.69	1157.73		1203.89	1257.17
27	1000.70	1071.41	1271.61		1338.65	1306.78		1247.18		1297.59	1181.82	
28	997.96	1087.42	1259.32	1411.93	1326.04		1193.40	1265.39		1237.65	1200.71	
29	1004.17			1439.09	1318.65		1206.06	1274.47	1130.22	1243.81		1251.23
30	1001.94			1456.50	1341.86		1234.46		1144.67	1233.38		1244.78
31	1006.36		1293.36				1245.58			1239.76		1258.49

数据来源：上海证券交易所

Source: Shanghai Stock Exchange

3－7　1997年上海证券交易所每日收市B股指数

Daily Closing B Share Index (Shanghai Stock Exchange, 1997)

日期 Date	1月 Jan.	2月 Feb.	3月 Mar.	4月 Apr.	5月 May.	6月 Jun.	7月 Jul.	8月 Aug.	9月 Sep.	10月 Oct.	11月 Nov.	12月 Dec.
1				73.19				73.79	83.32			54.11
2	65.74			73.07		90.05	78.69		77.92			54.82
3	64.70		68.13	73.28		90.51	75.78		80.91		64.98	57.00
4			68.49	73.49		90.08	76.23	74.38	80.36		65.59	57.10
5			68.73		96.82	89.21		74.48	80.46		69.07	58.19
6	61.78		69.02		97.97	85.34		74.30		73.72	69.82	
7	63.02		68.55	73.93	98.21		74.15	74.18		72.40	67.89	
8	60.86			73.32	93.34		71.30	74.92	81.87	74.17		59.83
9	60.78			73.33	94.13	86.15	73.73		84.49	73.02		60.40
10	61.68		69.10	73.10		85.32	74.84		85.24	74.030	66.30	59.92
11			70.31	73.32		82.80	75.85	72.71	84.59		66.00	58.10
12			71.62		95.79	82.92		71.3	83.77		65.14	55.99
13	62.89		70.94		93.32	83.93		73.27		72.35	64.32	
14	62.38		70.44	74.14	87.51		77.37	80.50		71.96	64.92	
15	62.01			74.90	88.77		77.33	87.68	82.94	69.81		54.73
16	61.89			76.87	84.44	85.22	76.97		81.93	70.65		54.89
17	62.84	68.21	70.90	82.39		83.71	76.45		82.73	73.11	64.79	55.00
18		63.46	70.88	84.52		83.08	76.37	88.42	80.92		64.39	54.98
19		65.13	69.75		84.96	83.23		84.37	79.73		63.34	54.52
20	63.35	64.68	69.34		88.29	85.05		85.57		70.93	61.14	
21	62.67	65.57	70.12	87.53	88.18		75.28	88.96		70.94	60.27	
22	63.17			86.56	82.58		74.84	88.21	77.002	70.33		53.41
23	65.43			86.39	82.39	85.48	74.52		74.77	67.13		52.75
24	65.16	65.71	71.29	86.96		84.94	75.00		75.9	67.47	55.92	52.37
25		66.30	71.62	88.10		83.46	75.63	87.53	76.48		54.56	53.81
26		66.73	72.94		82.14	82.13		89.66	76.54		56.87	53.74
27	65.87	66.99	73.27		85.76	81.48		90.36		67.79	55.11	
28	65.40	67.16	72.94	90.67	86.63		74.29	86.62		62.90	54.20	
29	65.44			89.36	86.34		73.50	83.55	76.62	63.85		54.20
30	65.78			91.22	86.87		72.93		76.31	64.83		55.39
31	66.85		73.53				72.90			63.99		55.88

数据来源：上海证券交易所

Source: Shanghai Stock Exchange

3－8　1997 年上海证券交易所每日收市 30 指数

Daily Closing 30 Shares Index (Shanghai Stock Exchange, 1997)

日期 Date	1 月 Jan.	2 月 Feb.	3 月 Mar.	4 月 Apr.	5 月 May.	6 月 Jun.	7 月 Jul.	8 月 Aug.	9 月 Sep.	10 月 Oct.	11 月 Nov.	12 月 Dec.
1				3422.51				3742.94	3743.62			3496.35
2	2449.47			3417.43		4080.13	3949.33		3750.88			3490.01
3	2406.20		2872.49	3467.61		4086.58	3796.96		3808.70		3660.46	3457.55
4			2874.36	3523.07		4216.06	3823.67	3727.36	3818.85		3669.51	3490.24
5			2820.33		4189.87	4229.54		3748.03	3809.73		3718.55	3495.83
6	2350.65		2860.96		4363.12	3985.37		3687.49		3391.22	3664.93	
7	2405.64		2863.07	3572.41	4413.05		3605.18	3749.00		3414.24	3699.01	
8	2394.99			3472.30	4092.13		3673.71	3820.53	3781.05	3492.73		3492.51
9	2418.65			3560.42	4280.21	3957.03	3714.02		3733.55	3443.54		3526.91
10	2438.24		2942.14	3536.10		3846.39	3692.08		3790.65	3462.72	3652.14	3564.75
11			2972.27	3512.60		3755.16	3794.06	3735.83	3806.17		3640.23	3639.27
12			3023.65		4286.18	3726.64		3589.55	3697.29		3608.04	3600.81
13	2456.47		3002.63		4183.15	3825.39		3501.85		3435.11	3647.22	
14	2408.78		3059.84	3581.59	3952.51		3888.11	3665.73		3430.46	3687.12	
15	2428.33			3596.40	4077.48		3870.95	3579.91	3586.07	3473.21		3647.91
16	2434.65			3593.30	3786.59	3879.78	3844.68		3601.73	3561.12		3673.54
17	2464.04	2697.19	3215.06	3571.81		3839.62	3874.47		3548.84	3678.56	3646.83	3582.81
18		2443.01	3235.23	3596.29		3818.23	3904.58	3556.19	3566.30		3629.51	3617.01
19		2647.42	3233.24		3922.29	3837.10		3553.72	3585.31		3659.46	3630.88
20	2518.95	2642.13	3136.85		4101.82	4055.35		3591.95		3713.90	3647.28	
21	2495.91	2767.04	3283.71	3682.34	4083.04		3815.52	3652.69		3757.25	3621.62	
22	2552.18			3683.37	3773.98		3857.49	3668.3	3349.68	3751.90		3695.69
23	2553.55			3746.74	3881.93	4082.72	3821.34		3169.96	3725.16		3703.04
24	2571.89	2751.24	3441.17	3792.20		4153.60	3741.81		3408.51	3735.26	3520.14	3694.54
25		2776.47	3482.48	3793.81		4136.62	3721.70	3713.11	3416.26		3516.84	3728.56
26		2811.62	3493.48		3908.34	4137.60		3748.91	3408.72		3550.27	3776.61
27	2583.09	2801.24	3418.97		3968.51	4066.52		3716.60		3877.92	3487.40	
28	2577.71	2819.40	3384.13	3904.50	3939.66		3596.44	3737.16		3708.37	3531.94	
29	2608.67			3944.25	3913.15		3647.13	3760.17	3356.93	3709.79		3760.38
30	2599.41			3989.35	3953.16		3711.20		3392.20	3673.53		3710.25
31	2620.31		3418.28				3761.33			3671.62		3772.36

数据来源：上海证券交易所

Source: Shanghai Stock Exchange

3-9 1997年深圳证券交易所上市证券月概况

项目	1月 Jan.	2月 Feb.	3月 Mar.	4月 Apr.	5月 May.
上市公司数 Listed Companies	251	260	268	283	296
上市证券数 Listed Securities	313	323	330	345	359
股票 Stocks	285	294	303	318	332
A股 A-Shares	242	251	259	274	285
B股 B-Shares	43	43	44	44	47
公司债券 Corporate Bonds	1	1	1	1	1
国债 Treasury Bonds	17	18	16	16	16
现货 Cash	8	9	7	7	7
回购 Repurchase	9	9	9	9	9
基金 Funds	10	10	10	10	10
股票总发行股本(亿股) Total Issued Capital	463.7	478.01	496.3	526.53	557.61
A股 A-Shares	423.38	437.7	454.69	484.91	512.84
B股 B-Shares	40.31	40.31	41.61	41.61	44.76
流通股本(亿股) Negotiable Shares	165.02	169.13	175.82	185.09	197.11
A股 A-Shares	131.78	135.89	141.04	150.2	159.06
B股 B-Shares	33.24	33.24	34.78	34.9	38.05
股票市价总值(亿元) Market Capitalization	5040.49	5349.54	6573.96	7431.83	6989.26
A股 A-Shares	4788.64	5103.96	6318.21	7154.53	6729.07
B股 B-Shares	251.85	245.58	255.75	277.29	260.19
股票流通市值(亿元)Negotiable. Market Capitalization	1685.23	1774.63	2170.84	2514.02	2363.55
A股 A-Shares	1476.01	1570.75	1956.33	2283.5	2144.31
B股 B-Shares	209.21	203.87	214.5	230.52	219.23
总交易日 Trading Days	22	10	21	22	20
总成交金额(亿元) Total turnover	1388.23	883.97	2491.45	2846.8	2715.03
股票 Stocks	1170.29	776.8	2191.08	2519.52	2412.84
A股 A-Shares	1145.69	763.52	2167.77	2485.89	2379.83
B股 B-Shares	24.6	13.27	23.3	33.63	33
国债 Treasury Bonds	160.63	75.07	219.39	256.8	197.07
现货 Cash	14.29	9.95	24.03	25.23	18.36
回购 Repurchase	146.34	65.12	195.36	231.56	178.71
基金 Funds	57.27	32.08	80.96	70.46	105.11
日均成交金额(亿元) Dairly Turnover	63.1	88.39	118.64	129.4	135.75
总成交股数(百万股) Total Volume	11619.39	7310.88	17430.12	17201.77	15375.33
A股 A-Shares	11194.89	7087.24	17045.22	16718.44	14912.88
B股 B-Shares	424.5	223.64	384.9	483.33	462.45
其他成交数量 Turnover of Others					
公司债券(张) Corporate Bonds	19340	4630	7700	9850	6800
国债 Treasury Bonds					
现货(手) Cash	1381411	1023504	2327047	2394959	1701683
回购(手) Repurchase	1463407	6512265	1953603	23156386	1787103
基金(百万单位) Funds	1711.94	924.93	2231	1899.15	2619.35
权证(百万张) Warrants and Rights					
会员总数 No. of Members	550	550	551	523	521
外地 Nonlocal Members	517	517	518	492	491

注：日均成交金额为所有证券成交金额之平均数。

数据来源：深圳证券交易所

Source: Shenzhen Stock Exchange

Monthly Trading Summary (Shenzhen Stock Exchange, 1997)

6月 Jun.	7月 Jul.	8月 Aug.	9月 Sep.	10月 Oct.	11月 Nov.	12月 Dec.
323	339	343	350	355	359	362
388	405	408	415	422	426	429
360	376	380	387	392	396	399
312	327	330	336	341	345	348
48	49	50	51	51	51	51
1	1	1		2	2	2
17	17	17	18	18	18	18
8	8	8	9	9	9	9
9	9	9	9	9	9	9
10	10	10	10	10	10	10
640.02	698.95	719.62	742.99	757.09	776.57	795.85
591.31	644.62	664.43	686.66	700.6	719.41	738.37
48.7	54.33	55.19	56.33	56.49	57.16	57.48
221.6	242.66	250.97	257.65	262.2	268.74	275.06
180.21	195.91	203.33	208.94	213.39	219.35	225.3
41.39	46.75	47.65	48.72	48.81	49.39	49.76
8052.09	7802.14	7651.41	6940.01	8300.54	7914.55	8311.17
7796.52	7559.39	7380.85	6691.27	8083.38	7727.45	8121.74
255.56	242.75	270.55	248.73	217.16	187.1	189.43
2667.26	2564.69	2527.79	2283.08	2689.45	2557.94	2690.95
2451.38	2359.62	2297.21	2070.26	2502.8	2397.15	2528.22
215.88	205.06	230.58	212.81	186.65	160.79	162.72
20	22	21	22	20	20	23
1816.97	1379.94	1016.66	836.2	1395.8	982.04	874.82
1700.56	1323.94	950.98	783.43	1340.11	949.19	839.86
1685.93	1310.29	918.18	773.43	1333.24	944.9	836.24
14.62	13.64	32.8	10	6.86	4.29	3.62
74.61	21.26	17.74	15.33	10.37	10.75	19.18
11.04	2.52	3.32	1.1	1.02	2.1	1.32
63.56	18.74	14.41	14.22	9.34	8.64	17.86
41.79	34.64	47.93	37.43	45.25	20.69	14.71
90.84	62.72	48.41	38	69.79	49.1	38.03
11776.32	10115.44	9130.41	8109.38	11205.76	7924.51	7234.39
11541.67	9768.75	8418.25	7874.12	11043.95	7806.3	7116.89
234.65	346.69	712.16	235.26	161.81	118.21	117.49
3110	1160	50	360	60870	1259680	907650
1070707	253769	317872	93879	101135	180139	125900
6356742	1874435	1441380	1422949	934699	864168	1786456
1196.2	1015.2	1536.91	1196.12	1436.31	815.04	733.19
	56.68	14.82			6.39	
523	431	431	428	394	394	373
493	406	406	403	370	370	349

3－10　1997 年深圳证券交易所每日收市综合指数

Daily Closing Composite Index (Shenzhen Stock Exchange, 1997)

3 April 1991 = 100

日期 Date	1月 Jan.	2月 Feb.	3月 Mar.	4月 Apr.	5月 May.	6月 Jun.	7月 Jul.	8月 Aug.	9月 Sep.	10月 Oct.	11月 Nov.	12月 Dec.
1				436.88				387.37	374.93			362.14
2	334.12			434.47		442.83	408.52		375.48			361.32
3	325.68		379.77	435.47		445.82	386.76		381.41		391.48	359.87
4			381.58	440.64		449.67	389.78	391.52	384.16		395.02	369.31
5			373.35		482.76	447.92		390.87	383.43		402.13	368.96
6	305.8		377.82		498.92	417.84		381.84		330.81	398.35	
7	319.1		377.12	445.08	506.61		358.57	385.39		331.55	403.8	
8	315.76			433.47	476.85		361.56	382.27	384.43	342.06		368.74
9	319.35			441.78	498.39	423	366.2		377.79	341.23		373.2
10	322.78		383.44	438.08		405.07	360.21		383.4	344.47	396.35	374.77
11			390.67	430.73		393.87	377.24	374.49	379.48		396.35	374.05
12			394.99		517.9	392.3		360.98	371.62		388.93	371.09
13	331.93		392.44		504.13	409.19		352.63		341.63	394.73	
14	323.93		397.16	435.93	474.54		389.13	364.14		340.47	392.46	
15	327.04			436.63	488.85		391.01	358.59	360.49	345.24		374.5
16	327.82			438.08	443.5	420.49	387.67		362.4	356.31		378.64
17	331.42	357.5	404.52	439.54		412.59	392.83		356.43	367.43	390.66	367.4
18		322.63	406.36	440.81		406.69	396.91	349.3	359.05		385.82	366.73
19		341.71	408.91		448.93	400.57		348.22	363.03		382.78	367.34
20	335.79	335.07	399.24		462.35	426.81		351.91		375.9	379.36	
21	334.99	343.81	409.35	449.58	444.3		393.05	359.91		383.4	371.89	
22	340.42			450.78	401.32		399.32	364.88	337.27	374.89		368.73
23	346.41			454.85	404.83	427.11	398.35		312.72	380.17		371.61
24	348.51	346.89	419.44	458.11		439.07	388.41		332.8	389.49	362.24	371.41
25		352.38	423.26	460.34		438.49	386.18	368.78	337.18		364.56	374.16
26		360.38	429.43		402.77	435.56		372.05	335.24		369.31	379.04
27	354.56	362.36	427.97		418.09	425.86		375.29		393.88	358.28	
28	353.94	365.3	424.56	464.35	414.79		373.56	374.73		379.22	366.88	
29	353.76			461.06	411.58		375.99	373.29	325.87	392.09		381.84
30	356.1			465.21	421.43		385.7		330.79	388.33		378.66
31	356.55		435.72				385.45			390.99		381.29

数据来源：深圳证券交易所

Source：Shenzhen Stock Exchange

3－11　1997年深圳证券交易所每日收市A股指数

Daily Closing A Share Index (Shenzhen Stock Exchange, 1997)

3 April 1991 = 100

日期 Date	1月 Jan.	2月 Feb.	3月 Mar.	4月 Apr.	5月 May.	6月 Jun.	7月 Jul.	8月 Aug.	9月 Sep.	10月 Oct.	11月 Nov.	12月 Dec.
1				459.76				409.45	395.15			385.95
2	349.02			457.15		466.51	431.12		396.59			385.23
3	340.42		398.22	458.37		469.89	408.26		402.41		416.3	383.42
4			400.27	464.02		474.16	411.62	413.99	405.6		420.02	393.48
5			391.25		507.87	472.49		413.22	404.77		427.5	392.83
6	319.24		396.08		525.2	440.21		403.52		348.58	422.79	
7	333.16		395.32	468.99	533.78		378.34	407.38		349.53	429.01	
8	329.73			456.38	501.91		382.26	403.83	405.95	360.91		392.33
9	333.62			465.67	525.13	445.65	387.43		398.71	360.06		397.23
10	337.24		402.15	461.52		426.44	380.33		404.75	363.48	421.14	399
11			409.97	453.61		414.73	398.21	395.19	400.53		421.18	398.37
12			414.12		546.01	412.9		380.4	392.03		413.17	395.33
13	346.94		410.94		531.51	431.08		370.85		360.54	419.7	
14	338.51		416.16	459.08	500.02		411.01	382.01		359.34	417.14	
15	341.88			459.82	515.47		413.22	375.19	380.1	364.7		399.2
16	342.85			461.27	467.36	443.12	409.59		382.19	376.68		403.93
17	346.62	374.17	423.67	461.3		434.4	415.12		375.89	388.64	415.2	391.68
18		337.64	425.73	461.95		428.29	419.63	365.47	378.93		410.13	390.94
19		358.13	428.76		472.43	421.59		365.51	383.25		407	391.76
20	351.16	350.59	418.8		486.83	449.96		369.71		397.87	403.46	
21	350.21	359.27	429.64	471.49	467.62		415.48	377.89		406.13	395.4	
22	355.87			473.19	422.14		422.4	383.48	355.57	396.96		393.41
23	362.39			477.79	425.72	450.4	421.2		328.92	403.6		396.67
24	364.68	362.68	440.86	481.5		463.58	410.42		350.77	413.6	385.39	396.44
25		368.7	445.15	483.84		463.21	408.12	388.01	355.51		388.23	399.37
26		377.39	451.8		424.24	460.08		391.54	353.33		393.35	404.58
27	370.81	379.56	450.32		440.47	449.42		394.89		418.45	381.46	
28	370.14	382.63	446.74	488.24	436.84		394.46	394.52		403.3	391.02	
29	369.99			484.72	433.34		397.15	393.24	343.04	417.07		407.4
30	372.34			489.21	443.9		407.72		348.4	412.9		403.87
31	372.53		458.48				407.49			415.81		406.45

数据来源：深圳证券交易所

Source: Shenzhen Stock Exchange

3-12 1997年深圳证券交易所每日收市B股指数

Daily Closing B Share Index (Shenzhen Stock Exchange, 1997)

28 Feb. 1992=100

日期 Date	1月 Jan.	2月 Feb.	3月 Mar.	4月 Apr.	5月 May.	6月 Jun.	7月 Jul.	8月 Aug.	9月 Sep.	10月 Oct.	11月 Nov.	12月 Dec.
1				162.49				130.85	142.57			96.64
2	147.58			162.25		160.25			134.48			94.92
3	142.16		155.63	161.2		159.33	135.97		140.86		113.56	97.19
4			155	161.26		158.8	135.4	130.88	139.1		115.11	99.75
5			154.92		181.13	156.77		131.44	139.45		118.05	102.4
6	136.45		155.51		184.19	150.76		129.95		128.72	123.79	
7	142.15		155.47	160.41	182.73		127.68	129.98		127.34	121.11	
8	140.27			159.33	176.6		121.3	131.47	138.53	128.42		104.98
9	140.73			157.76	179.62		120.43		138.4	127.81		104.58
10	142		156.42	158.67		147.11	125.59		139.23		118.5	104.09
11			157.34	157.33		142.36	132.36	132.88	138.65		118.01	102.51
12			162.2		183.49	143.32		133.24	137.78		117.06	100.61
13	145.01		165.52		178.36	146.15		137.44		126.22	115.14	
14	141.98		165.07	159.27	170.74		134.24	151.22		125.5	116.02	
15	142.44			159.51	172.52		132.81	158.72	135.47	124.06		99.14
16	141.65			160.78	159.06	149.11	132.72		135.46	125.35		96.99
17	143.16	152.31	169.98	174.55		149.69	133.63			127.09	115.71	96.71
18		137.71	169.65	181.09		146.61	133.16		133.84		113.47	96.86
19		141.75	167.65		166.85	146.62		146.88	134.07		111.59	95.28
20	145.22	143.53	162.13		169.38	149.14		145.21		127.51	109.72	
21	145.78	150.96	164.24	181.78	164.48		132.56	150.65		126.83	108.69	
22	148.23			178.38	150.85		132.09	149.14	129.37	125.55		93.94
23	148.86			177.09	153.18	148.26	133.33		127.44	117		92.79
24	149.05	150.73	162.93	175.78		146.93	132.58		128.52	118.81	103.32	92.96
25		150.87	162.07	176.63		144.53	131.26	146.58	128.99		100.28	
26		151.74	163.11		146.34	143.8		146.97	129.59		100.96	
27	153.26	151.74	162.14		151.07	144.71		148.91		118.27	99.39	
28	153.16	153.14	162.56	176.53	151.33		130.03	146.59		109.73	97.75	
29	152.7			175.89	151.15		129.69	143.7	130.06	112.69		95.39
30	154.46			176.27	153.07		130.04		130.21	113.16		96.01
31	157.06						129.6			113.27		98.96

数据来源：深圳证券交易所

Source: Shenzhen Stock Exchange

3-13 1997年深圳证券交易所每日收市成分指数

Daily Closing Composite Component Index (Shenzhen Stock Exchange, 1997)

20 Jul. 1994=1000

日期 Date	1月 Jan.	2月 Feb.	3月 Mar.	4月 Apr.	5月 May.	6月 Jun.	7月 Jul.	8月 Aug.	9月 Sep.	10月 Oct.	11月 Nov.	12月 Dec.
1				4559.84				4534.88	4372.7			4204.54
2	3278.52			4529.53		5072.63	4875.26		4398.76			4189.61
3	3219.97		3863.73	4563.98		5114.32	4633.03		4490.53		4528.51	4155.4
4			3848.27	4646.3		5120.03	4641.88	4518.78	4500.37		4597.78	4213.69
5			3787.45		5493.15	5135.22		4531.65	4491.27		4671.34	4222.11
6	3063.99		3817.86		5785.48	4847		4438.97		3907.94	4618.85	
7	3211.98		3804.87	4710.73	5995.54		4267.69	4470.11		3924.79	4659.3	
8	3168.1			4583.03	5598.79		4336.53	4508.97	4497.24	4061.21		4209.38
9	3204.92			4656.91	5865.11	4875.89	4399.01		4436.84	4038.81		4247.35
10	3254.38		3856.38	4611.66		4693.46	4322.07		4498.96	4067.49	4601.52	4280.65
11			3909.41	4538.72		4625.71	4489.29	4407.07	4466.11		4596.45	4306.25
12			3956.53		6019.22	4560.14		4234.52	4365.62		4546.06	4260.71
13	3323.96		3918.88		5882.32	4678.21		4170.66		4039.56	4638.56	
14	3251.28		3962.18	4564.69	5505.14		4573.88	4302.99		4038.3	4608.88	
15	3281.01			4616.54	5622.97		4561.04	4222.13	4241.24	4130.53		4259.16
16	3304.27			4631.07	5124.99	4756.89	4592.44		4261.33	4263.55		4284.12
17	3338.32	3686.45	4105.63	4704.87		4699.33	4682.57		4202.26	4390.23	4595.61	4179.65
18		3337.8	4129.21	4712.89		4665.82	4715.2	4137.28	4206.44		4553.97	4166.29
19		3547.53	4152.65		5173.29	4650.47		4163.04	4238.95		4524.48	4150.65
20	3383.28	3489.48	4060.99		5422.36	4980.59		4220.14		4464.58	4459.92	
21	3389.94	3582.21	4185.52	4891.61	5242.6		4655.98	4206.96		4552.73	4383.38	
22	3465.61			4902.58	4788.88		4716.94	4242.05	3953.87	4572.67		4134.64
23	3533.93			4982.59	4921.63	5102.03	4710.88		3698.9	4591.06		4162.18
24	3556.93	3609.61	4398.87	5015.11		5239.7	4557.88		3910.29	4654.12	4248.97	4119.77
25		3675.5	4459.58	5011.49		5198.97	4539.32	4363.02	3948.15		4271.83	4114.42
26		3761.49	4536.24		4846.94	5177.76		4386.52	3935.65		4296.9	4166.01
27	3603.06	3759.65	4503.74		4950.2	5081.44		4408.38		4679.75	4185.32	
28	3623.96	3769.47	4466.77	5126.17	4880.02		4392.01	4438.32		4485.89	4268.49	
29	3650.29			5130.23	4748.15		4431.03	4398.73	3857.52	4594.79		4204
30	3676.05			5210.74	4844.2		4541.08		3916.95	4497.6		4172.96
31	3693.69		4543				4533.62			4523.31		4184.84

数据来源：深圳证券交易所

Source: Shenzhen Stock Exchange

3－14 1997 年深圳证券交易所深证成分 A 股指数每日收市表

Daily Closing A Share Composite Component Index (Shenzhen Stock Exchange, 1997)

20 Jul. 1994＝1000

日期 Date	1月 Jan.	2月 Feb.	3月 Mar.	4月 Apr.	5月 May.	6月 Jun.	7月 Jul.	8月 Aug.	9月 Sep.	10月 Oct.	11月 Nov.	12月 Dec.
1				5140.62				5162.9	4970.77			4843.18
2	3644.08			5105.75		5760.69	5539.52		5014.23			4827.61
3	3584.62		4326.47	5148.64		5808.47	5270.53		5111.6		5200.58	4785.52
4			4309.93	5246.06		5814.41	5279.46	5151.47	5127.32		5279.67	4849.46
5			4237.52		6223.24	5834.13		5163.91	5115.26		5361.95	4857.95
6	3408.24		4271.47		6567.12	5500.86		5058.34		4437.79	5288.95	
7	3574.27		4256.97	5323.98	6819.6		4851.7	5096.05		4458.32	5343.26	
8	3526.97			5175.06	6359.48		4942.93	5140.55	5121.7	4616.41		4840.48
9	3570.77			5265.34	6671.5	5535.05	5017.63		5053.1	4591.42		4887.27
10	3628.51		4315.58	5211.17		5327.88	4915.46		5125.25	4625.54	5277.98	4925.54
11			4377.03	5126		5252.04	5103.09	5019.44	5085.08		5272.44	4958.69
12			4424.06		6848	5171.36		4813.49	4966.79		5214.19	4907.11
13	3704.99		4377.36		6695.22	5307.7		4727.21		4594.65	5329.52	
14	3625.19		4429.99	5152.87	6258.25		5202.25	4861.35		4594.4	5294.38	
15	3659.16			5215.47	6395.94		5190.3	4755.12	4822.67	4705.15		4907.52
16	3687.54			5233.16	5828.59	5396.43	5229.81		4844.24	4861.81		4938.79
17	3725.8	4121.84	4593.53	5298.97		5329.4	5333.63		4774	5012.11	5278.03	4815.71
18		3732.01	4621.96	5296.11		5293.73	5375.06	4654.23	4782.87		5231.8	4798.44
19		3975.41	4653.42		5868.9	5272.75		4700.35	4820.49		5196.64	4785.09
20	3774.89	3903.65	4552.52		6160.22	5657.6		4775.75		5100.66	5124.34	
21	3782.33	4002.59	4696.32	5501.75	5957.48		5307.03	4753.91		5205.87	5035.45	
22	3867.15			5519.89	5437.86		5378.28	4800.51	4490.25	5232.01		4770.77
23	3948.42			5617.41	5591.74	5801.72	5369.55		4189.13	5265.64		4804.94
24	3974.93	4035.51	4948.57	5656.89		5966.73	5190.12		4440.83	5336.44	4881.03	4754.57
25		4113.29	5022.03	5651.3		5925.66	5171.57	4954.34	4486.07		4917	4748.2
26		4215.19	5112.04		5514.96	5901.05		4980.43	4469.18		4945.67	4809.56
27	4024.14	4210.56	5077.06		5630.04	5783.69		4998.89		5365.07	4814.67	
28	4047	4218.35	5034.01	5795.51	5549.38		4997.56	5038.97		5149.02	4919.64	
29	4079.36			5802.37	5392.66		5043.88	5000.73	4376.09	5277.9		4851.62
30	4108.94			5892.5	5503.52		5173.62		4445.62	5163.69		4811.72
31	4125.04		5124.21				5165.36			5194.43		4814.71

数据来源：深圳证券交易所

Source：Shenzhen Stock Exchange

3-15 1997年深圳证券交易所深证成分B股指数每日收市表

Daily Closing B Share Composite Component Index (Shenzhen Stock Exchange, 1997)

20 Jul. 1994 = 1000

日期 Date	1月 Jan.	2月 Feb.	3月 Mar.	4月 Apr.	5月 May.	6月 Jun.	7月 Jul.	8月 Aug.	9月 Sep.	10月 Oct.	11月 Nov.	12月 Dec.
1				1416.76				1122.85	1119.56			767.68
2	1305.28			1411.15		1341.81			1058.75			757.04
3	1250.04		1363.56	1399.37		1350.44	1174.57		1116.17		903.77	763.89
4			1353.85	1399.35		1354.95	1183.01	1085.13	1096.53		919.79	790.18
5			1356.29		1536.77	1345.2		1099.16	1102.57		945.19	797.56
6	1204.99		1367.62		1547.71	1302.12		1076.44		1023.37	996.68	
7	1255.21		1362.71	1389.98	1525.63		1099.5	1073.1		1021.02	966.5	
8	1229.35			1377.92	1473.95		1046.66	1081.51	1105.82	1041.33		808.96
9	1227.7			1362.06	1491.02		1043.37		1090.04	1033.28		800.99
10	1231.65		1375.75	1365.52		1253.82	1101.1		1098.44		949.73	807.47
11			1382.97	1359.13		1229.73	1157.11	1081.2	1103.86		947.38	794.25
12			1431.47		1523.49	1247.11		1084.93	1097.9		939.12	781.65
13	1264.26		1443.33		1472.26	1265.75		1135.54		1021.9	913.29	
14	1230.18		1435.6	1380.57	1420.6		1162.93	1249.06		1015.92	912.48	
15	1237.07			1373.66	1430.13		1145.55	1298.35	1079.43	1010.8		770.68
16	1232.92			1370.9	1308.61	1290.01	1133.29		1090.69	1018.39		762.88
17	1244.21	1334.12	1470.1	1490.39		1284.07	1149.22			1020.32	915.25	757.24
18		1207.91	1467.15	1558.92		1261.94	1134.52		1071.62		899.17	764
19		1236.58	1446.55		1402.52	1277.61		1222.58	1076.76		899.58	738.35
20	1266.78	1251.96	1404.47		1421.13	1309.5		1185.94		1019.77	877.71	
21	1269.15	1310.73	1424.3	1591.42	1365.77		1123.03	1216.04		1018	867.29	
22	1295.44			1562.81	1270.02		1128.31	1192.27	1033.82	1006.23		715.29
23	1294.21			1546.8	1287.76	1306.95	1135.77		1023.62	949.15		708.38
24	1298.35	1308.52	1425.4	1541.17		1295.01	1123.5		1022.1	969.58	840.8	708.06
25		1310.55	1416.47	1548.49		1255.27	1106.3	1143.6	1021.07		798.02	
26		1311.14	1420.38		1223.15	1252.55		1152.61	1030.9		803.63	
27	1327.65	1324.07	1401.05		1262.64	1271.73		1189.46		978.63	795.27	
28	1337.92	1344.56	1397.15	1500.89	1249.45		1100.64	1167.56		908	765.73	
29	1331.91			1489.4	1253.38		1100.99	1124.42	1031.78	911.13		719.87
30	1337.1			1517.94	1268.85		1106.49		1037.45	904.38		726.67
31	1362.69						1103.47			903.6		760.63

数据来源：深圳证券交易所

Source: Shenzhen Stock Exchange

3-16 1997年A股交易按成交金额排序前50名

A Shares Ranking By Turnover in 1997

序号 Rank	代码 Code	简称 Stock	年度成交金额(百万元) Transaction Value in 1997	交易所 Stock Exchange
1	0001	深发展A	119601.14	深交所
2	600839	四川长虹	70198.419	上交所
3	0021	深科技A	23693.77	深交所
4	600690	青岛海尔	23222.652	上交所
5	0027	深能源A	23189.16	深交所
6	0002	深万科A	22747.22	深交所
7	0571	新大洲A	20367.93	深交所
8	0006	深振业A	18467.08	深交所
9	600688	上海石化	18365.992	上交所
10	0005	世纪星源	17312.01	深交所
11	600663	陆家嘴	16306.188	上交所
12	600654	飞乐股份	16213.056	上交所
13	600068	葛洲坝	15737.969	上交所
14	600653	申华实业	15012.736	上交所
15	600698	济南轻骑	14504.918	上交所
16	0551	苏物贸A	14295.71	深交所
17	600609	一汽金杯	14163.801	上交所
18	0800	一汽轿车	13818.8	深交所
19	0009	深宝安A	13635.24	深交所
20	0059	辽通化工	13555.89	深交所
21	0016	深康佳A	13394.79	深交所
22	600816	鞍山信托	13157.014	上交所
23	600649	原水股份	13062.508	上交所
24	600808	马钢股份	12718.662	上交所
25	600812	华北制药	12581.053	上交所
26	0031	深宝恒A	12471.48	深交所
27	600707	彩虹股份	12294.905	上交所
28	0042	深长城A	12151.9	深交所
29	0683	天然碱	12008.49	深交所
30	0529	粤美雅A	11962.17	深交所
31	600811	东方集团	11774.779	上交所
32	600898	郑州百文	11661.421	上交所
33	0568	泸州老窖	11611.81	深交所
34	600642	申能股份	11267.975	上交所
35	600810	神马实业	11187.108	上交所
36	0539	粤电力A	11096.81	深交所
37	0561	陕长岭A	11039.34	深交所
38	0573	粤宏远A	11031.02	深交所
39	600859	王府井	11018.55	上交所
40	600702	沱牌曲酒	10981.613	上交所
41	600871	仪征化纤	10921.954	上交所
42	0533	万家乐A	10855.42	深交所
43	600868	梅雁股份	10510.187	上交所
44	0501	鄂武商A	9964.78	深交所
45	0527	粤美的A	9909.08	深交所
46	0508	琼民源A	9486.79	深交所
47	0510	金路集团	9438.17	深交所
48	0046	南油物业	9317.69	深交所
49	0520	武凤凰A	9250.83	深交所
50	600877	中国嘉陵	9218.098	上交所

3-17 1997年A股交易按震幅排序前50名

A Shares Ranking By Shocking Range in 1997

序号 Rank	代码 Code	简称 Stock	震幅(%) Shocking Range	交易所
1	0023	深天地A	417.18	深交所
2	0700	兴澄股份	400.74	深交所
3	0628	倍特高新	364.12	深交所
4	600803	河北威远	360	上交所
5	600765	力源液压	342.59	上交所
6	0582	北海新力	342.14	深交所
7	0551	苏物贸A	341.09	深交所
8	600750	东风药业	338.17	上交所
9	0653	九州股份	337.7	深交所
10	0611	民族集团	336.67	深交所
11	600758	金帝建设	310.45	上交所
12	0519	蓉动力A	307.1	深交所
13	0021	深科技A	304.16	深交所
14	600897	厦门机场	304	上交所
15	0420	吉林化纤	291.8	深交所
16	0062	深圳华强	290.57	深交所
17	0612	焦作万方	290.14	深交所
18	600743	幸福实业	286.93	上交所
19	0007	深达声A	276.32	深交所
20	0638	中辽国际	275.58	深交所
21	0667	昆明五华	274	深交所
22	600607	联合实业	270.7	上交所
23	600842	中西药业	264.01	上交所
24	0571	新大洲A	262.79	深交所
25	0785	武汉中商	261.36	深交所
26	0663	永安林业	261.23	深交所
27	600858	渤海集团	257.18	上交所
28	600752	哈慈股份	257.14	上交所
29	0416	青岛国货	254.79	深交所
30	600654	飞乐股份	252.06	上交所
31	0652	泰达股份	250	深交所
32	600784	鲁银集团	247.27	上交所
33	0050	深天马A	244.97	深交所
34	0556	琼南洋A	240	深交所
35	0708	大冶特钢	237.66	深交所
36	600744	华银电力	237.54	上交所
37	0691	寰岛实业	236.72	深交所
38	0589	黔轮胎A	235.98	深交所
39	0711	龙发股份	234.22	深交所
40	0718	吉林纸业	233.91	深交所
41	0696	成都联益	233.15	深交所
42	600687	国泰股份	231.92	上交所
43	0658	海洋集团	231.75	深交所
44	0636	风华高科	230.91	深交所
45	0681	苏常远东	229.55	深交所
46	0697	咸阳偏转	229.08	深交所
47	0819	岳阳兴长	228.23	深交所
48	0716	广西斯壮	228.04	深交所
49	600629	棱光实业	227.9	上交所
50	0620	牡石化A	227.41	深交所

注：震幅计算公式为：震幅＝（最高价－最低价）/最低价

3-18 上海证券交易所历年债券交易基本情况表

Shanghai Stock Exchange Bonds Summary in Recent Years

项　　目	1992年	1993年	1994年	1995年	1996年	1997年
年末上市数目 Listed Numbers	**46**	**66**	**51**	**47**	**24**	**22**
金融债 Financial Bonds	22	21	9	4	2	0
企业债 Enterprise Bonds	15	12	18	12	5	5
国债 T-Bond	9	33	24	31	17	17
现货 T-Bond Cash	9	6	6	6	9	9
期货 T-Bond Futures		12	5	12	0	0
回购 T-Bond Repurchase		15	13	13	8	8
成交数量(万) Transaction Volume	**690.22**	**609.54**	**11885.51**	**29255.55**	**167937.07**	**150767**
金融债 Financial Bonds	47.87	0.44	0.07	0	0	0
企业债 Enterprise Bonds	10.81	1.11	0.15	5015	9.76	128
国债 T-Bond	631.54	607.99	11885.29	24240.55	167927.31	150639
现货 T-Bond Cash	631.54	592.2	3979.21	6004.6	43535.71	31518
期货 T-Bond Future		12.06	7300	16520	0	0
回购 T-Bond Repurchase		3.73	606.08	1715.95	124391.6	119122
成交金额(百万元) Transaction Turnover	**776.99**	**8729.42**	**1957462.78**	**5162822.95**	**1740269.88**	**1539606.07**
金融债 Financial Bonds	51.96	4.47	0.91	0.03	0.05	0
企业债 Enterprise Bonds	12.27	7.82	1.83	61.06	116.12	1550.32
国债 T-Bond	712.76	8717.13	1957460.04	5162761.86	1740153.71	1538055.75
现货 T-Bond Cash	712.76	6102.45	45727.08	76444.46	496237.71	346839.95
期货 T-Bond Future		2572.4	1905417.86	4969157.9	0	0
回购 T-Bond Repurchase		42.28	6315.1	117159.5	1243916	1191215.8
成交笔数(笔) Transaction Deals						
金融债 Financial Bonds	3221	136	28	2	4	2
企业债 Enterprise Bonds	9260	162	65	4442	11032	49205
国债 T-Bond	40406	55470	1033061	2988194	2491369	1452542
现货 T-Bond Cash	40406	46164	219335	622155	1805154	1096789
期货 T-Bond Future		9238	812619	2287468	0	0
回购 T-Bond Repurchase		68	1107	78571	686215	355753

数据来源：上海证券交易所

Source: Shanghai Stock Exchange

3-19 上海证券交易所历年基金交易情况表

Shanghai Stock Exchange Funds Summary in Recent Years

年 月 Year Month	上市数目 Listed Number	成交数量(亿) Transaction Volum	成交金额(亿元) Transaction Turnover
1992年			
1993年			
1994年	12	56.73	117.34
1995年	12	107.21	305.67
1996年	15	128.01	497.38
1997年	15	55.57	219.53
1月 Jan.	15	3.69	13.75
2月 Feb.	15	2.84	10.34
3月 Mar.	15	7.60	30.76
4月 Apr.	15	8.87	39.17
5月 May	15	9.38	44.86
6月 Jun.	15	2.81	12.10
7月 Jul.	15	2.29	8.71
8月 Aug.	15	3.55	13.03
9月 Sep.	15	4.46	17.24
10月 Oct.	15	4.63	15.88
11月 Nov.	15	3.59	9.67
12月 Dec.	15	1.86	4.02

数据来源：上海证券交易所

Source: Shanghai Stock Exchange

3-20 深圳证券交易所历年债券交易基本情况表

Shenzhen Stock Exchange Bonds Summary in Recent Years

项　目		1993年	1994年	1995年	1996年	1997年
年末上市数目	**Listed Numbers**	**9**	**47**	**15**	**19**	**20**
公司债券	Corporate Bonds	8	6	1	1	2
可转换债券	ConvertibleBonds	1	1	1		
国债	T-Bonds		40	13	18	18
现货	T-Bond Cash		5	6	9	9
期货	T-Bond Futures		19			
回购	T-Bond Repurchase		16	7	9	9
成交数量	**Transaction Volume**					
公司债券(张)	Corporate Bonds	31,550	330	238,400	282,420	2,281,200
转债(百万张)	Convertible Bonds	1,880.32	1,156.53	709.05		
国债	T-Bonds					
现货(手)	T-Bond Cash		1,037,270	1,009,776	6,370,546	10,972,005
期货(口)	T-Bond Future		2,372,995	46,316,381		
回购(手)	T-Bond Repurchase		1,262,620	7,530,077	56,948,117	96,390,612
总成交金额(百万元)	**Transaction Turnover**	**2,436.23**	**34,658.83**	**773,937.74**	**63,664.67**	**108,082.96**
公司债券	Corporate Bonds	3.2	0.03	23.04	29.97	257.78
可转换债券	Convertible Bonds	2,433.03	991.6	676.85		
国债	T-Bonds		33,667.20	773,237.85	63,634.70	107,825.18
现货	T-Bond Cash		1,109.88	1,075.55	6,686.59	11,434.57
期货	T-Bond Future		31,294.37	764,470.22		
回购	T-Bond Repurchase		1,262.95	7,692.08	56,948.12	96,390.61
总成交笔数	**Transaction Deals**		**97,296**	**948,539**	**44,017**	**33,281**
公司债券	Corporate Bonds		3	1,846	2,368	2,145
可转换债券	Convertible Bonds		80,587	36,721		
国债	T-Bonds		16,706	909,972	41,649	31,136
现货	T-Bond Cash		1,452	7,376	26,987	21,774
期货	T-Bond Future		15,090	897,910		
回购	T-Bond Repurchase		164	4,686	14,662	9,362

数据来源：深圳证券交易所

Source: Shenzhen Stock Exchange

3-21 深圳证券交易所历年基金交易情况表

Shenzhen Stock Exchange Funds Summary in Recent Years

年	月	Month	上市数目 Listed Number	成交数量(亿) Transaction Volum	成交金额(亿元) Transaction Turnover
1994			8	181.15	240.15
1995			10	134.58	204.51
1996			10	346.28	1069.12
1997			10	173.15	588.38
1997	1月	Jan.	10	17.11	57.27
	2月	Feb.	10	9.24	32.08
	3月	Mar.	10	22.31	80.96
	4月	Apr.	10	18.99	70.46
	5月	May	10	26.19	105.11
	6月	Jun.	10	11.96	41.79
	7月	Jul.	10	10.15	34.64
	8月	Aug.	10	15.36	47.93
	9月	Sep.	10	11.96	37.43
	10月	Oct.	10	14.36	45.25
	11月	Nov.	10	8.15	20.69
	12月	Dec.	10	7.33	14.71

数据来源：深圳证券交易所

Source：Shenzhen Stock Exchang

3-22 香港上市中国企业(H股)成交额及市价总值

H Shares Turnover and Market Value in Hongkong

年/月份 Date	成交额 Transaction Value					市场总值 Market Value	
	数目 No.	股 数 Volume	占市场总值	金 额 Value	占市场总值百分比 Percent	金 额 Value	占市场总值百分比 Percent
		(百万股) Mil.	百分比(%) Percent	(百万港元) Mil.	(%) (%)	(百万港元) Mil.	(%) (%)
1993	6	9,590.87	3.24	31,146.24	3.04	18,228.70	0.61
1994	15	12,415.63	7.48	33,072.71	3.39	19,981.32	0.96
1995	17	9,675.43	6.28	16,886.11	2.28	16,463.77	0.70
1996	23	15,267.18	4.63	24,890.24	1.93	31,530.63	0.91
1997	39	111,939.68	10.28	297,769.58	8.48	48,622.01	1.52
1月	23	2,704.35	4.43	5,738.80	2.67	31,280.57	0.90
2月	24	2,860.61	8.26	4,843.67	3.46	35,957.43	1.01
3月	26	5,525.96	9.02	12,695.00	7.00	39,957.67	1.18
4月	26	6,544.86	9.40	13,297.00	7.08	44,170.93	1.23
5月	28	8,889.54	7.13	21,657.88	6.92	51,619.32	1.26
6月	32	6,358.22	7.16	17,354.90	4.93	57,913.42	1.36
7月	34	13,851.35	10.60	36,798.30	10.08	78,615.83	1.71
8月	34	25,528.26	12.56	88,325.22	14.87	92,431.74	2.13
9月	35	16,323.49	12.58	53,296.02	13.11	77,014.25	1.76
10月	39	9,898.21	12.16	20,235.56	5.50	63,728.08	1.95
11月	39	7,508.59	12.43	14,037.79	6.26	51,411.48	1.62
12月	39	5,943.25	13.75	9,489.44	5.71	48,622.01	1.52

注：第一家中国企业H股在香港联合交易所开始上市买卖日期为1993年7月15日。

中国企业的市价总值是以已发行的H股股份计算。

数据来源：香港联合交易所编写的《1997股市资料》

Source：《Stock Market Data in 1997》, edited by The Stock Exchange of Hongkong

3－23　1997年恒生指数中国企业指数

Hangseng China Enterprise Index in 1997

1994年7月8日＝1000

日期 Date	1月 Jan.	2月 Feb.	3月 Mar.	4月 Apr.	5月 May.	6月 Jun.	7月 Jul.	8月 Aug.	9月 Sep.	10月 Oct.	11月 Nov.	12月 Dec.
1				944.07	1074.38			1268.16	1290.55			758.93
2	1038.60			943.41	1068.21	1086.27			1132.34			794.89
3	1059.05	972.78	1055.28	937.68		1087.62	996.34		1325.72	1211.96	1017.95	791.05
4	–	974.48	1034.60	944.7		1077.36	983.32	1274.59	1227.58		958.22	821.51
5	–	982.26	1011.75		1084.36	1086.08		1285.44	1223.32		967.46	866.93
6	1066.96		1017.93		1110.55	1055.56		1295.54		1169.37	929.99	
7	1034.86		1016.96	949.69	1143.43		987.29	1338.21		1159.74	918.54	
8	1005.92			962.47	1144.79		974.40	1343.84	1286.30	1132.15		880.83
9	1012.88			995.63	1120.45		951.59		1415.77	1063.32		879.36
10	1004.51	968.44	1029.45	1005.02		1032.47	967.62		1409.92		886.23	824.28
11		960.36	1011.52	1034.9		1001.54	999.89	1357.68	1385.24		868.83	792.70
12		960.26	1010.91		1088.89	938.32		1433.95	1406.36		827.70	795.09
13	999.97	954.21	1006.71		1082.77	990.72		1528.70		1012.64	837.75	
14	1003.93	942.01	1004.44	1019.01	1064.93		1022.78	1510.24		980.63	864.13	
15	1021.28			1007.05	1016.72		1065.49	1416.92	1449.86	900.25		778.52
16	1038.17			1023.28	1012.38	1010.66	1125.28		1396.93	939.36		761.98
17	1042.11	950.29	1017.15	1013.45		1010.44	1151.67			1004.10	887.56	762.86
18		928.69	997.65	1013.92		1018.68	1147.01		1361.23		871.46	771.87
19		930.65	989.63		1017.57	1020.04		1318.99	1321.37		877.12	754.75
20	1027.83	942.05	970.46		1049.26	1012.55		1492.40		943.55	858.06	
21	1003.44	948.17	956.21	1010.46	1065.69		1133.41	1514.90		888.41	857.76	
22	994.23			1034.05	1061.04		1112.08	1558.88	1220.35	842.38		714.80
23	978.52			1040.28	1066.73	992.77	1138.23		1156.95	758.03		708.29
24	984.00	973.91	979.46	1065.35		984.26	1153.06		1137.46	833.41	832.92	709.07
25		982.15	964.40	1082.20		982.42	1160.05	1727.01	1266.81		816.38	
26		1002.59	975.87		1080.81	1004.99		1662.01	1230.51		809.25	
27	985.74	1032.49	965.63		1089.86	1015.93		1593.96		807.29	785.37	
28	985.32	1033.12		1060.03	1085.18		1148.77	1500.07		719.88	764.46	
29	971.35			1039.93	1078.19		1149.46	1462.27	1204.50	811.95		706.78
30	981.64			1067.45	1085.23		1175.36		1208.72	877.34		726.51
31	972.24						1257.59			965.21		722.99
最高 Max	1066.96	1033.12	1055.28	1082.20	1144.79	1087.62	1257.59	1727.01	1449.86	1211.96	1017.95	880.83
最低 Min	971.35	928.69	956.21	937.68	1012.38	938.32	951.59	1268.16	1132.34	719.88	764.46	706.78
平均 Average	1009.66	968.83	1000.84	1008.82	1076.88	1021.51	1085.75	1444.19	1288.47	951.05	871.86	777.33

数据来源：香港联合交易所编写的《1997股市资料》

Source:《Stock Market Data in 1997》, edited by The Stock Exchange of Hongkong.

3－24　1997年度H股概况一览表

H Shares Summary in 1997

代号 Code	股份名称 Stock	总股本(Total Issued Capital) 合计 total (万股) 10,000	其中 A股股本 A Share (万股) 10,000	其中 H股股本 H Share (万股) 10,000	最高价 Max (港元) HKD	最低价 Min (港元) HKD
38	第一拖拉机股份有限公司H股	78,500		33,500	8.1	3.9
42	东北输变电机械制造股份有限公司H股	87,337		25,795	3.65	0.8
107	四川成渝高速公路股份有限公司H股	255,806		89,532	1.6	0.68
161	深圳中航					
168	青岛啤酒股份有限公司H股	90,000	10,000	34,685	6	1.77
177	江苏宁沪高速公路股份有限公司H股	488,775		122,200	3.3	1.32
187	北人印刷机械股份有限公司H股	40,000	5,000	10,000	3.5	1
300	昆明机床股份有限公司H股	24,501	6,000	6,500	2.9	0.62
317	广州广船国际股份有限公司H股	49,468	12,648	15,740	4.25	1.14
323	马鞍山钢铁股份有限公司H股	645,530	60,000	173,293	3.7	0.79
325	北京燕化石油化工股份有限公司H股	337,400		101,200	4.325	1.34
338	上海石油化工股份有限公司H股	720,000	72,000	233,000	3.575	1.11
347	鞍钢新轧钢股份有限公司H股	250,900		89,000	3.9	1.04
350	经纬纺机机械股份有限公司H股	42,380		18,080	3.4	0.75
358	江西铜业股份有限公司H股	243,356		115,648	3.7	0.7
368	吉林化学工业股份有限公司H股	341,108		96,478	3.2	0.82
525	广深铁路股份有限公司H股	143,130		143,130	4	1.58
548	深圳高速公路股份有限公司H股	201,570		74,750	3.375	0.95
553	南京熊猫电子股份有限公司H股	65,502	2,800	24,200	3.75	1
576	浙江沪杭通高速公路股份有限公司H股	434,311		143,385	3.35	1
588	北京北辰实业股份有限公司	186,702		70,702	5.6	1.2
670	中国东方航空股份有限公司H股	486,695	27,000	156,695	3.475	1.19
719	山东新华制药股份有限公司H股	41,731		15,000	3.7	0.98
874	广州药业股份有限公司H股	73,290		21,990	1.75	1
914	安徽海螺水泥股份有限公司H股	103,763		36,100	2.25	1.11
921	广东科龙电器股份有限公司H股	88,201		45,959	12.3	4.9
991	北京大唐发电股份有限公司H股	516,285		143,067	5.75	2.6
995	安徽皖通高速公路股份有限公司H股	140,861		49,301	2.7	0.92
1033	仪征化纤股份有限公司H股	400,000	20,000	140,000	6.15	1.23
1053	重庆钢铁股份有限公司H股	106,399		41,394	1.77	0.96
1055	中国南方航空股份有限公司H股	337,418		117,418	6.1	1.87
1065	天津渤海化工股份有限公司H股	133,000	11,250	34,000	3.275	0.65
1072	东方电机股份有限公司H股	45,000	6,000	17,000	4.7	1.04
1108	洛阳玻璃股份有限公司H股	70,000	5,000	25,000	3.7	0.66
1122	庆龄汽车股份有限公司H股	200,000		98,000	5.95	3.425
1128	镇海炼油化工股份有限公司H股	60,000		60,000	5.85	2.5
1133	哈尔滨动力设备股份有限公司H股	46,915		46,915	3.875	0.89
1138	上海海兴轮船股份有限公司H股	108,000		108,000	8.5	0.7
1202	成都电缆股份有限公司H股	16,000		16,000	6.7	0.9

数据来源：香港联合交易所编写的《1997股市资料》

Source：《Stock Market Data in 1997》, edited by The Stock Exchange of Hongkong.

主要统计指标解释
Definition

1. 成交金额和成交数量（Trading Volume and Value）

成交金额和成交数量为买卖单方计算。

Trading volume and value counted on a one-way basis.

2. 上市公司（Listed Companies）

上市公司为向社会公开发行股票且股票在交易所上市的公司。

A pubic, limited-liability company with issued shares that are listed on an Exchange.

3. 上市股票数（Number of Listed Stocks）

上市股票数是指在交易所上市的A股、B股的总数目。

The figure of Number of listed stocks refers to the total number of A and B shares listed on an Exchange.

4. 市价总值（Total Market Capitalization）

指在交易所上市的证券在某一时点按市价与发行数量计算的总金额。

$$\sum(\text{市价} \times \text{发行数量})$$

This figure represents the aggregate taken at a given time of the market price the listed volume for each security in the market.

$$\sum(\text{Marked Price} \times \text{Negotiable Volume})$$

5. 流通市值（Negotiable Market Capitalization）

指在交易所上市的证券在某一时点按市价与上市流通量计算的总金额。

$$\sum(\text{市价} \times \text{可流通量})$$

This figure represents the aggregate taken at a given time of the market price the negotiable volume for each security in the market.

$$\sum(\text{Marked Price} \times \text{Negotiable Volume})$$

6. 流通数量（Total Negotiable Volume）

指在交易所上市的证券中可以流通的数量。

The total negotiable volume of all listed securities at a certain time.

7. 数量单位（Trading Unit）

· 股：A股、B股均使用1元人民币面额为一股。对历史曾出现的大于1元面额的股票，在本年报的成交或交易股数指标中均已被换算到当前面额。

· 手：国债现货和国债回购品种均以1000元人民币面额为一手。

· 口：上海证券交易所国债期货以20000元国债面额为一口，深圳证券交易所国债期货以10000元国债面额为一口。

· 份：基金证券以 1 元面额为一份。

· Par value for both A and B shares is calculated at 1.00 RMB. Trading volume of stocks whose actuarial par value is greater than 1.00 RMB has been converted correspondingly.

· For Bonds and T-Bond repurchase each block consists of 1000 RMB par value.

· For T-bond Futures each block consists of 20000 RMB par value in Shanghai Stock Exchange, and in Shenzhen Stock Exchange each block consists of 10000 RMB par value.

· Par value for Investment Funds is 1. 00 RMB par share.

8. 市盈率（Price-to-Earning Ratio（P/E Ratio））

$$\text{市盈率} = \frac{\text{股　价}}{\text{每股盈利}}$$

$$\text{P/E Ratio} = \frac{\text{Stock Price}}{\text{Earnings Per Share}}$$

第四部分　上市公司

Listed Companies

4-1 历年上市公司数量变化

Changes of Listed Companies in Recent Years

单位:家

年 份 Year	1990年	1991年	1992年	1993年	1994年	1995年	1996年	1997年
全 国 National	10	14	53	183	291	323	530	745
上交所 Shanghai Stock Exchange	8	8	29	106	171	188	293	383
深交所 Shenzhen Stock Exchange	2	6	24	77	120	135	237	362

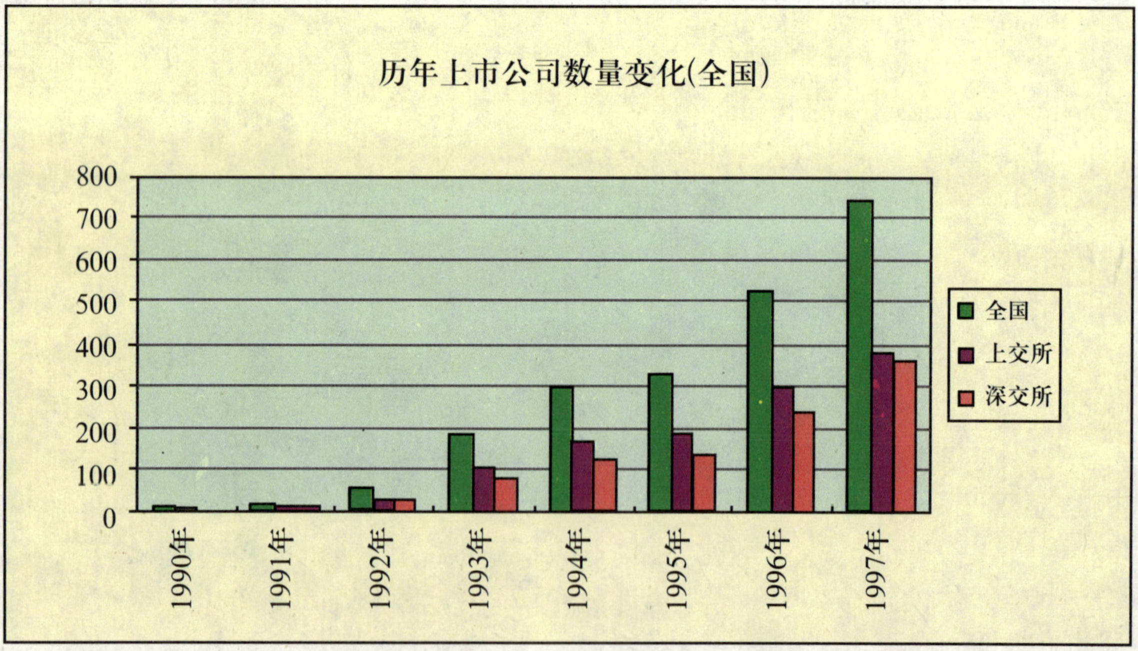

4－2 1997年末上市公司行业分类

Classification of Listed Companies in 1997

单位:家

行 业 Classification	公司数量（全国）No. of Listed Companies	占总额%（全国）of Total	公司数量（上交所）No. of Listed Companies	占总额%（上交所）of Total	公司数量（深交所）No. of Listed Companies	占总额%（深交所）of Total
工 业 Industrials	456	61.21%	218	56.92%	238	65.75%
商 业 Commerce	86	11.54%	50	13.05%	36	9.94%
地 产 Propertials	27	3.62%	9	2.35%	18	4.97%
公用事业 Utilities	56	7.52%	33	8.62%	23	6.35%
综 合 Conglomerat	116	15.57%	72	18.80%	44	12.15%
金 融 Finance	4	0.54%	1	0.26%	3	0.83%
合 计 Total	**745**	**100.00%**	**383**	**100.00%**	**362**	**100.00%**

4－3 按股份类别划分的上市公司历年数量变化(全国)

Changes of Listed Companies by Shares Categories in Recent Years (National)

单位:家

年 份	1990年	1991年	1992年	1993年	1994年	1995年	1996年	1997年
仅发A股	10	14	35	140	227	242	431	627
发A、H股	0	0	0	3	6	11	14	17
发A、B股	0	0	18	34	54	58	69	76
仅发B股	0	0	0	6	4	12	16	25
合 计	**10**	**14**	**53**	**183**	**291**	**323**	**530**	**745**
A股合计	**10**	**14**	**53**	**177**	**287**	**311**	**514**	**720**
B股合计	**0**	**0**	**18**	**40**	**58**	**70**	**85**	**101**

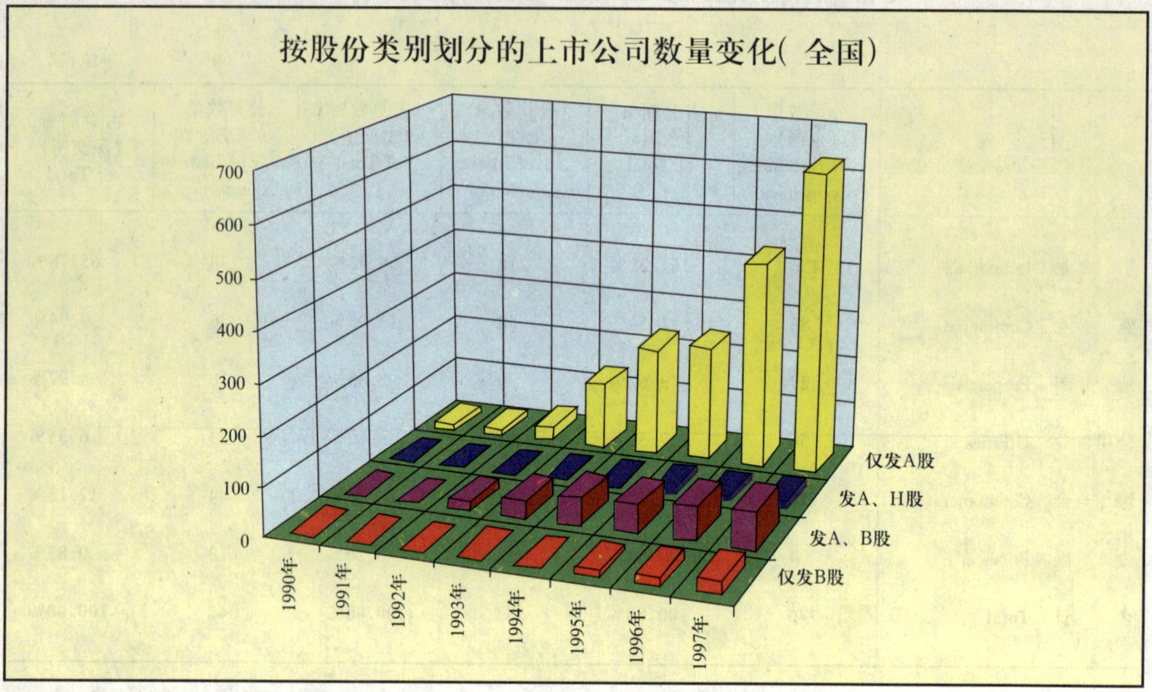
按股份类别划分的上市公司数量变化(全国)
700
600
500
400
300
200
100
0
1990年
1991年
1992年
1993年
1994年
1995年
1996年
1997年
仅发A股
发A、H股
发A、B股
仅发B股

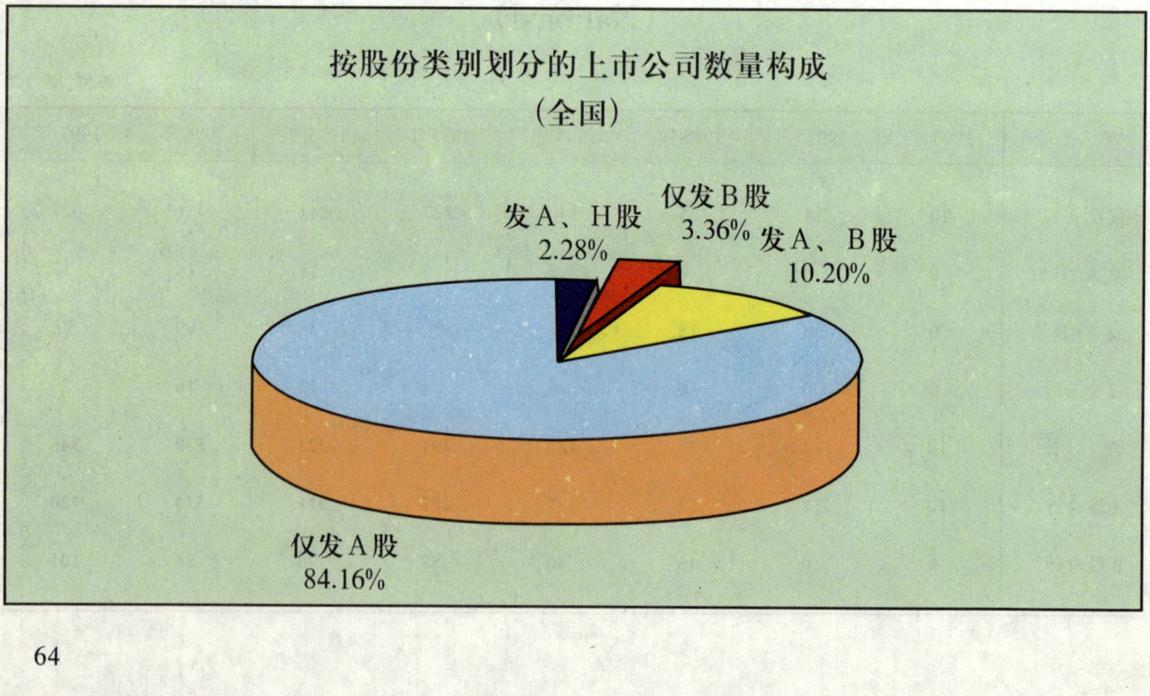
按股份类别划分的上市公司数量构成
(全国)
发A、H股
2.28%
仅发B股
3.36%
发A、B股
10.20%
仅发A股
84.16%

4－4　按股份类别划分的上市公司历年数量变化(上交所)

Changes of Listed Companies by Shares Categories in Recent Years (Shanghai Stock Exchange)

单位:家

年　　份 Year	1990 年	1991 年	1992 年	1993 年	1994 年	1995 年	1996 年	1997 年
仅发 A 股	8	8	20	82	131	142	240	321
发 A 、H 股				3	6	10	11	12
发 A 、B 股			9	16	32	32	36	39
仅发 B 股				5	2	4	6	11
合　　计	**8**	**8**	**29**	**106**	**171**	**188**	**293**	**383**
A 股合计	**8**	**8**	**29**	**101**	**169**	**184**	**287**	**372**
B 股合计			**9**	**21**	**34**	**36**	**42**	**50**

4－5　按股份类别划分的上市公司历年数量变化(深交所)

Changes of Listed Companies by Shares Categories in Recent Years (Shenzhen Stock Exchange)

单位:家

年　　份 Year	1990 年	1991 年	1992 年	1993 年	1994 年	1995 年	1996 年	1997 年
仅发 A 股	2	6	15	58	96	100	191	306
发 A 、H 股						1	3	5
发 A 、B 股			9	18	22	26	33	37
仅发 B 股				1	2	8	10	14
合　　计	**2**	**6**	**24**	**77**	**120**	**135**	**237**	**362**
A 股合计	**2**	**6**	**24**	**76**	**118**	**127**	**227**	**348**
B 股合计	**0**	**0**	**9**	**19**	**24**	**34**	**43**	**51**

4－6　按股本规模划分的上市公司数量构成(1997.12.31)

Numbers of Listed Companies by Stock Capital (1997.12.31)

单位:家

股本规模 Stock Capital	上海交易所 Shanghai Stock Exchange	深圳交易所 Shenzhen Stock Exchange	全　　国 National
1 亿元以下	82	89	171
1 亿元至 2 亿元以下	166	141	307
2 亿元至 3 亿元以下	64	63	127
3 亿元至 4 亿元以下	19	32	51
4 亿元以上	52	37	89
合　　计	**383**	**362**	**745**

4－7 1997年上市公司地区分布

Regional Distribution of Listed Companies, 1997

地区名称 Area	上市公司家数(全国) Listed Companies(National)	上交所 Shanghai	深交所 Shenzhen
安 徽 Anhui	12	4	8
北 京 Beijin	25	16	9
福 建 Fujan	32	17	15
甘 肃 Ganshu	9	4	5
广 东 Guangdong	43	7	36
广 西 Guangxi	8	1	7
贵 州 Guizhou	7	3	4
海 南 Hainan	19	4	15
河 北 Hebei	16	6	10
河 南 Henan	11	6	5
黑龙江 Heilongjiang	17	13	4
湖 北 Hubei	32	15	17
湖 南 Hunan	18	3	15
吉 林 Jilin	23	10	13
江 苏 Jiangsu	37	22	15
江 西 Jiangxi	11	4	7
辽 宁 Liaoning	41	17	24
内蒙古 Neimenggu	11	6	5
宁 夏 Ningxia	4	1	3
青 海 Qinghai	7	4	3
山 东 Shandong	35	18	17
山 西 Shanxi	9	3	6
陕 西 Shanxi	16	7	9
上 海 Shanghai	112	112	
深 圳 Shenzhen	64		64
四 川 Sichuan	42	22	20
天 津 Tianjin	11	7	4
西 藏 Xizang	4	2	2
新 疆 Xinjiang	10	8	2
云 南 Yunnan	9	6	3
浙 江 Zhejiang	31	27	4
重 庆 Chongqing	19	8	11
总 计 Total	**745**	**383**	**362**

4-8 全国上市公司总股本历年年末数量(1990-1997)

Capital Structure Figures (1990—1997)

单位:亿股,每股面值1元

年　份	1990年	1991年	1992年	1993年	1994年	1995年	1996年	1997年
一、尚未流通股 Nonnegotiable Shares	**—**	**—**	**47.69**	**279.85**	**458.50**	**546.96**	**789.69**	**1271.19**
1. 发起人股份 Sponsor's Legal Person's Shares	—	—	40.35	229.28	377.86	475.69	671.63	1078.24
国家股 State-owned Shares	—	—	28.5	190.22	296.47	328.67	432.01	612.28
境内法人股 Domestics Legal Person's Shares	—	—	9.05	34.97	73.87	135.18	224.63	439.91
外资法人股 Foreign Legal Person's Shares	—	—	2.8	4.09	7.52	11.84	14.99	26.07
2. 募集法人股 Private Placement of Legal Person's Shares	—	—	6.49	41.06	72.82	61.93	91.82	130.4
3. 内部职工股 Staff Shares	—	—	0.85	9.32	6.72	3.07	14.64	39.62
4. 其他(转配股) Others	—	—	0	0.19	1.1	6.27	11.6	22.87
二、可流通股份 Negotiable Shares	**2.61**	**6.29**	**21.18**	**107.88**	**226.04**	**301.46**	**429.85**	**671.44**
1. A股 A Shares	2.61	6.29	10.93	61.34	143.76	179.94	267.32	442.68
2. B股 B Shares	—	—	10.25	24.7	41.46	56.52	78.65	117.31
3. H股 H Shares	—	—	0	21.84	40.82	65	83.88	111.45
三、股份总数 Total Shares	**2.61**	**6.29**	**68.87**	**387.73**	**684.54**	**848.42**	**1219.54**	**1942.67**

4-9 全国上市公司股本结构变动情况汇总表(1992—1997)

Changes in the Capital Structure of Listed Companies (1992—1997)

单位：亿股，每股面值一元

项　　目	1992 年底 No. at the end of 1992	新公司上市 New Listed Companies	送股 Bonus Shares	配股 Rights Issues	上市后发行 Issues after Listed	其他变动 Other Changes	增量合计 Total	1997 年末数 No. at the end of 1997
一、尚未流通股 Nonnegotiable Shares	**47.69**	**959.87**	**233.61**	**51.20**	**8.10**	**-29.28**	**1178.50**	**1271.19**
1. 发起人股份 Sponsor's Legal Person's Shares	40.35	835.43	181.72	25.62	7.26	-12.14	992.89	1078.24
其中:国家股 State-owned Shares	28.5	485.73	101.86	14.21	0.85	-18.88	583.77	612.27
境内法人股 Domestics Legal Person's Shares	9.05	331.87	74.97	10.21	6.05	7.75	430.85	439.9
外资法人股 Foreign Legal Person's Shares	2.8	17.83	4.89	1.2	0.36	-1.01	23.27	26.07
2. 募集法人股 Private Placement of Legal Person's Shares	6.49	70.04	38.22	7.29	0.4	8.05	124	130.49
3. 内部职工股 Staff Shares	0.85	54.21	9.3	1.45	0.44	-26.66	38.74	39.59
4. 其他(转配) Others	0	0.19	4.37	16.84	0	1.47	22.87	22.87
二、可流通股 Negotiable Shares	**21.18**	**370.1**	**135.82**	**54.32**	**48.82**	**41.19**	**650.25**	**671.43**
1. A股 A Shares	10.93	217.16	118.44	48.6	9.94	37.62	431.76	442.69
2. B股 B Shares	10.25	52	17.38	5.72	28.38	3.57	107.05	117.3
3. H股 H Shares	0	100.94	0	0	10.5	0	111.44	111.44
三、股份总数 Total Shares	**68.87**	**1329.97**	**369.43**	**105.52**	**56.92**	**11.91**	**1828.75**	**1942.62**

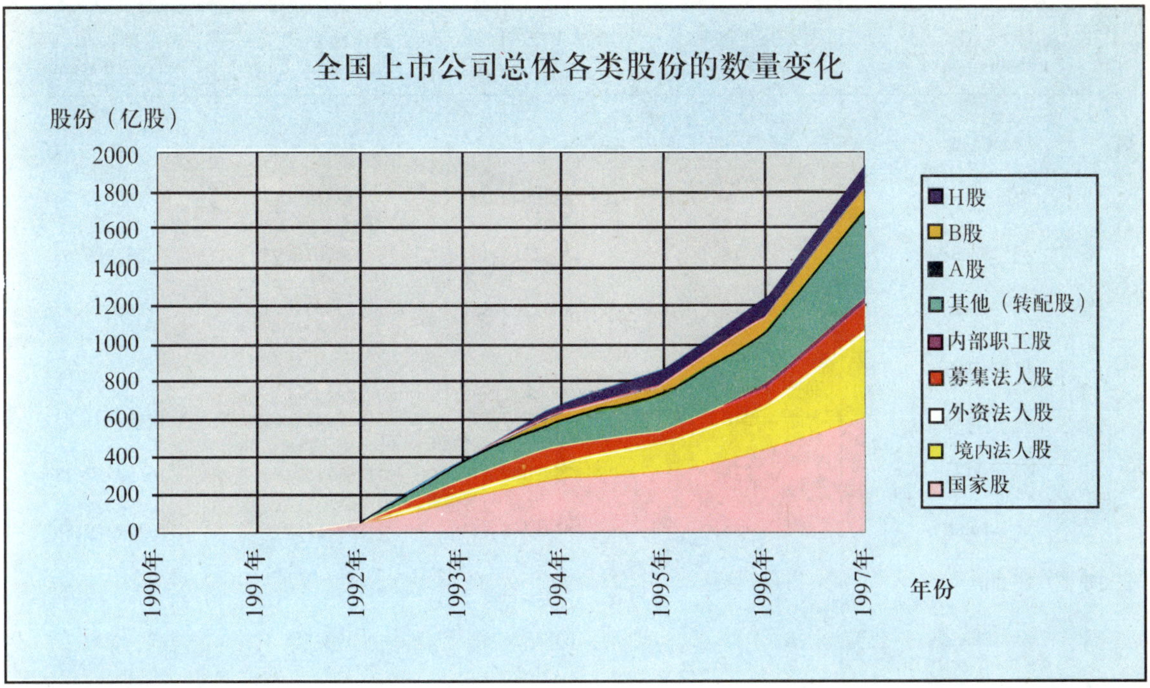

全国上市公司总体各类股份的数量变化
股份（亿股）
2000
1800
1600
1400
1200
1000
800
600
400
200
0
1990年
1991年
1992年
1993年
1994年
1995年
1996年
1997年
年份
H股
B股
A股
其他（转配股）
内部职工股
募集法人股
外资法人股
境内法人股
国家股

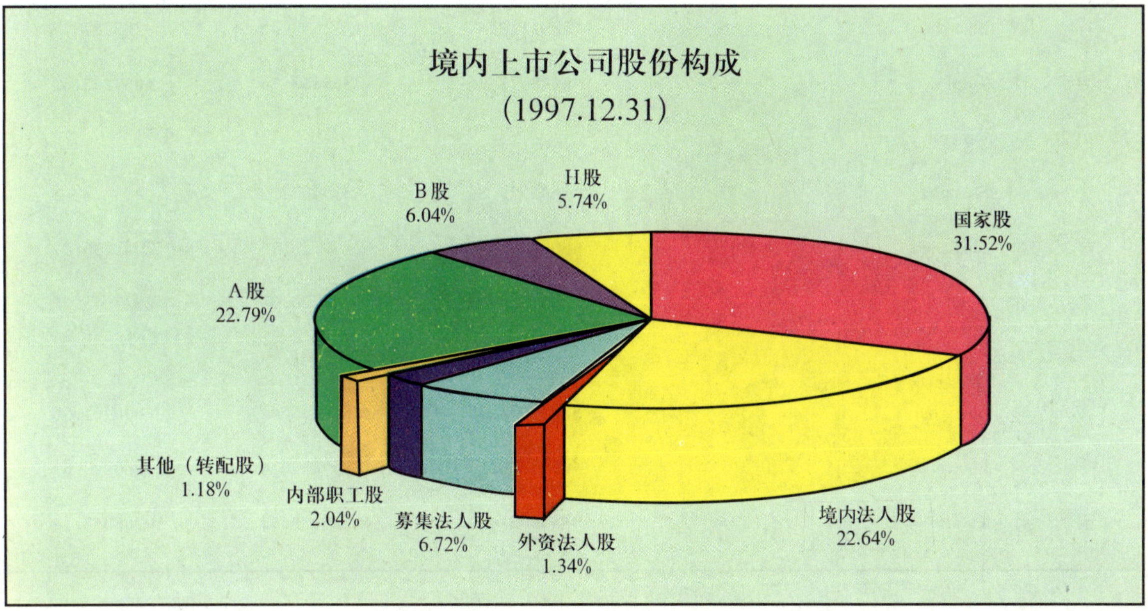

境内上市公司股份构成
（1997.12.31）
B股
6.04%
H股
5.74%
国家股
31.52%
A股
22.79%
其他（转配股）
1.18%
内部职工股
2.04%
募集法人股
6.72%
外资法人股
1.34%
境内法人股
22.64%

4 - 10 上市公司行业财务指标

行业 Classification	公司数量 No.	总资产(万元) Total Assets	股东权益(万元) Shareholder' Equity	主营业务收入(万元) Accrued Revernue
地产 Propertials				
上海 Shanghai	9	2245049.72	1133100.17	466889.24
深圳 Shenzhen	18	2762214.13	1200618.93	683989.63
合计 Total	**27**	**5007263.85**	**2333719.1**	**1150878.87**
工业 Industrials				
上海 Shanghai	218	30795757.67	16159417.64	17182541.85
深圳 Shenzhen	238	27982009.27	14677151.96	16594757.73
合计 Total	**456**	**58777766.94**	**30836569.6**	**33777299.58**
公用事业 Utilities				
上海 Shanghai	33	8386016.62	3967558.1	2446689.77
深圳 Shenzhen	23	3528209.62	2000128.61	1055932.64
合计 Total	**56**	**11914226.24**	**5967686.71**	**3502622.41**
商业 Commerce				
上海 Shanghai	50	4157529.49	2092665.31	4424331.92
深圳 Shenzhen	36	2291148.47	1212698.45	1582873.7
合计 Total	**86**	**6448677.96**	**3305363.76**	**6007205.62**
综合 Conglomerat				
上海 Shanghai	73	645579.85	3304972.2	4284308.8
深圳 Shenzhen	47	8002206.68	2499728.15	2042736.91
合计 Total	120	14457786.53	5804700.35	6327045.71
总计 Total				
上海 Shanghai	383	52039933.35	26657713.42	28804761.58
深圳 Shenzhen	362	44565788.17	21590326.1	21960290.61
合计 Total	**745**	**96605721.52**	**48248039.52**	**50765052.19**

Financial Figures for Listed Companies

净利润(万元) Net Profit	总股本	每股收益(元) EPS	每股净资产(元) Net Assets PerShares	净资产收益率% Net Assets Ratio	股东权益比例% Shareholder's Riht Ratio
114627.05	406285.92	0.28	2.79	10.12%	50.47%
11931.08	500489.36	0.02	2.4	0.99%	43.47%
126558.13	**906775.28**	**0.14**	**2.57**	**5.42%**	**46.61%**
1382346.92	6808610.49	0.2	2.37	8.55%	52.47%
1478814.16	5695205.57	0.26	2.58	10.08%	52.45%
2861161.08	**12503816.0**	**0.23**	**2.47**	**9.28%**	**52.46%**
479950	1827148.5	0.26	2.17	12.10%	47.31%
248194.82	777047.89	0.32	2.57	12.41%	56.69%
728144.82	**2604196.39**	**0.28**	**2.29**	**12.20%**	**50.09%**
196657.39	771483.88	0.25	2.71	9.40%	50.33%
102686.52	491422.38	0.21	2.47	8.47%	52.93%
299343.91	**1262906.26**	**0.24**	**2.62**	**9.06%**	**51.26%**
408706.47	1201852.2	0.34	2.75	12.37%	51.20%
253700.68	1025605.76	0.25	2.44	10.15%	31.24%
662407.15	**2227457.96**	**0.3**	**2.61**	**11.41%**	**40.15%**
2582287.83	11015380.9	0.23	2.42	9.69%	51.23%
2095327.26	8489770.96	0.25	2.54	9.70%	48.45%
4677615.09	**19505151.9**	**0.24**	**2.47**	**9.69%**	**49.94%**

4-11 历年上市公司亏损情况表

Deficit Figures of Listed Companies in Recent Years

	年　份 Year	亏损家数 Number	亏损比例(%) Percent	亏损金额(万元) Amount	平均每股亏损(元) Losses PerShares
沪　市 Shanghai	1994	0	0	0	0
	1995	6	3.19	42136	0.25
	1996	14	4.78	97929	0.39
	1997	16	4.18	183269	0.48
深　市 Shenzhen	1994	2	1.67	3279	0.13
	1995	11	8.15	27047	0.15
	1996	17	7.17	109536	0.36
	1997	25	6.91	294348	0.49
总　计 Total	**1994**	**2**	**0.68**	**3279**	**0.13**
	1995	**17**	**5.26**	**69183**	**0.2**
	1996	**31**	**5.85**	**207466**	**0.37**
	1997	**41**	**5.5**	**477617**	**0.49**

主要统计指标解释
(Definition)

1. 尚未流通股份：指按照政策规定未在证券交易所自动报价系统交易的上市公司股份。

Nonnegotiable shares: refer to the listed companies' shares that have not been traded in the Automatic Quotation System of Stock Exchange according to the rules of policy.

2. 已流通股份：指已在证券交易所自动报价系统交易的上市公司股份。

Negotiable shares: refer to the listed companies' shares that have been traded in the Automatic Quotation System of Stock Exchange.

3. 国家股：指按照《股份有限公司国有股权管理暂行办法》所设的国家股及其增量。

Stated—owed shares: refer to the stated—owed shares (stated—own shares was set in the light of the《Interim Measures on the Administration of State—owned shares issued by the Limited Companies》) and their added shares.

4. 境内法人股：指发起人为境内法人时持有的股份。

Domestics legal person's shares: refer to the sponsor's shares which were held by the domestics legal person.

5. 外资法人股：指公司发起人为适用外资法律的法人（外商、港、澳、台商等）所持有的股份。

Foreign legal person's shares: refer to the sponsor's shares which were held by the foreign legal person. (Foreign legal persons include the merchants from overseas, HongKang, Macao and TaiWan etc)

6. 募集法人股：指在《公司法》实施之前成立的定向募集公司所发行的、发起人以外的法人认购的股份。

Private placement of legal person's shares: refer to the shares issued by the private—raised companies which established before the enforcement of Company Law and subscribed by legal person outside the sponsor.

7. 内部职工股：指在《公司法》实施之前成立的定向募集公司所发行的、在报告时尚未上市的内部职工股。

Staff shares: refer to the staff shares issued by the private—raised companies which established before the enforcement of Company Law and not was listed at the report time.

8. 主营业务收入：指损益表及利润分配表中年度主营业务收入。

Accrued revenue: refer to the annual accrued revenues in the income statement and profit distribution statement.

9. 净利润：指损益表及利润分配表中年度净利润或税后利润。

Net profit: refer to the annual net profit or after—tax profit in the income statement and profit distribution statement.

10. 总资产：指资产负债表中年末资产总计数。

Total assets: refer to the figures of total assets in the balance sheet at the end of the year.

11. **股东权益**：指资产负债表中股东权益年末数。

Shareholder's Equity: refer to the figures of shareholder's equity in the balance sheet at the end of the year.

12. **每股收益** = $\sum$ 净利润/ $\sum$ 年度末股本总数。

EPS = $\sum$ Net profit / $\sum$ stock capital at the end of the year.

13. **每股净资产** = $\sum$ 年度末股东权益数/ $\sum$ 年度末股本总数。

Net assets per share = $\sum$ shareholder's equity at the end of the year/ $\sum$ stock capital at the end of the year.

14. **净资产收益率** = $\sum$ 净利润/ $\sum$ 年度末股东权益 × 100%。

Net assets ratio = $\sum$ Net profit/ $\sum$ shareholder's equity at the end of year × 100%.

15. **股东权益比益** = $\sum$ 年度末股东权益/ $\sum$ 年末资产总计数 × 100%.

Shareholder's right = $\sum$ shareholder's equity at the end of year/ $\sum$ Total assets at the end of the year × 100%.

第五部分　登记结算

Settlement and Clearing

5-1 历年投资者开户情况

Investors Summary in Recent Years

单位：万户(Unit：10000)

项目 Item ╲ 年份 Year	1992年	1993年	1994年	1995年	1996年	1997年
全国 Total						
开户总数 Investors	216.65	777.66	1058.98	1242.47	2307.23	3333.33
新增开户数 New Investors	179.96	561.01	281.32	183.49	1064.76	539.18
比例 Ratc	83.06%	72.14%	26.57%	14.77%	46.15%	16.17%
上海 Shanghai						
开户总数 Investors	111.23	423.51	574.89	685.20	1207.87	1713.31
新增开户数 New Investors	100.23	312.28	151.38	110.31	522.67	18.08
比例 Rate	90.11%	73.74%	26.33%	16.10%	43.27%	1.06%
深圳 Shenzhen						
开户总数 Investors	105.42	354.15	484.09	557.27	1099.36	1620.02
新增开户数 New Investors	79.73	248.73	129.94	73.18	542.09	521.10
比例 Rate	75.63%	70.23%	26.84%	13.13%	49.31%	32.17%

全国历年开户数

The Number of Investors in Recent Years

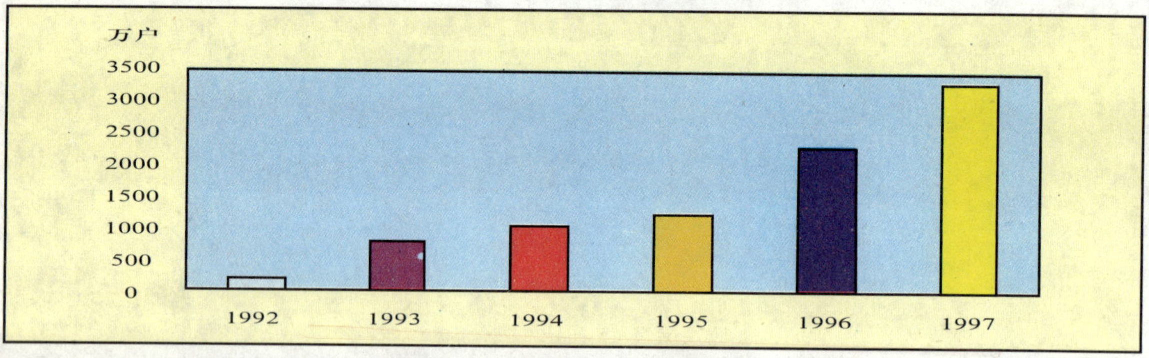

全国历年新增开户数

The Number of New Investors in Recent Years

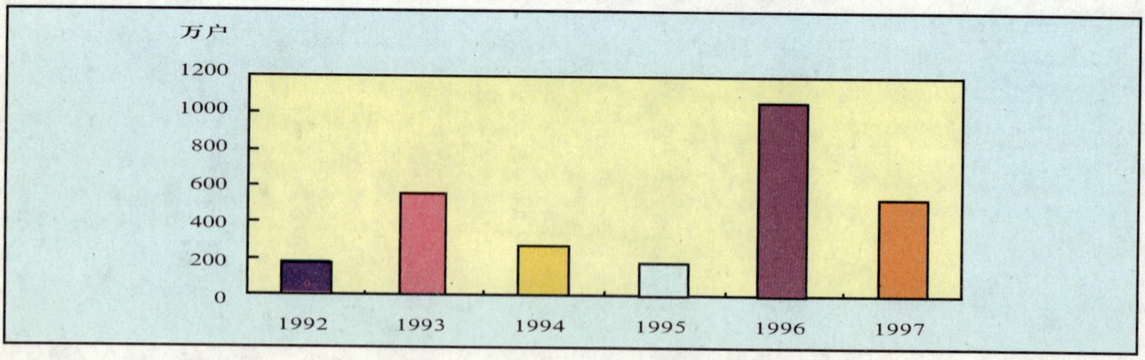

5－2　1997 年 A 股投资者开户情况分布表

A Share Investors Summary in 1997

单位：万户

Unit：10000

	全　国 Total	深　圳 Shenzhen	上　海 Shanghai
开户总数　Total Inves	3316.5547	1609.78	1706.7747
机　　构　Legal	12.4881	7.9	4.5881
个　　人　Person	3304.0666	1601.88	1702.1866
新开户数　New Investor	538.1979	520.21	17.9879
机　　构　Legal	3.6997	3.63	0.0697
个　　人　Person	534.4985	516.58	17.9185

1997 年 A 股投资者开户数：机构与个人分布图

The Number of A Share Investors Distribution in 1997

1997 年 A 股新开户投资者:机构与个人分布图

The Number of A Share New Investors Distribution in 1997

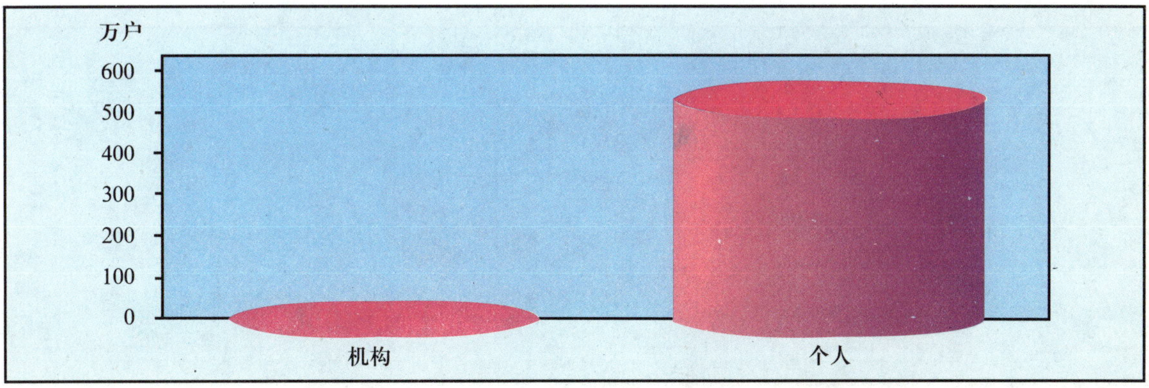

5-3 1997年B股投资者开户情况分布表

B Share Investors Summary in 1997

单位:万户

Unit: 10000

	全国 Total	深圳 Shenzhen	上海 Shanghai
开户总数 Total Investors	16.7761	10.24	6.5361
机构 Legal	1.2607	0.63	0.6307
个人 Person	15.5154	9.61	5.9054
新开户数 New Investors	9793	8871	922
机构(户) Legal	1937	1843	94
个人(户) Person	7856	7028	828

1997年B股投资者开户数:机构与个人分布图

The Number of B Share Investors Distribution in 1997

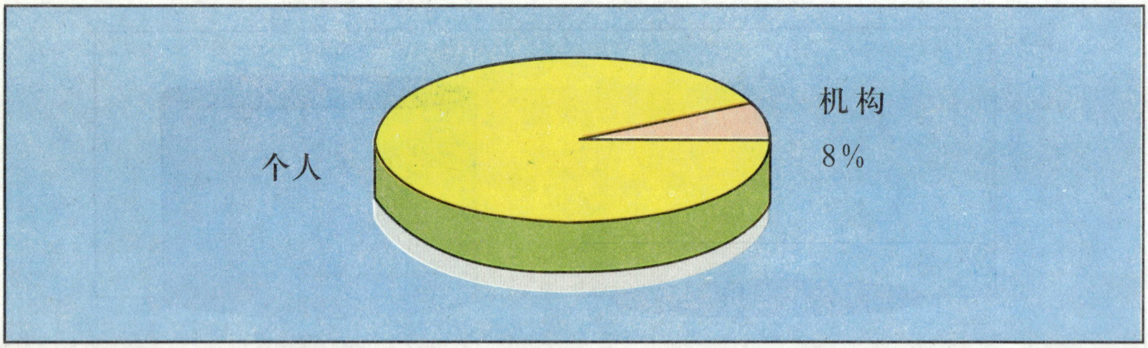

1997年B股新开户投资者:机构与个人分布图

The Number of B Share New Investors Distribution in 1997

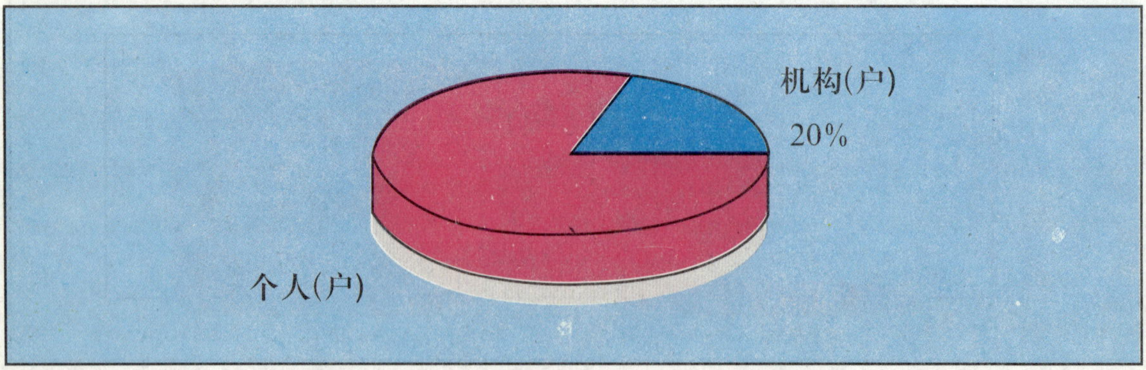

5-4 上海证券交易所A股帐户地区分布统计表

Regional Statistics of A Share Investors in Shanghai Stock Exchange

单位：户

序　号 Rank	地　区 Area	1996年末开户总数 Total in 1996	所占比例(96) Rate	1997年新增开户数 New Investors	1997年末开户总数 Total in 1997	所占比例(97) Rate
1	上　海	2457922	20.68	20927	2866651	16.80
2	广　东	1022792	8.61	14029	1532405	8.98
3	四　川	968111	8.15	16953	1525592	8.94
4	江　苏	967685	8.14	14517	1402101	8.21
5	山　东	720446	6.06	8405	1172731	6.87
6	辽　宁	625798	5.27	22734	962349	5.64
7	浙　江	558671	4.70	7673	798999	4.68
8	湖　北	455675	3.83	5241	629234	3.69
9	北　京	437640	3.68	10641	631850	3.70
10	福　建	380061	3.20	4704	607089	3.56
11	安　徽	357254	3.01	4080	450542	2.64
12	黑龙江	344504	2.90	6105	455890	2.67
13	陕　西	341276	2.87	4057	485747	2.85
14	河　南	293611	2.47	4752	465693	2.73
15	天　津	254591	2.14	4429	358963	2.10
16	湖　南	253515	2.13	4015	382029	2.24
17	江　西	225126	1.89	2452	325417	1.91
18	河　北	195316	1.64	4584	322421	1.89
19	吉　林	181196	1.52	3165	265434	1.56
20	海　南	158240	1.33	1396	235665	1.38
21	山　西	123904	1.04	4540	239001	1.40
22	新　疆	118941	1.00	3417	206801	1.21
23	广　西	111308	0.94	1948	195041	1.14
24	甘　肃	90000	0.76	1294	109743	0.64
25	内蒙古	68672	0.58	1643	114069	0.67
26	云　南	57667	0.49	497	67715	0.40
27	贵　州	44383	0.37	415	62348	0.37
28	宁　夏	34736	0.29	307	39607	0.23
29	青　海	25031	0.21	78	13546	0.08
30	西　藏	10479	0.09	881	143074	0.84
	合　计	**11884552**	**100.00**	**179879**	**17067747**	**100.00**

注：1997年末开户总数指截止到1997年底累计开户总数。

1996年末开户总数指截止到1996年底累计开户总数。

数据来源：上海证券交易所

Source: Shanghai Stock Exchange

5-5 1997年上海证券交易所B股帐户地区分布统计表

Regional Statistics of B Share Investors in Shanghai Stock Exchange in 1997

单位:户

序 号 Rank	国家或地区 Area	总开户数 Total	比例(%) Percent
1	中 国	43898	67.16
2	香 港	8185	12.52
3	美 国	3810	5.83
4	台 湾	1904	2.91
5	日 本	1413	2.16
6	英 国	1116	1.71
7	加 拿 大	815	1.25
8	澳大利亚	767	1.17
9	新 加 坡	610	0.93
10	澳 门	231	0.35
11	其 他	2612	4.00
	合 计	**65361**	**100.00**

1997年上海证券交易所B股帐户地区分布统计图

Regional Statistics Graph of B Share Investors in Shanghai Stock Exchange in 1997

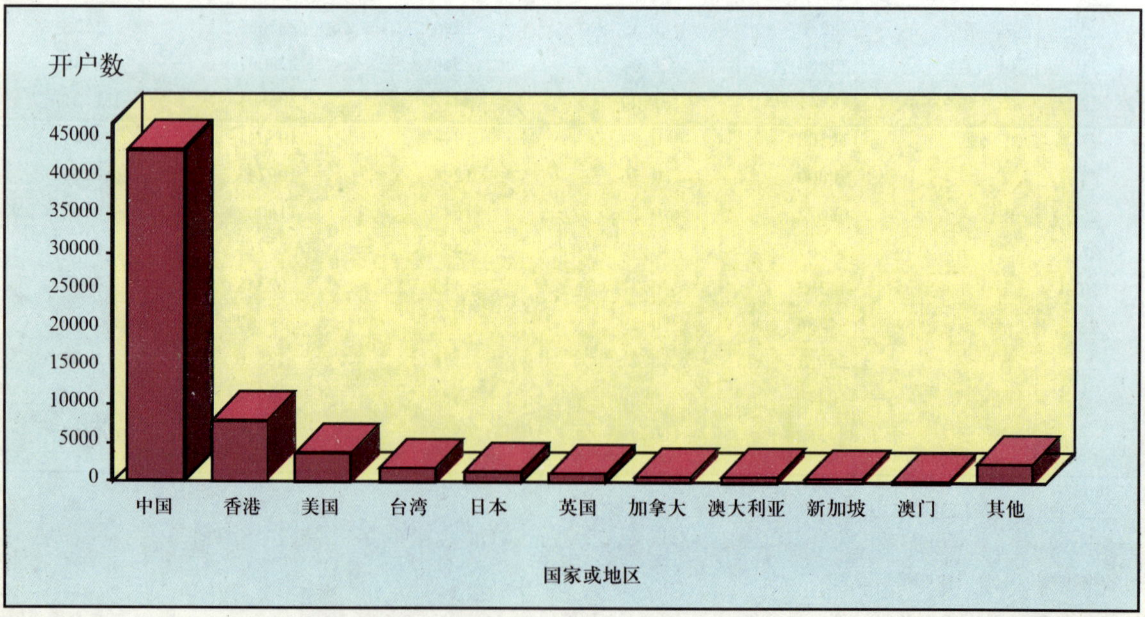

5-6 深圳证券交易所A股帐户地区分布统计表

Regional Statistics of A Share Investors in Shenzhen Stock Exchange

单位:万户
Unit:10000

序号 Rank	地区 Area	1996年末开户总数 Total in 1996	所占比例(96) Rate	1997年新增开户数 New Investors	1997年末开户总数 Total in 1997	所占比例(97) Rate
1	广东	377.31	34.63	53.52	430.84	26.76
2	四川	96.36	8.84	45.71	142.07	8.83
3	上海	101.11	9.28	29.88	130.99	8.14
4	江苏	60.83	5.58	40.88	101.72	6.32
5	湖北	53.72	4.93	32.67	86.4	5.37
6	山东	29.14	2.68	43.69	72.84	4.53
7	浙江	39.11	3.59	19.61	58.73	3.65
8	北京	35.06	3.22	20.04	55.1	3.42
9	辽宁	28.8	2.64	25.87	54.68	3.4
10	湖南	34.88	3.2	14.21	49.09	3.05
11	福建	21.99	2.02	23.33	45.33	2.82
12	河南	24.1	2.21	17.06	41.16	2.56
13	陕西	27.18	2.49	13.08	40.26	2.5
14	黑龙江	19.26	1.77	15.33	34.6	2.15
15	海南	28.24	2.59	5.83	34.08	2.12
16	河北	8.33	0.76	20.18	28.51	1.77
17	江西	16.96	1.56	9.87	26.84	1.67
18	吉林	13.04	1.2	13.72	26.76	1.66
19	天津	11.82	1.08	11.36	23.18	1.44
20	广西	14.3	1.31	8.6	22.9	1.42
21	山西	5.21	0.48	16.56	21.78	1.35
22	新疆	11.72	1.08	8.25	19.97	1.24
23	安徽	7.1	0.65	10.34	17.45	1.08
24	甘肃	7.82	0.72	5.52	13.34	0.83
25	内蒙	4.19	0.38	5.06	9.26	0.58
26	云南	3.7	0.34	4.47	8.17	0.51
27	贵州	4.29	0.39	1.97	6.27	0.39
28	宁夏	2.33	0.21	2.15	4.49	0.28
29	青海	1.08	0.1	0.93	2.02	0.13
30	西藏	0.46	0.04	0.36	0.82	0.05
.	**合计**	**1089.57**	**100**	**520.05**	**1609.77**	**100**

注：1997年末开户总数指截止到1997年底累计开户总数。
1996年末开户总数指截止到1996年底累计开户总数。

数据来源：深圳证券交易所
Source：Shenzhen Stock Exchange

5－7　1997年深圳证券交易所B股帐户地区分布统计表

Regional Statistics of B Share Investors in Shenzhen Stock Exchange in 1997

单位:户

序　号 Rank	国家或地区 Area	总开户数 Total	比例(%) Percent
1	中国大陆	50499	49.28
2	香港	42474	41.45
3	美国	2492	2.43
4	澳门	1280	1.25
5	台湾	923	0.9
6	英国	894	0.87
7	澳大利亚	531	0.52
8	加拿大	516	0.5
9	新加坡	381	0.37
10	日本	263	0.26
	其他	2222	2.17
	合计	**102475**	**100**

1997年深圳证券交易所B股帐户地区分布统计图

Regional Statistics Graph of B Share Investors

in Shenzhen Stock Exchange in 1997

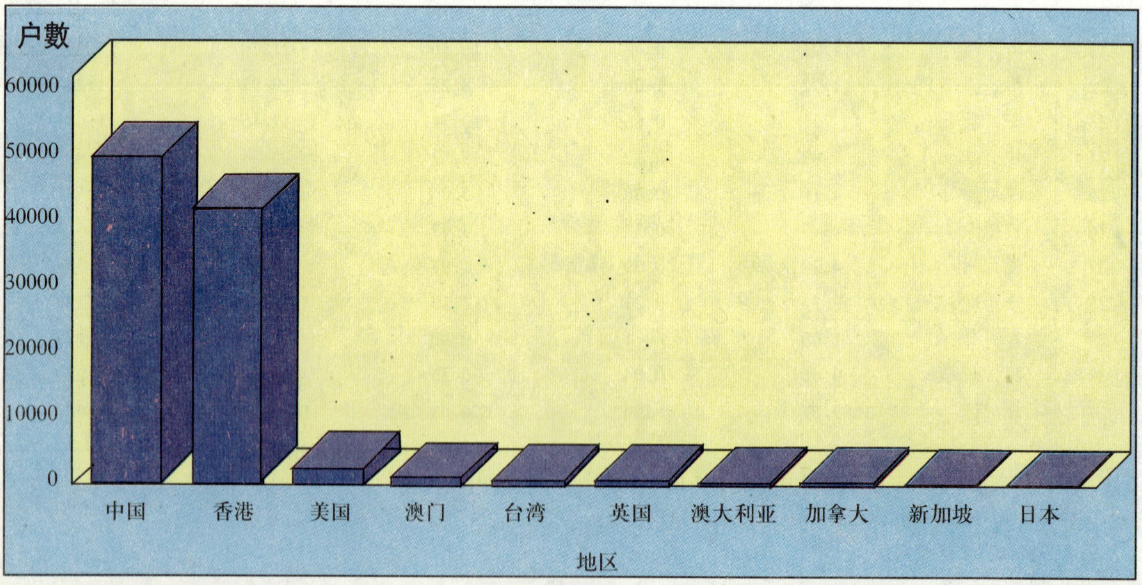

第六部分　国际比较

International Comparison

6-1 主要证券市场上市公司数量比较表

Comparison of the Number of Listed Companies in Major Stock Markets

单位：家

年 Year	中国 China	台湾地区 Taiwan	纽约 New York	东京 Tokyo	韩国 Korea	伦敦 London	香港 Hong Kong	泰国 Thailand	新加坡 Singapore
1992	53	256	2,089	1,651	688	1,878	413	320	319
1993	183	285	2,362	1,667	693	1,927	477	369	338
1994	291	313	2,570	1,689	699	2,070	529	389	362
1995	323	347	2,675	1,714	721	2,078	542	416	384
1996	530	382	2,839	1,749	741	2,136	575	454	402
*1997	745	404	2,626	1,865	776	2,513	658	431	334

注：1. 1997 年数据来自 FIBV 的年度资料。

6-2 主要证券市场成交金额比较表

Comparison of Share Turnover in Major Stock Markets

单位：10 亿美元

Unit：US $ 10 Billion

年 Year	中国 China	台湾地区 Taiwan	纽约 New York	东京 Tokyo	韩国 Korea	伦敦 London	香港 Hong Kong	泰国 Thailand	新加坡 Singapore
1992	8.21	247.00	1,745.00	482.00	115.00	407.00	91.00	73.00	18.00
1993	44.19	353.00	2,260.00	793.00	211.00	843.00	157.00	86.00	80.00
1994	97.94	737.00	2,454.00	859.00	287.00	930.00	147.00	84.00	81.00
1995	48.63	390.00	3,083.00	878.00	186.00	1,025.00	107.00	62.00	59.00
1996	257.05	477.00	3,347.00	865.00	157.00	838.00	162.00	49.00	52.00
*1997	370.14	1,308.62	5,777.61	896.06	170.82	1,989.49	453.67	24.60	74.15

注：1. 中国为股票市场的成交金额。

2. 汇率根据国家外管局制定的 1997 年 12 期折算汇率。

3. 1997 年数据来自 FIBV 的年度资料。

主要证券市场上市公司数量比较图

Comparison Graph of the Number of Listed Companies in Major Stock Markets

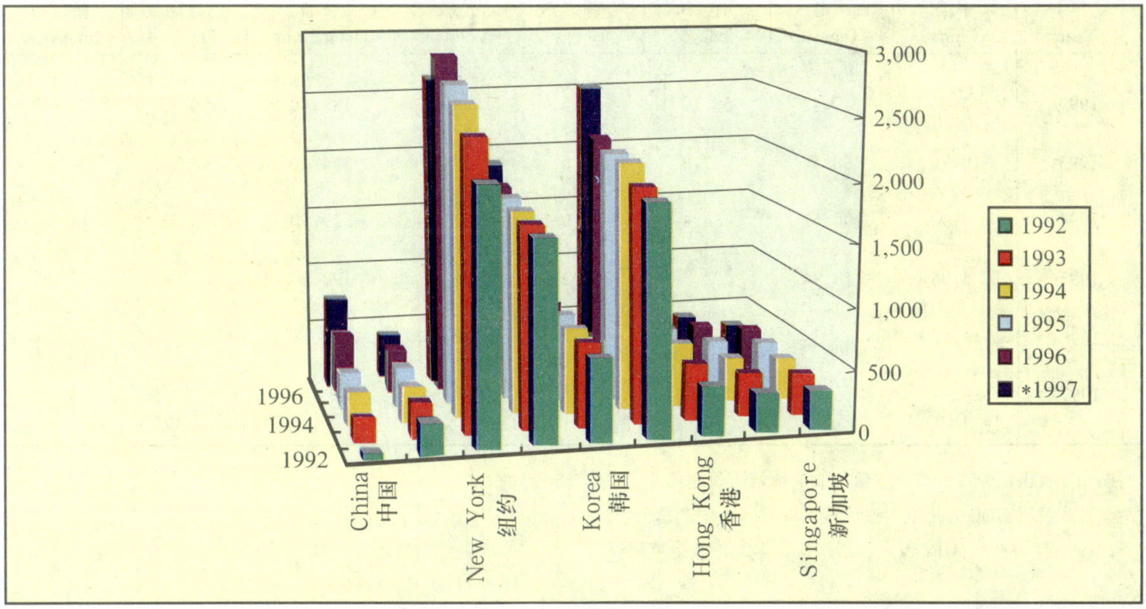

主要证券市场成交金额比较图

Comparison Graph of Share Turnover in Major Stock Markets

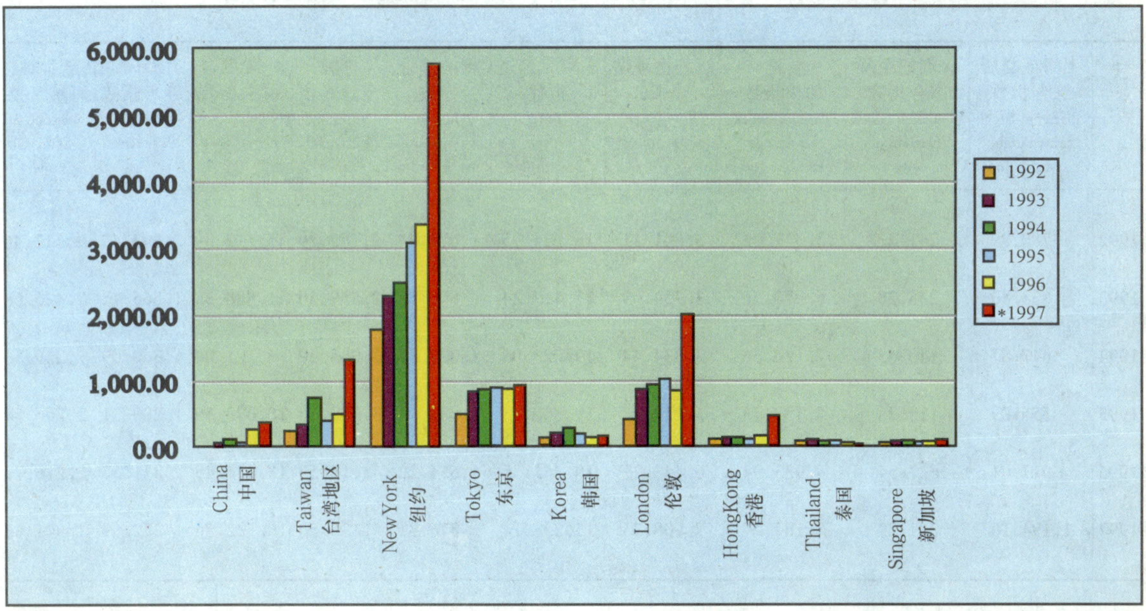

6-3 主要证券市场市价总值占GDP比率比较表

Comparison of Market Value to GDP in Major Stock Markets

单位：%

年 Year	中国 China	台湾地区 Taiwan	东京 Tokyo	韩国 Korea	伦敦 London	香港 Hong Kong	泰国 Thailand	新加坡 Singapore
1992	3.93	47.42	68.10	36.3	93	189.40	60.13	300.5
1993	10.20	88.57	77.8	42.6	122.7	354.20	68.24	545.8
1994	7.92	100.61	86.4	50.9	123.9	229.90	93.58	609.6
1995	5.96	70.94	72.7	40.2	125.3	198.20	88.68	479.3
1996 *	14.52	N	67.5	28.7	142.7	N	N	162.8
1997	23.44							

注：1. 我国证券市场市价总值为股票市场市价总值。

2. 我国GDP为用生产法计算得出的国内生产总值。

*. 1996年数据来自FIBV，东京列指日本，伦敦指英国。

6-4 主要证券市场股价指数比较表(年末)

Comparison of Indices in Major Stock Markets

年 Year	上海证交所综合指数 Shanghai Stock Exchange Composite Index	深圳证交所综合指数 Shenzhen Stock Exchange Composite Index	台湾加权指数 Taiwan Stock Exchange Weighted Index	纽约道琼斯指数 New York Dow Jones	东京日经道指数 Toyo Nikkei Dow Jones	韩国综合指数 Korea Composite Stock Index	伦敦金融时报 London Financial times	香港恒生指数 HONGKONG Hang Seng	泰国SET指数 Thailand SET Index	新加坡海峡时报 Singopore Straits Times
1992	780.39	241.21	3,377.06	3,301.11	16,924.95	678.44	2,185.20	5,512.39	893.42	1,512.46
1993	833.80	238.28	6,070.56	3,754.09	17,417.24	866.18	2,559.50	11,888.39	1,565.12	2,425.68
1994	647.87	140.63	7,124.66	3,834.44	19,723.06	1,027.37	3,065.50	8,191.04	1,360.09	2,239.56
1995	555.29	113.25	5,137.73	5,117.12	19,868.15	882.94	3,689.30	10,073.39	1,280.81	2,266.54
1996	917.01	327.34	6,933.94	6,448.27	19,361.35	651.22	4,118.50	13,451.45	831.57	2,216.79
1997	1,194.10	381.29	8,187.27	7,908.25	15,258.74	376.31	5,135.50	10,722.76	372.69	1,991.68

注：股价指数为年底数字。

6-5 主要证券市场换手率比较表

Comparison of Turnover in Major Stock Markets

单位：%　Unit：%

年 Year	上海 Shanghai	深圳 Shenzheng	台湾地区 Taiwan	纽约 New York	东京 Tokyo	韩国 Korea	伦敦 London	香港 Hong Kong	泰国 Thailand	新加坡 Singapore
1992	—	—	161	47	20	133	43	53	125	19
1993	341	213	252	53	26	187	81	61	133	84
1994	787	472	366	53	25	174	77	40	63	28
1995	396	180	227.84	58.99	26.77	105.11	77.70	37.08	39.87	17.80
1996	591	902	243.43	51.98	26.91	90.73	58.30	43.91	29.79	14.40
*1997	326	466	407.30	65.70	32.90	145.50	44.00	90.90	49.50	56.30

注：1. 上海、深圳换手率计算方法为：换手率＝年成交股数/年末流通股数。
2. 1997 年数据来自 FIBV 年度报表。

6-6 主要证券市场市盈率比较表

Comparison of P/E Ratio in Major Stock Markets

年 Year	上海 Shanghai	深圳 Shenzheng	台湾地区 Taiwan	纽约 New York	东京 Tokyo	韩国 Korea	伦敦 London	香港 Hong Kong	泰国 Thailand	新加坡 Singapore
1992	—	—	22.90	15.20	36.70	10.20	—	13.20	16.30	19.50
1993	42.48	42.69	39.70	15.20	64.90	15.90	24.40	21.60	26.10	37.30
1994	23.45	10.28	33.50	12.70	79.50	19.00	16.30	10.70	19.50	26.20
1995	15.70	9.46	21.30	14.00	86.50	16.10	15.60	11.40	19.80	24.00
1996	31.32	35.42	29.00	15.70	85.30	18.70	15.50	16.40	13.30	21.50
1997	39.86	41.24								

注：1. 上海、深圳市盈率为发行股本加权市盈率，取年底数。
备注：本部分的其他国家或地区数据除特别注明外均来源于台湾证券管理委员会《证券统计要览 1996》。

第七部分　期　　货

Futures

7-1 全国期货交易所交易品种一览表

Items of Futures Exchanges

交易所 (Exchanges)	简称 (Abbreviation)	正式品种 (Formal Items)	试运行品种 (Informal Items)
北京商品交易所	北京商品（BCE）	绿豆、胶合板	玉米、聚丙烯、纯碱、进口烟片胶、花生仁、电解铜
成都联合商品交易所	成都联合（CUFE）	高粱	玉米、籼米、小麦、桐油、菜籽粕
重庆商品交易所	重庆商品（CQCE）	电解铜、重熔用铝锭	铅锭、锌锭、锡锭、电解镍
大连商品交易所	大连商品（DCE）	玉米、大豆	干海带
广东联合期货商品交易所	广东联合（GUFE）	重熔用铝锭	籼米、豆粕
海南中商期货交易所	海南中商（CCFE）	棕榈油、天然橡胶	咖啡、可可、啤酒大麦
上海粮油商品交易所	上海粮油（SCOE）	大豆	玉米、白小麦、籼米、绿豆、红小豆、啤酒大麦、黄麻、红麻
上海商品交易所	上海商品（SHCE）	胶合板	天然橡胶，聚氯乙烯，高压聚乙烯，聚丙烯，棉纱，425号普通硅酸盐水泥，5毫米浮法玻璃
上海金属交易所	上海金属（SHME）	电解铜、重熔用铝锭	铅锭、锌锭、锡锭、电解镍
沈阳商品交易所	沈阳商品（SYCE）	电解铜	落叶松、白松、水曲柳加工圆木、花生仁、高粱、啤酒大麦
苏州商品交易所	苏州商品（SCE）	胶合板	红小豆、羊毛、毛条、豆粕
深圳有色金属期货联合交易所	深圳有色（SME）	电解铜、重熔用铝锭	铅锭、锌锭、锡锭、电解镍
郑州商品交易所	郑州商品（CZCE）	绿豆	小麦，玉米，花生仁，豆粕，芝麻，棉纱，425号普通硅酸盐水泥，5毫米浮法玻璃，胶合板
天津联合商品交易所	天津联合（TUFE）	红小豆、电解铜、重熔用铝锭	大豆、铸造生铁、硅铁、天津胶合板

7－2 全国期货市场概况

Market Reviews

金额单位：亿元

项目 Items	1993	1994	1995	1996	1997
全年总成交额 Total Trading Turnover	5521．99	31601．41	100565．3	84119．16	61170．66
全年总成交量 Total Trading Volume	890．69	12110．72	63612．07	34256．77	15876．32
全年总实物交割额 Physical Delivery Amount			181．52	174．13	89．79587
全年总实物交割量 Physical Delivery Volume			83．09	78．3	42．1322

注：1993、1994 年由于交易所合并而数据不整。
成交量单位：万手
交割量单位：万手

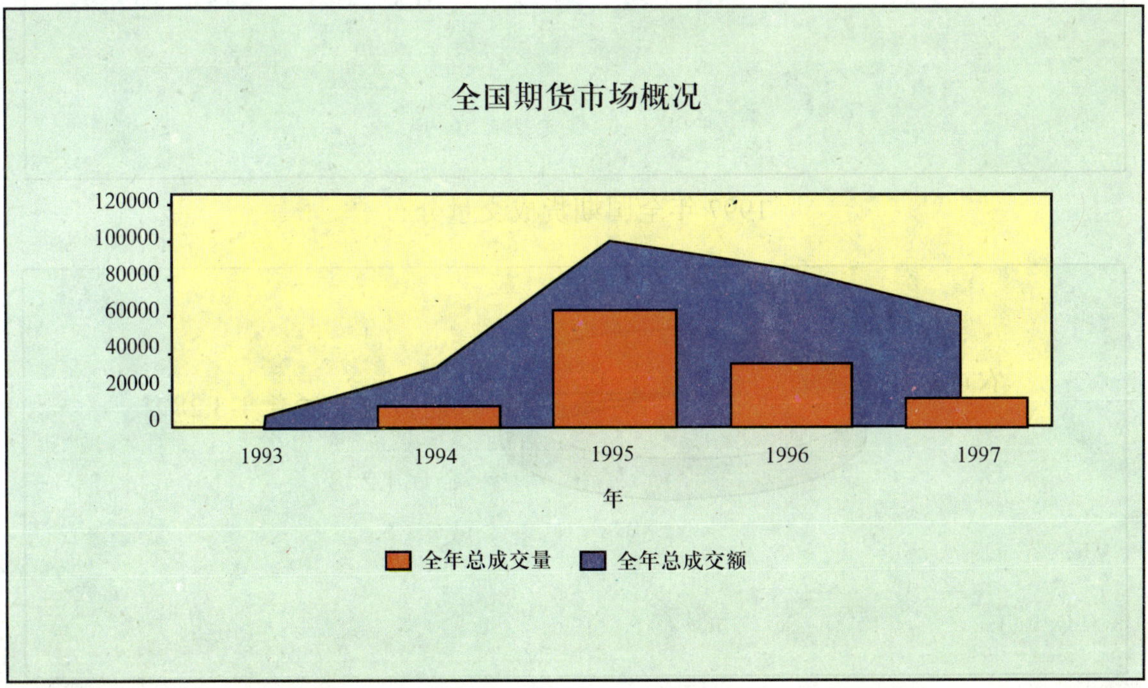

7－3　1997 年全国期货交易分布概况

Transaction Distribution in 1997

期货交易	成交金额 Turnover	比重（%） % of Total	成交量 Trading Volume	比重（%） % of Total
农产品 Agricultural Products	523639813．48	88．2527	146795653	92．4620
金属 Metal Products	61549693．65	10．3734	6745668	4．2489
建材及能源化工 Building Materials, Energy & Chemical products	8152062．23	1．3739	5221925	3．2891
总计 Total	**593341569．36**	**100．0000**	**158763246**	**100．0000**

注：成交量单位：手

1997 年全国期货成交金额分布

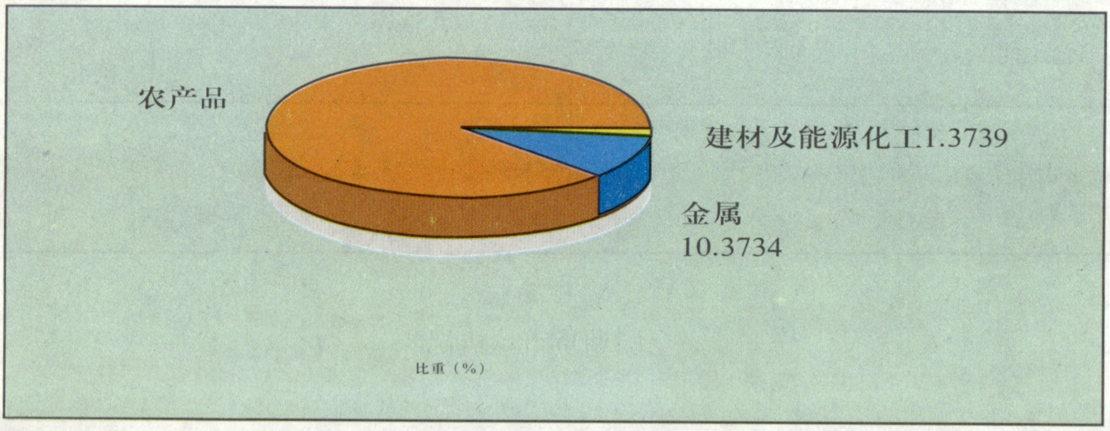

1997 年全国期货成交量分布

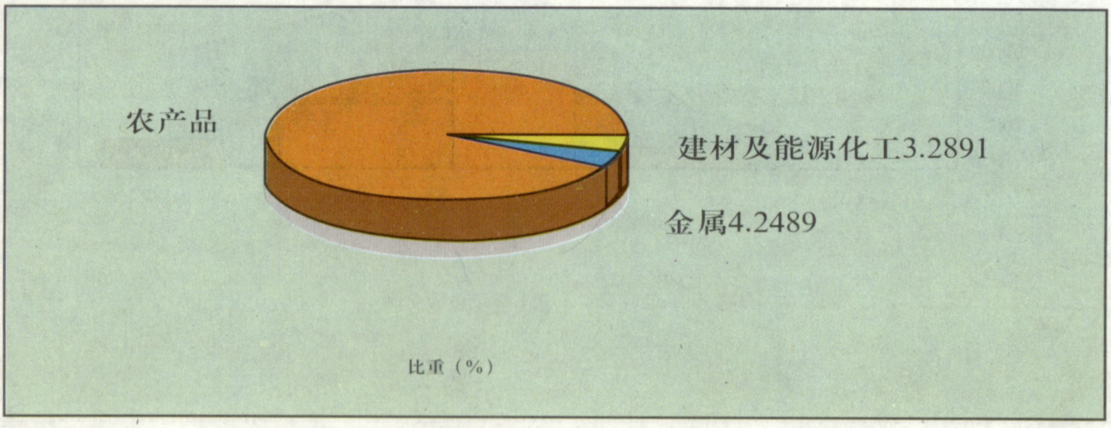

7－4　1997 全国期货交易所市场概况

Market Reviews in 1997

金额单位：万元（Uint：10000 yuan）

交易所 Exchange	期货品种 Trading Items	会员总数 No. of Members	总成交额 Total Trading Turnover	总成交量 Total Trading Volume	总实物交割额 Physical Delivery Amount	总实物交割量 Physical Delivery Volume
北京商品交易所（BCE）	8	277	18550547	3555760	34999．47	6527
海南中商期货交易所（CCFE）	5	409	1．1826E8	35236358	202344	54943
重庆商品交易所（CQCE）	6	104	4747760	449594	31730	3021
成都联合商品交易所（CUFE）	6	109	3174373	4406260	11882．81	21690
郑州商品交易所（CZCE）	10	286	2．3319E8	48884910	13216	52733
大连商品交易所（DCE）	3	137	1．0338E8	34075478	60442．84	20057
广东联合期货商品交易所（GUFE）	3	202	8309167	2586046	3525．28	1227
苏州商品交易所（SCE）	2	213	5740395	2723872	30705．39	29304
上海粮油商品交易所（SCOE）	9	133	1743730	1119680	8774．53	8020
上海商品交易所（SHCE）	2	223	7905221	4502010	127390	141577
上海金属交易所（SHME）	6	116	28272548	2745326	37638．84	34484
沈阳商品交易所（SYCE）	6	90	1387689	1044088	5005．96	578
深圳有色金属期货联合交易所（SZM）	6	194	20403894	2455922	271309．6	34108
天津联合商品交易所（TUFE）	7	154	56648229	14977942	58994	13053
合　计	**79**	**2647**	**6．1171E8**	**1．5876E8**	**897958．7**	**421322**

注：交割量单位：手
　　成交量单位：手

7－5 1997 年全国期货交易所会员情况

Statistics of Membership in 1997

交易所 Exchanges	会员总数 Number of Members	经纪公司会员 Broker Members	非经纪公司会员 Nonbroker Members
北京商品交易所(BCE)	277	117	160
成都联合商品交易所(CUFE)	109	36	73
重庆商品交易所(CQCE)	104	26	78
大连商品交易所(DCE)	137	78	59
广东联合期货商品交易所(GUFE)	202	95	107
海南中商期货交易所(CCFE)	409	197	212
上海粮油商品交易所(SCOE)	133	100	33
上海商品交易所(SHCE)	223	118	105
上海金属交易所(SHME)	116	74	42
沈阳商品交易所(SYCE)	90	25	65
苏州商品交易所(SCE)	213	119	94
深圳有色金属期货联合交易所(SZM)	194	63	131
郑州商品交易所(CZCE)	286	167	119
天津联合商品交易所(TUFE)	154	67	87

注:会员数为年末最后一日的时点数

7－6 1997 年农产品期货交易分布概况

Agricultural Products Transaction Distribution in 1997

金额单位:万元 (Unit:10000Yuan)

品种 Items	成交金额 Turnover	比重(%) % of Total	成交量 Trading Volume	比重(%) % of Total
大豆	104976689	19.3682	35051750	23.8779
豆粕	14869171.0	2.7434	4800532	3.2702
高粱	4193993.62	0.7738	5408246	3.6842
红小豆	48876802.0	9.0178	13918494	9.4815
咖啡	40926083.5	7.5509	20590058	14.0263
可可	2419.42	0.0004	2020	0.0014
绿豆	248699383	45.8851	50979368	34.7281
啤麦	16717.20	0.0031	7676	0.0052
天然胶	77770429.3	14.3487	14960209	10.1912
小麦	1329562.00	0.2453	878038	0.5981
玉米	39444.74	0.0073	35128	0.0239
棕榈油	198237.18	0.0366	55282	0.0377
籼米	105743.40	0.0195	108532	0.0739
菜籽粕	164.31	0.0000	300	0.0002
桐油	13.92	0.0000	20	0.0000
总计	**542004854**	**100.0000**	**146795653**	**100.0000**

注:成交量单位:手

7-7 1997年金属期货交易分布概况

Metal Products Transaction Distribution in 1997

金额单位:万元 (Unit:10000Yuan)

品　种 Items	成交金额 Turnover	比　重(%) % of Total	成交量 Trading Volume	比　重(%) % of Total
铝	21721436.7	35.2909	2962818	43.9218
镍	3309.18	0.0054	156	0.0023
铜	39824842.8	64.7036	3782684	56.0758
锡	105.00	0.0002	10	0.0001
总　计	**61549693.7**	**100.0000**	**6745668**	**100.0000**

注:成交量单位:手

7-8 1997年建材及能源化工交易分布概况

Building Materials Energy & Chemical Products Transaction Distribution in 1997

金额单位:万元 (Unit:10000Yuan)

品　种 Items	成交金额 Turnover	比　重(%) % of Total	成交量 Trading Volume	比　重(%) % of Total
胶合板	8152062.23	100.0000	5221925	100.0000
总　计	**8152062.23**	**100.0000**	**5221925**	**100.0000**

注:成交量单位:手

7-9 1997年农产品期货交易情况

Transaction of Agricultural Product Futures in 1997

金额单位:万元 (Unit:10000Yuan)

品种 Item	交易所 Exchange	合约 Contracts	年开盘价 Open Price	年最高价 High Price	最高价日 High Date	年最低价 Low Price	最低价日 Low Date	成交金额 Turnover	交易日数 Trading Days	日均成交金额 Daily Turnover
绿豆	BCE	199701	4822	8800	19970115	20	19970115	19185.54	11	1744.14
		199703	4614	4726	19970221	4418	19970117	98554.43	44	2239.87
		199705	4750	5840	19970512	4550	19970129	3161864.73	85	37198.41
		199707	4580	5796	19970408	4000	19970717	3521318.26	127	27726.92
		199709	4600	6020	19970908	4200	19970128	6154267.02	172	35780.62
		199711	4460	5680	19970325	3500	19971118	408907.17	212	1928.81
		199801	4820	5770	19970321	4346	19971229	3928276.99	211	18617.43
		199803	5120	5400	19970414	4330	19971230	992167.55	197	5036.38
		199805	5010	5350	19970829	4420	19971222	246186.82	156	1578.12
		199807	4800	5440	19971021	4506	19971222	14850.57	114	130.27
		199809	5090	5090	19971020	4488	19971219	1670.19	51	32.75
		199811	4906	4906	19971204	4800	19971204	737.08	30	24.57

续表 1 Continued

品种 Item	交易所 Exchange	合约 Contracts	年开盘价 Open Price	年最高价 High Price	最高价日 High Date	年最低价 Low Price	最低价日 Low Date	成交金额 Turnover	交易日数 Trading Days	日均成交金额 Daily Turnover
绿豆	CZCE	199701	4800	4900	19970117	4608	19970123	60760	13	4673.85
		199703	4694	5230	19970317	4670	19970110	2043790	45	45417.56
		199705	4718	5300	19970314	4702	19970428	10682974	83	128710.53
		199707	4686	5356	19970409	3952	19970721	23663749	124	190836.69
		199709	4728	5388	19970409	4110	19970916	50390888	167	301741.84
		199711	4710	5128	19970305	4314	19971118	45333430.7	208	217949.19
		199801	4960	5268	19970903	4452	19970717	31735431.1	217	153311.26
		199803	5000	5338	19970902	4476	19971126	20842841	186	112058.29
		199805	4850	5408	19970909	4516	19971211	36339851.2	148	245539.54
		199807	4890	5274	19970902	4302	19971211	8751899.37	106	82565.09
		199809	5000	5000	19971006	4394	19971211	292854.22	63	4648.48
		199811	4410	4604	19971208	4338	19971211	4893	23	212.74
咖啡	CCFE	199703	1618	2300	19970220	1400	19970310	14952471.2	43	347731.89
		199705	1478	3490	19970519	1402	19970109	11560054.7	85	136000.64
		199707	1880	2570	19970318	1130	19970612	10570627.7	128	82583.03
		199709	1746	2546	19970319	983	19970829	3476857.88	130	26745.06
		199712	2300	2490	19970318	1035	19970829	358249.25	193	1856.21
		199803	2260	2450	19970313	1251	19970829	6224.82	202	30.82
		199805	2100	2200	19970509	1738	19970805	1597.78	202	7.91
可可	CCFE	199703	0	0	0	0	0	0	43	0.00
		199705	1165	1165	19970216	1115	19970421	4.56	85	0.05
		199706	0	0	0	0	0	0	67	0.00
		199707	1153	1247	19970415	1153	19970415	2404.8	88	27.33
		199708	0	0	0	0	0	0	108	0.00
		199709	0	0	0	0	0	0	17	0.00
		199710	0	0	0	0	0	0	37	0.00
		199711	0	0	0	0	0	0	57	0.00
		199712	1150	1250	19971016	1150	19971016	9.6	80	0.12
		199803	1150	1150	19971231	1150	19971231	0.46	30	0.02
		199804	0	0	0	0	0	0	30	0.00
		199805	0	0	0	0	0	0	30	0.00
		199806	0	0	0	0	0	0	30	0.00
啤麦	CCFE	199701	0	0	0	0	0	0	13	0.00
		199705	0	0	0	0	0	0	46	0.00
		199707	2080	2169	19970417	2036	19970415	2586.18	88	29.39
		199711	1930	2070	19970829	1930	19970829	318.6	57	5.59
		199801	2000	2070	19970829	1960	19970909	119.49	89	1.34
		199803	0	0	0	0	0	0	30	0.00
		199805	0	0	0	0	0	0	30	0.00
		199807	0	0	0	0	0	0	30	0.00
	SYCE	9701	2796	2880	19970110	2796	19970107	11.35	10	1.14
		9703	2236	2335	19970122	1955	19970306	13677.3	42	325.65
		9707	2134	2134	19970620	2134	19970620	4.27	19	0.22

续表 2 Continued

品种 Item	交易所 Exchange	合约 Contracts	年开盘价 Open Price	年最高价 High Price	最高价日 High Date	年最低价 Low Price	最低价日 Low Date	成交金额 Turnover	交易日数 Trading Days	日均成交金额 Daily Turnover
天然胶	CCFE	199701	12350	12480	19970102	11750	19970120	114304.95	13	8792.69
		199703	13420	13780	19970304	12320	19970121	11499976.4	43	267441.31
		199704	13300	13310	19970102	10810	19970411	5816943.32	65	89491.44
		199705	13170	13300	19970102	10350	19970519	4674494.22	85	54994.05
		199706	13440	13440	19970102	9715	19970523	8244930.09	106	77782.36
		199708	13425	13425	19970102	10180	19970521	25726130.9	147	175007.69
		199709	12800	12900	19970325	7510	19970916	7297962.65	130	56138.17
		199710	12980	12980	19970313	7585	19970916	3362712.09	150	22418.08
		199711	12810	12810	19970313	6980	19971104	2452353.15	170	14425.61
		199801	8990	9000	19970826	6920	19971222	941037.89	89	10573.46
		199803	9000	9200	19970826	6995	19971222	6454406.85	89	72521.43
		199804	8650	8800	19970904	6900	19971222	409195.3	89	4597.70
		199805	8650	9200	19970828	6900	19971222	121136.6	89	1361.09
		199806	7500	7795	19971202	6805	19971222	7141.42	30	238.05
		199808	8200	8600	19971124	6900	19971222	1149.32	30	38.31
		199809	7405	8070	19971120	6640	19971222	1160.35	30	38.68
		199810	7400	8150	19971202	6730	19971219	2080.52	30	69.35
		199811	7460	8350	19971120	7200	19971222	60.76	30	2.03
	SHCE	199701	0	0	0	0	0	0	10	0.00
		199703	0	0	0	0	0	0	44	0.00
		199704	0	0	0	0	0	0	65	0.00
		199705	0	0	0	0	0	0	85	0.00
		199706	12000	12000	19970414	10650	19970616	226.5	53	4.27
		199707	12050	12100	19970415	11450	19970711	379.5	63	6.02
		199708	11180	11800	19970415	9650	19970807	136462.87	87	1568.54
		199709	11350	11660	19970416	7900	19970902	120323.68	107	1124.52
		199710	11500	11500	19970414	7120	19971015	75456.06	126	598.86
		199711	11550	11550	19970414	7350	19971029	103287.31	149	693.20
		199712	8100	8100	19971029	7230	19971104	58020.52	116	500.18
		199801	8210	8230	19971104	7010	19971224	56872.41	105	541.64
		199802	8200	8200	19971105	7300	19971223	6913.61	92	75.15
		199803	8400	8400	19971106	7190	19971226	70480.88	74	952.40
		199804	8200	8200	19971113	7190	19971231	14829.11	55	269.62
		199805	0	0	0	0	0	0	32	0.00
		199806	0	0	0	0	0	0	12	0.00
棕榈油	CCFE	199702	7050	7250	19970110	6600	19970109	16065.42	25	642.62
		199704	7095	7390	19970318	6800	19970109	1215.74	65	18.70
		199706	7135	7735	19970417	6350	19970527	595.92	106	5.62
		199708	7700	7700	19970114	6500	19970327	45876.23	147	312.08
		199710	7300	8110	19970612	6625	19970508	88435.63	150	589.57
		199712	7400	7800	19970430	7040	19970424	12563.12	193	65.09
		199802	7700	7700	19970930	7200	19971208	15148	89	170.20
		199804	7700	7700	19970930	7300	19970930	11310.12	89	127.08
		199806	7700	7800	19971211	7300	19970930	3530	89	39.66
		199808	7700	7700	19971105	7300	19971105	3497	89	39.26

续表 3 Continued

品种 Item	交易所 Exchange	合约 Contracts	年开盘价 Open Price	年最高价 High Price	最高价日 High Date	年最低价 Low Price	最低价日 Low Date	成交金额 Turnover	交易日数 Trading Days	日均成交金额 Daily Turnover
高粱	CUFE	199701	2245	2254	19970102	1293	19970109	15924.95	19	838.16
		199703	1530	1540	19970102	633	19970317	869360.21	50	17387.20
		199705	1968	1968	19970102	790	19970513	196660.34	92	2137.61
		199707	1486	1530	19970407	790	19970704	204320.07	135	1513.48
		199709	1641	1851	19970324	880	19970709	49070.7	174	282.02
		199711	1760	1982	19970916	1100	19970519	615229.77	218	2822.15
		199801	1200	2350	19971231	1080	19970508	1000501.54	229	4369.00
		199803	1200	1829	19971022	1080	19971217	99491.6	198	502.48
		199805	1185	1862	19970908	1185	19970603	77424.44	155	499.51
		199807	1280	1869	19971027	1270	19970724	27888.46	112	249.00
		199809	1480	1813	19971017	1400	19971217	17797.33	72	247.19
		199811	1600	1660	19971301	1540	19971201	393.5	30	13.12
	SYCE	9703	1196	1229	19970217	800	19970314	8133.96	40	203.35
		9705	1170	1170	19970109	948	19970221	27299.01	81	337.02
		9707	1100	1160	19970106	700	19970625	188975.33	123	1536.38
		9709	1000	1158	19970401	600	19970625	24461.9	130	188.17
		9711	1050	1367	19971007	1023	19970915	107608.59	120	896.74
		9801	1160	1338	19970901	800	19971225	184216.73	108	1705.71
		9803	1070	1082	19971009	880	19971120	128073.01	88	1455.38
		9805	980	1040	19971121	948	19971114	296669.95	82	3617.93
		9807	980	1070	19971208	932	19971126	54492.21	32	1702.88
玉米	CUFE	199803	1400	1690	19971127	1400	19971118	132.19	198	0.67
	DCE	9701	0	0	0	0	0	0	10	0.00
		9703	1200	1250	19970110	1100	19970114	728.54	42	17.35
		9705	980	1121	19970418	950	19970516	3785.07	85	44.53
		9707	980	1140	19970313	919	19970519	10723.25	125	85.79
		9709	1050	1150	19970129	1000	19970430	173	168	1.03
		9711	0	0		0		0	210	0.00
		9801	1000	1298	19971022	1000	19970723	5166.36	233	22.17
		9803	1050	1350	19970911	1050	19970723	6236.78	201	31.03
		9805	1000	1200	19970908	1000	19970908	4400	158	27.85
		9807	1004	1471	19971009	1004	19970908	7785.75	118	65.98
		9809	0	0		0		0	75	0.00
		9811	1398	1398	19971127	1230	19971127	262.8	33	7.96
菜籽粕	CUFE	199802	920	1322	19971225	920	19971225	134.42	218	0.62
		199804	1232	1232	19971216	800	19971216	29.89	173	0.17
桐油	CUFE	199803	6720	7200	19971224	6720	19971224	13.92	198	0.07
豆粕	CZCE	199707	2906	3180	19970509	2718	19970702	210409	124	1696.85
		199709	3100	3196	19970527	2506	19970901	351887	167	2107.11
		199711	3016	3198	19970512	2450	19970905	423764	208	2037.33
		199801	3036	3150	19970529	2486	19970818	307480	217	1416.96
		199803	3056	3150	19970529	2560	19971231	276886	186	1488.63

续表 4 Continued

品种 Item	交易所 Exchange	合约 Contracts	年开盘价 Open Price	年最高价 High Price	最高价日 High Date	年最低价 Low Price	最低价日 Low Date	成交金额 Turnover	交易日数 Trading Days	日均成交金额 Daily Turnover
豆粕	CZCE	199805	3120	3120	19970602	2650	19971231	126917	148	857.55
		199807	2710	2800	19971223	2620	19971231	8478	106	79.98
		199809	2760	2850	19971127	2760	19971103	3955	63	62.78
		199811	0	0	0	0	0	0	23	0.00
	GUFE	199703	2900	2998	19970303	2800	19970218	44950.48	44	15703.77
		199704	2870	3000	19970403	2700	19970228	8890.52	65	136.78
		199708	2905	3845	19970804	2646	19970220	4798990.18	148	32425.61
		199710	2748	3400	19970505	2748	19970218	2364696.68	167	14159.86
		199711	2799	3368	19970428	2688	19970716	227740.43	191	1192.36
		199712	2810	3395	19970514	2500	19971209	211979.28	212	999.90
		199801	2800	2805	19970929	2380	19971230	218082.05	65	3355.11
		199803	2790	2800	19971014	2500	19971231	134454.35	65	2068.53
		199804	2700	2780	19971006	2500	19971231	104208.36	63	1654.10
		199808	2679	2730	19971126	2528	19971226	129730.21	27	4804.82
		199810	2680	2740	19971126	2518	19971230	59658.9	27	2209.59
		199811	2670	2710	19971204	2510	19971226	5220.96	24	217.54
		199812	2650	2650	19971223	2520	19971226	493.52	7	70.50
	SCE	199704	2825	3520	19970328	2630	19970407	108937.7	59	1846.40
		199705	2785	2980	19970327	2710	19970416	75552.62	78	968.62
		199710	2895	3325	19970917	2550	19971009	3826237.7	161	23765.45
		199711	2965	3195	19970429	2500	19971106	208955.33	168	1243.78
		199712	3081	2989	19970411	2403	19971126	54213.31	167	324.63
		199801	3050	3240	19970721	2598	19971029	23409.6	163	143.62
		199803	2891	2900	19971022	2621	19971119	211110.61	75	2814.89
		199804	2950	3296	19971014	2466	19971226	175261.77	75	2336.82
		199805	2808	2986	19971024	2435	19971229	150727.87	75	2009.44
		199806	2975	3090	19971119	2420	19971230	15894.59	75	211.93
小麦	CZCE	199701	1620	1620	19970106	1456	19970122	568	13	43.69
		199703	1700	1700	19970106	1450	19970307	15506	45	344.58
		199705	1742	1742	19970106	1248	19970509	10580	83	127.47
		199707	1696	1700	19970106	1210	19970627	79857	124	644.01
		199709	1666	1700	19970109	1246	19970624	127552	167	763.78
		199711	1768	1790	19970113	1284	19970623	134142	208	644.91
		199801	1580	1780	19970225	1290	19971231	194987	217	898.56
		199803	1560	1640	19970417	1334	19970702	244378	186	1313.86
		199805	1432	1658	19970909	1348	19970618	202945	148	1371.25
		199807	1480	1714	19970909	1430	19970805	189290	106	1785.75
		199809	1500	1652	19971017	1488	19971231	115000	63	1825.40
		199811	1500	1570	19971203	1488	19971231	14727	23	640.30

续表 5 Continued

品种 Item	交易所 Exchange	合约 Contracts	年开盘价 Open Price	年最高价 High Price	最高价日 High Date	年最低价 Low Price	最低价日 Low Date	成交金额 Turnover	交易日数 Trading Days	日均成交金额 Daily Turnover
大豆	DCE	9701	2898	2950	19970106	2751	19970110	3284.02	10	328.40
		9703	2820	3065	19970313	2782	19970106	68113.69	42	1621.75
		9705	2797	3309	19970516	2730	19970106	861140.61	85	10131.07
		9707	2811	3321	19970411	2755	19970107	25584575.0	125	204676.60
		9709	2860	3385	19970403	2788	19970107	32627221.1	168	194209.65
		9711	2888	3361	19970403	2721	19970711	11343100.6	210	54014.77
		9801	2850	3330	19970403	2590	19971231	7170267.45	233	30773.68
		9803	3330	3388	19970404	2660	19970711	7583137.98	201	37727.05
		9805	3216	3216	19970520	2701	19970715	10718292.7	158	67837.30
		9807	2850	3139	19971008	2800	19970725	7146065.13	118	60559.87
		9809	3200	3200	19970916	2870	19971216	221306.76	75	2950.76
		9811	3001	3030	19971117	2874	19971219	12126.29	33	367.46
	SCOE	199701	3230	3230	19970102	3100	19970103	25560.15	10	2556.02
		199703	3180	3220	19970102	3059	19970127	42069.66	43	978.36
		199705	3160	3640	19970424	3039	19970130	81216.9	84	966.87
		199707	3210	3507	19970317	3100	19970107	213955.51	125	1711.64
		199709	3330	3511	19970423	3106	19970715	309842.24	169	1833.39
		199711	3350	3450	19970403	3116	19970715	347430	211	1646.59
		199801	3400	3450	19970403	2968	19970107	272495.82	233	1169.51
		199803	3370	3395	19970421	2999	19970105	188207.97	200	941.04
		199805	3080	3228	19971016	3020	19971225	101446.15	159	638.03
		199807	3200	3218	19971118	3088	19971230	55833.4	118	473.16
籼米	GUFE	199709	2295	2364	19970528	2095	19970703	71.56	25	2.86
	SCOE	199705	2000	2000	19970421	1904	19970515	5601.29	84	66.68
		199709	1980	2216	19970828	1600	19970708	63896.5	169	378.09
		199710	2010	2250	19970506	1571	19970709	28803.32	188	153.21
		199712	2300	2330	19970422	1816	19971111	7370.73	231	31.91
红小豆	TUFE	199701	5478	5719	19970120	4870	19970110	37925	11	3448.00
		199703	6520	6700	19970303	6460	19970220	580751	44	13199.00
		199705	6472	6831	19970127	5335	19970519	10946138	85	128778.00
		199707	6500	780	19970127	4639	19970718	13364501	127	105232.00
		199709	6560	6720	19970128	4620	19970912	9522919	173	55046.00
		199711	6399	6700	19970128	4260	19971106	5398504	212	25465.00
		199801	6688	6720	19970321	5260	19970708	6057153	230	26335.00
		199803	6488	6660	19970417	4720	19970728	2535399	197	12870.00
		199805	6300	6500	19970530	4632	19970801	364359	156	2336.00
		199807	4950	6410	19971120	4802	19970801	50337	114	442.00
		199809	4658	6548	19971120	4651	19970925	18589	69	269.00
		199811	6435	6435	19971229	6100	19971229	226	29	8.00

注：咖啡，可可计价单位：元/百公斤，其他各品种计价单位：元/吨。

SYCE、GUFE 的交易日数为有实际交易的日数，其他交易所为从挂牌起有可能的交易日数。

7-10 1997年金属期货交易情况

Transaction of Metal Product Futures in 1997

金额单位:万元 (Unit:10000Yuan)

品种 Item	交易所 Exchange	合约 Contracts	年开盘价 Open Price	年最高价 High Price	最高价日 High Date	年最低价 Low Price	最低价日 Low Date	成交金额 Turnover	交易日数 Trading Days	日均成交金额 Daily Turnover
铝	CQCE	199701	14600	14600	19970110	14600	19970110	336	3	112.00
		199702	15000	15600	19970220	15000	19970116	1638	14	117.00
		199703	15150	16000	19970304	15100	19970218	4390	30	146.33
		199704	15300	16400	19970311	15300	19970124	4076	29	140.55
		199705	16400	16400	19970311	16400	19970311	362	13	27.85
		199706	15200	15200	19970606	15000	19970606	66	18	3.67
		199707								
		199708	14600	14600	19970813	14600	19970813	146	7	20.86
		199709	14700	14700	19970821	14200	19970915	1092	7	156.00
		199710	14950	15250	19970808	14100	19971015	3134	3	1044.67
		199711	15100	15100	19970808	14000	19971031	3251	3	1083.67
		199712	14600	14700	19970826	13800	19971028	1724	1	1724.00
		即期	14200	15450	19970219	14100	19971104	487	230	2.12
	SHME	199701	13820	14780	19970114	13820	19970102	10613.27	10	1061.33
		199702	14250	15450	19970217	14250	19970107	17606.09	26	677.16
		199703	14800	16160	19970304	14800	19970107	42980.82	42	1023.35
		199704	15240	16530	19970304	15210	19970408	53067.56	64	829.18
		199705	15600	16880	19970317	15100	19970421	73542.68	84	875.51
		199706	16000	17060	19970317	14480	19970611	54247.92	105	516.65
		199707	16850	16850	19970326	13280	19970626	25317.51	125	202.54
		199708	16050	16070	19970508	13280	19970717	36538.66	148	246.88
		199709	15900	16100	19970519	13200	19970717	61487.73	169	363.83
		199710	15500	15500	19970602	13200	19970717	90679.44	188	482.34
		199711	15300	15500	19970811	13200	19970717	139344.14	210	663.54
		199712	13700	15430	19970811	13200	19970717	177266.89	231	767.39
		199801	14400	15000	19970923	13500	19971225	131377.49	233	563.85
		199802	14550	14870	19970922	13600	19971230	85393.56	221	386.40
		199803	14340	14600	19971117	13320	19971229	45695.67	201	227.34
		199804	14300	14310	19971201	13510	19971226	23751.74	179	132.69
		199805	13700	13940	19971231	13150	19971229	752.74	159	4.73
	SME	199701	14500	15180	19970115	14080	19970106	22157.88	15	1477.19
		199702	14100	15520	19970123	14100	19970102	90507.75	25	3620.31
		199703	14650	16380	19970318	14630	19970102	195515.7	45	4344.79
		199704	14850	16650	19970317	14840	19970102	340397.99	67	5080.57
		199705	15010	17010	19970317	15000	19970421	663921.62	86	7720.02
		199706	16400	17200	19970317	13850	19970620	533708.75	109	4896.41
		199707	16000	17250	19970318	13160	19970717	692754.65	106	6535.42
		199708	16100	17020	19970324	13180	19970717	722080.31	128	5641.25
		199709	16010	16030	19970515	13060	19970717	1303244.89	99	13164.09
		199710	15100	15690	19970812	13040	19970717	1647564.22	96	17162.13

续表 1 Continued

品种 Item	交易所 Exchange	合约 Contracts	年开盘价 Open Price	年最高价 High Price	最高价日 High Date	年最低价 Low Price	最低价日 Low Date	成交金额 Turnover	交易日数 Trading Days	日均成交金额 Daily Turnover
铝	SME	199711	13800	15750	19970811	13000	19970717	3191750.66	119	26821.43
		199712	13800	15750	19970812	13150	19970717	1638268.34	140	11701.92
		199801	13500	15300	19970808	13400	19971028	690127.88	128	5391.62
		199802	15000	15150	19970924	13410	19971028	551829.71	85	6492.11
		199803	14800	14800	19971017	13480	19971229	388726.38	63	6170.26
		199804	14750	14750	19971110	13460	19971229	271267.4	43	6308.54
		199805	14200	15000	19971119	13500	19971229	7580.54	43	176.29
		199806	14030	14030	19971224	13600	19971230	399.72	23	17.38
		199807	14000	14000	19971231	13300	19971231	136.5	23	5.93
	TUFE	199703	15950	16750	19970314	15900	19970311	1967	41	48.00
		199704	15700	16500	19970303	15100	19970408	49531	62	799.00
		199705	16050	17100	19970317	15100	19970421	414426	82	5054.00
		199706	15990	17180	19970321	14300	19970611	436385	103	4237.00
		199707	16000	17200	19970314	12800	19970710	593544	123	4826.00
		199708	16090	16950	19970304	12900	19970716	486361	138	3524.00
		199709	16750	16750	19970402	13110	19970717	937242	126	7438.00
		199710	15800	16150	19970429	13000	19970716	797046	124	6428.00
		199711	15750	15800	19970519	13000	19970716	1312397	127	10334.00
		199712	14100	15250	19970811	13000	19970716	1016446	125	8132.00
		199801	12980	15300	19970811	12900	19970717	719027	118	6093.00
		199802	14160	14380	19971118	13680	19971217	217561	32	6799.00
		199803	14800	15200	19970827	13670	19971230	455334	95	4793.00
		199804	14700	15190	19971017	13670	19971230	181022	74	2446.00
		199805	14450	15320	19971017	13680	19971230	54491	55	991.00
		199806	13950	14210	19971223	13700	19971229	1373	12	114.00
铜	CQCE	199701	20090	20800	19970115	20090	19970102	3928	10	392.80
		199702	20250	22200	19970210	20250	19970102	7060	27	261.48
		199703	20500	23000	19970227	20450	19970107	29648	42	705.90
		199704	20400	23400	19970317	20400	19970102	64446	64	1006.97
		199705	20410	24000	19970515	20200	19970106	155588	85	1830.45
		199706	20500	24060	19970317	20500	19970102	543781	106	5130.01
		199707	20900	24060	19970317	19660	19970714	566590	124	4569.27
		199708	21300	23960	19970401	19600	19970716	362723	138	2628.43
		199709	23600	23950	19970521	19500	19970717	333035	128	2601.84
		199710	23200	24100	19970515	19500	19970717	489784	132	3710.48
		199711	23550	23850	19970523	18200	19971106	488695	127	3847.99
		199712	23000	23000	19970617	16900	19971211	272208	125	2177.66
		199801	20750	20800	19970721	16300	19971230	259655	114	2277.08
		199802	20500	21000	19970910	16300	19971230	225628	89	2535.15
		199803	20620	20750	19970930	16450	19971230	487215	74	6583.99
		199804	20500	20550	19971021	16450	19971230	358103	55	6510.96
		199805	19400	19600	19971118	16500	19971230	70682	32	2208.81
		199806	17500	17700	19971217	16800	19971229	3016	12	251.33
		即期	20400	23300	19970401	16500	19971225	5273	243	21.70

续表 2 Continued

品种 Item	交易所 Exchange	合约 Contracts	年开盘价 Open Price	年最高价 High Price	最高价日 High Date	年最低价 Low Price	最低价日 Low Date	成交金额 Turnover	交易日数 Trading Days	日均成交金额 Daily Turnover
铜	SHME	199701	20320	21400	19970114	20320	19970102	77848.21	10	7784.82
		199702	20420	22720	19970218	20420	19970102	209225.6	26	8047.14
		199703	20610	23500	19970227	20610	19970102	540600.24	42	12871.43
		199704	20750	23750	19970227	20750	19970102	1176738.44	64	18386.54
		199705	20780	24000	19970317	20780	19970102	1615383.69	84	19230.76
		199706	20790	24320	19970317	20790	19970102	2065222.08	105	19668.78
		199707	21480	24310	19970317	20200	19970715	1919342.51	125	15354.74
		199708	21850	24260	19970317	19650	19970717	1723938.49	148	11648.23
		199709	24100	24140	19970523	19610	19970717	1855590.95	169	10979.83
		199710	23800	24120	19970523	19670	19970717	2164931	188	11515.59
		199711	23710	24100	19970523	18650	19971028	3187826.17	210	15180.12
		199712	23970	24000	19970528	16860	19971209	2989287.19	231	12940.64
		199801	20600	22050	19970728	16350	19971230	1467494.94	233	6298.26
		199802	20800	21600	19970811	16380	19971230	1274272.45	221	5765.94
		199803	20800	20880	19970912	16400	19971230	2402277.43	201	11951.63
		199804	20710	20810	19970930	16400	19971230	1759848.84	179	9831.56
		199805	20500	20500	19971024	16460	19971230	650141.33	159	4088.94
		199806	19700	19790	19971110	16520	19971230	100647.26	138	729.33
		199807	19500	19500	19971120	16600	19971230	8162.4	118	69.17
	SME	199701	20300	21410	19970113	20300	19970102	28894.68	15	1926.31
		199702	20360	22400	19970220	20360	19970102	67926.56	25	2717.06
		199703	20680	23380	19970227	20610	19970102	276480.33	45	6144.01
		199704	20700	24000	19970317	20700	19970102	655022.39	67	9776.45
		199705	21250	24050	19970317	21000	19970107	455558.48	86	5297.19
		199706	20800	24330	19970317	20800	19970102	768409.24	109	7049.63
		199707	20850	24290	19970317	19700	19970717	789105.76	128	6164.89
		199708	23750	24330	19970319	19700	19970717	779692.15	128	6091.34
		199709	24050	24100	19970401	19640	19970717	826293.94	121	6828.88
		199710	23650	24050	19970523	19650	19970717	600324.35	138	4350.18
		199711	23900	23950	19970523	18650	19971105	793629.71	139	5709.57
		199712	21450	21500	19970813	16620	19971219	209069.35	120	1742.24
		199801	21610	21610	19970806	16150	19971230	273151.87	106	2576.90
		199802	20540	20540	19970926	16400	19971230	155122.55	85	1824.97
		199803	20360	20660	19971010	16450	19971230	394656.1	63	6264.38
		199804	19280	19290	19971119	16470	19971230	374332.71	43	8705.41
		199805	19000	19000	19971127	16580	19971230	4109.67	43	95.57
		199807	17090	17110	19971231	17090	19971231	68.4	23	2.97
	SYCE	9701	19890	20350	19970114	19700	19970115	2638.55	11	239.87
		9702	20600	21450	19970218	19950	19970218	206.5	22	9.39
		9703	20500	22900	19970227	20100	19970108	7798.94	42	185.69
		9704	20900	23400	19970227	20450	19970107	11621.54	65	178.79
		9705	20940	24000	19970328	20450	19970121	14440.4	83	173.98
		9706	20880	24150	19970317	20880	19970106	13907.83	106	131.21
		9707	21300	24190	19970129	19670	19970718	39330.33	112	351.16

续表 3 Continued

品种 Item	交易所 Exchange	合约 Contracts	年开盘价 Open Price	年最高价 High Price	最高价日 High Date	年最低价 Low Price	最低价日 Low Date	成交金额 Turnover	交易日数 Trading Days	日均成交金额 Daily Turnover
铜	SYCE	9708	3400	24090	19970401	19850	19970718	33498.58	114	293.85
		9709	22600	24390	19970326	19900	19970717	26731.15	132	202.51
		9710	23000	23850	19970522	19380	19970717	14954.11	123	121.58
		9711	23200	23490	19970620	18700	19971113	15780.98	118	133.74
		9712	21300	21400	19970730	17050	19971217	15716.41	115	136.66
		9801	21050	21800	19970818	16800	19971219	13605.14	111	122.57
		9802	21500	21500	19970827	16660	19971226	4220.87	96	43.97
		9803	20200	20200	19971020	16800	19971225	10939.61	53	206.41
		9804	19400	19490	19971112	16480	19971230	81172.06	32	2536.63
		9805	18850	18850	19971118	16450	19971230	46471.38	25	1858.86
		9806	18500	19220	19971209	17100	19971225	1030.48	19	54.24
	TUFE	199701	20200	20200	19970107	20200	19970107	101	8	13.00
		199703	20880	23480	19970314	20280	19970108	3450	41	84.00
		199704	20950	23600	19970402	20890	19970115	4554	62	73.00
		199705	21050	23700	19970402	20830	19970108	5715	82	70.00
		199706	21200	25980	19970411	20960	19970115	5637	103	55.00
		199707	20690	23400	19970402	20690	19970107	1070	123	9.00
		199708	21100	23000	19970402	21100	19970116	111	138	1.00
		199709	21500	21500	19970819	20500	19970822	2363	126	19.00
		199710	21000	21200	19970821	19700	19971009	13944	124	112.00
		199711	21480	21610	19971117	19450	19971112	46090	127	442.00
		199712	20500	21500	19971021	18600	19971126	3397	125	27.00
		199801	20500	20600	19970826	20400	19970926	328	118	3.00
		199803	20500	20800	19970826	20450	19970929	411	95	4.00
		199804	20500	20500	19970926	20500	19970926	103	74	1.00
镍	SHME	199703	67010	69890	19970303	66800	19970115	287.622	42	6.85
		199704	69500	72800	19970304	69500	19970221	770.424	64	12.04
		199705	69500	73250	19970304	69500	19970221	1076.802	84	12.82
		199706	70880	73500	19970304	70880	19970227	780.072	105	7.43
		199709	69100	69100	19970815	67720	19970819	82.092	169	0.49
		199710	66370	66370	19970916	66000	19970917	79.422	188	0.42
		199711	69100	69100	19970815	67720	19970820	82.092	210	0.39
		199712	64680	64680	19971203	60900	19971209	150.654	231	0.65
锡	SME	199709	52500	52500	19970725	52500	19970725	105	22	4.77

注：各品种计价单位：元/吨。

成交日数为实际交易的日数。

7-11 1997年建材及能源化工期货交易情况

Transaction of Building Materials, Energy & Chemical Product Futures in 1997

金额单位:万元 (Unit:10000Yuan)

品种 Item	交易所 Exchange	合约 Contracts	年开盘价 Open Price	年最高价 High Price	最高价日 High Date	年最低价 Low Price	最低价日 Low Date	成交金额 Turnover	交易日数 Trading Days	日均成交金额 Daily Turnover
胶合板	SCE	199701	37.9	40.9	19970120	37.9	19970106	42423.03	15	2828.20
		199703	40.2	43.4	19970116	38.2	19970320	181309.44	47	3857.65
		199705	40	44	19970117	37.3	19970522	49345.74	88	560.75
		199707	40.2	44.2	19970117	35.8	19970714	596737.06	131	4555.24
		199709	44.1	46.4	19970325	36.3	19970909	9308.57	160	58.18
		199711	40.1	42	19970613	36.3	19971104	5855.43	168	34.85
		199801	40.1	40.1	19970527	31	19971127	2782.72	153	18.19
		199803	44.1	51.4	19970910	37.4	19971230	257.18	110	2.34
		199805	42.5	50.9	19971028	41.3	19970930	1999.04	66	30.29
		199807	35	36.7	19971126	31.6	19971209	75.8	26	2.92
	SHCE	199701	41	44	19970113	40.9	19970102	37137.7	10	3713.77
		199703	43.7	55.6	19970314	43.4	19970221	3433422.44	44	78032.33
		199705	42.8	48	19970416	36.7	19970429	2312136.42	85	27201.60
		199707	43	44.1	19970122	36.5	19970714	387300.59	126	3073.81
		199709	44.6	44.6	19970314	36.6	19970825	223793.58	203	102.43
		199711	42.4	45	19970327	34.4	19971112	331049.57	234	1414.74
		199801	42.4	42.7	19970910	35.2	19971201	278215.54	213	1306.18
		199803	45	45	19970319	34.3	19971113	255815.14	199	1285.50
		199805	43	44.3	19970704	31.6	19971229	1831.22	149	12.29
		199807	42.5	43.8	19971231	41.2	19971231	592.4	106	5.59
		199809	42.1	42.1	19971203	42.1	19971203	673.6	74	9.10
		199811	0	0	0	0	0	0	32	0.00

注：胶合板计价单位：元/张胶合板。

7-12 1997年农产品期货持仓情况
Open Positions of Agricultural Products in 1997

品种 Item	交易所 Exchange	合约 Contracts	最高持仓量 High Open Positions	最高持仓量日期 Date of High Open Positions	最后持仓 Open Positions at the End	最后持仓日期 Date of Open Positions at the End	年末持仓 Open Positions at the End of year
绿豆	BCE	199701	3242	19970106	24	19970115	0
		199703	15756	19970110	134	19970305	0
		199705	54478	19970421	98	19970520	0
		199707	46768	19970526	76	19970717	0
		199709	72828	19970723	928	19970922	0
		199711	14236	19971010	1376	19971120	0
		199801	156776	19971212	3402	19971231	3402
		199803	12118	19971209	9152	19971231	9152
		199805	6544	19971229	6140	19971231	6140
		199807	578	19971222	578	19971222	578
		199809	20	19971222	20	19971222	20
		199811	16	19971209	0	19971210	0
	CZCE	199701	4932	19970106	208	19970122	
		199703	86984	19970106	624	19970320	
		199705	100472	19970303	12	19970515	
		199707	99692	19970406	8	19970722	
		199709	142600	19970625	0	19970919	
		199711	112308	19970827	44	19971119	
		199801	108964	19971204			12648
		199803	74184	19971111			43740
		199805	194892	19971217			120660
		199807	93660	19971230			90128
		199809	7460	19971231			7460
		199811	132	19971230			124
咖啡	CCFE	199703	654294	970221	20024	19970310	0
		199705	139490	970310	16470	19970519	0
		199707	131252	970102	9686	19970718	0
		199709	38606	970624	7438	19970917	0
		199712	14998	970903	10	19971218	0
		199803	376	970903	158	19971231	158
		199805	50	970619	0	19971231	0
可可	CCFE	199703	0	0	0	19970318	0
		199705	2	19970226	0	19970519	0
		199706	0	0	0	19970617	0
		199707	0	0	0	19970718	0
		199708	0	0	0	19970818	0
		199709	0	0	0	19970917	0
		199710	0	0	0	19971020	0
		199711	0	0	0	19971117	0
		199712	0	0	0	19971218	0

续表 1 Continued

品种 Item	交易所 Exchange	合约 Contracts	最高持仓量 High Open Positions	最高持仓量日期 Date of High Open Positions	最后持仓 Open Positions at the End	最后持仓日期 Date of Open Positions at the End	年末持仓 Open Positions at the End of year
可可	CCFE	199803	0	0	0	19971231	0
		199804	0	0	0	19971231	0
		199805	0	0	0	19971231	0
		199806	0	0	0	19971231	0
啤麦	CCFE	199701	0	0	0	19970120	0
		199705	0	0	0	19970519	0
		199707	0	0	0	19970818	0
		199711	60	19970829	0	19971117	0
		199801	30	19970829	0	19971231	0
		199803	0	0	0	19971231	0
		199805	0	0	0	19971231	0
		199807	0	0	0	19971231	0
	SYCE	9701	48	19970106			46
		9703	4048	19970106			2
天然胶	CCFE	199701	14214	19970102	5428	19970120	0
		199703	93048	19970102	30554	19970318	0
		199704	47180	19970307	5264	19970417	0
		199705	45954	19970402	7208	19970519	0
		199706	65938	19970519	10260	19970617	0
		199708	233368	19970714	59728	19970818	0
		199709	77814	19970804	6744	19970917	0
		199710	59428	19970829	3166	19971020	0
		199711	48908	19970923	3724	19971117	0
		199801	15918	19971023	2066	19971231	2066
		199803	60076	19971229	55952	19971231	55952
		199804	13960	19971231	13960	19971231	13960
		199805	3594	19971231	2594	19971231	3594
		199806	290	19971126	278	19971231	278
		199808	66	19971216	64	19971231	64
		199809	108	19971229	108	19971231	108
		199810	122	19971229	122	19971231	122
		199811	6	19971230	6	19971231	6
	SHCE	199701	0	0	0	0	0
		199703	0	0	0	0	0
		199704	0	0	0	0	0
		199705	0	0	0	0	0
		199706	100	19970414	0	19970616	0
		199707	120	19970414	0	19970715	0
		199708	8434	19970605	0	19970815	0
		199709	12218	19970808	1050	19970915	0
		199710	16516	19970908	2360	19971015	0
		199711	22128	19971013	30	19971117	0

续表 2 Continued

品种 Item	交易所 Exchange	合约 Contracts	最高持仓量 High Open Positions	最高持仓量日期 Date of High Open Positions	最后持仓 Open Positions at the End	最后持仓日期 Date of Open Positions at the End	年末持仓 Open Positions at the End of year
天然胶	SHCE	199712	18498	19971106	100	19971215	0
		199801	10682	19971210	200		200
		199802	2240	19971219	1926		1926
		199803	18812	19971231	18812		18812
		199804	4692	19971231	4692		4692
		199805	0	0	0		0
		199806	0	0	0		0
棕榈油	CCFE	199702	2328	19970201	1340	19970220	0
		199704	142	19970115	16	19970417	0
		199706	22	19970507	0	19970617	0
		199708	596	19970512	0	19970818	0
		199710	876	19970508	0	19971020	0
		199712	426	19970423	0	19971218	0
		199802	0	0	0	19971231	0
		199804	0	0	0	19971231	0
		199806	0	0	0	19971231	0
		199808	0	0	0	19971231	0
高粱	CUFE	199701	18720	19970102			0
		199703	56770	19970115			0
		199705	23190	19970326			0
		199707	61790	19971513			0
		199709	20910	19970603			0
		199711	10637	19970926			0
		199801	130710	19971121			24780
		199803	20840	19970924			17690
		199805	18750	19971229			12290
		199807	7420	19971120			6420
		199809	2350	19971128			2240
		199811	460	19971216			460
	SYCE	9703	5276	19970106			100
		9705	2988	19970320			18
		9707	6488	19970319			52
		9709	4292	19970509			50
		9711	13084	19970822			20
		9801	12714	19971125	416		416
		9803	2888	19971020	868		868
		9805	3288	19971205	11934		11934
		9807	15632	19971222	100		100
玉米	CUFE	199803	60	19971120			0
	DCE	9701	0		0	19970105	0
		9703	112	19970110	0	19970314	0
		9705	1374	19970130	640	19970516	0
		9707	3160	19970217	860	19970715	0
		9709	0		0	19970912	0
		9711	0		0	19971114	0
		9801	40	19970723	0	19971231	0
		9803	2030	19970910	50	19971231	50
		9805	0		0	19971231	0

续表 3 Continued

品种 Item	交易所 Exchange	合约 Contracts	最高持仓量 High Open Positions	最高持仓量日期 Date of High Open Positions	最后持仓 Open Positions at the End	最后持仓日期 Date of Open Positions at the End	年末持仓 Open Positions at the End of year
玉米	DCE	9807	180	19971007	168	19971231	168
		9809	0		0	19971231	0
		9811	0		0	19971231	0
豆粕	CZCE	199707	5872	19970526	0	19970722	
		199709	3824	19970527	0	19970919	
		199711	2796	19970610	0	19971119	
		199801	2680	19970507			312
		199803	1860	19970507			360
		199805	200	19970804			52
		199807	148	19971106			56
		199809	300	19971110			0
		199811	0				0
	GUFE	199703	11592	19970106	0	19970306	0
		199704	2036	19970129	0	19970417	0
		199708	81194	19970522	1400	19970820	0
		199710	51094	19970527	788	19971020	0
		199711	10294	19970528	160	19971120	0
		199712	8686	19970924	106	19971219	0
		199801	14042	19971119	542	19971231	542
		199803	14206	19971211	11568	19971231	11568
		199804	12880	19971224	12522	19971231	12522
		199808	17072	19971231	17072	19971231	17072
		199810	7950	19971231	7950	19971231	7950
		199811	1268	19971231	1268	19971231	1268
		199812	106	19971230	106	19971231	106
	SCE	199704	7688	19970331	1450		
		199705	5188	19970227	1070		
		199710	55680	19970911	5262		
		199711	10756	19970911	846		
		199712	5556	19971024	290		
		199801	3350	19971117			0
		199803	43444	19971231			43444
		199804	25144	19971231			25144
		199805	12248	19971231			12248
		199806	1616	19971230			1616
小麦	CZCE	199701	196	19970106	4	19970122	
		199703	8316	19970106	148	19970320	
		199705	4388	19970106	20	19970515	
		199707	21368	19970107	0	19970722	
		199709	14196	19970112	400	19970919	
		199711	4772	19970724	52	19971119	
		199801	6340	19971110			1904

续表 4 Continued

品种 Item	交易所 Exchange	合约 Contracts	最高持仓量 High Open Positions	最高持仓量日期 Date of High Open Positions	最后持仓 Open Positions at the End	最后持仓日期 Date of Open Positions at the End	年末持仓 Open Positions at the End of year
小麦	CZCE	199803	4784	19971104			2832
		199805	4084	19971231			4084
		199807	2864	19971224			2448
		199809	284	19971229			132
		199811	124	19971230			124
大豆	DCE	9701	954	19970102	586	19970105	0
		9703	11952	19970102	400	19970314	0
		9705	46576	19970102	6104	19970516	0
		9707	191866	19970324	5400	19970715	0
		9709	322780	19970707	12982	19970912	0
		9711	284752	19970901	12748	19971114	0
		9801	92506	19970901	2348	19971231	2346
		9803	100262	19970924	19546	19971231	19546
		9805	140492	19971027	102616	19971231	102616
		9807	122592	19971226	111436	19971231	111436
		9809	13374	19971231	13374	19971231	13374
		9811	712	19971226	552	19971231	552
	SCOE	199701	15660	19970102	5440	19970115	0
		199703	15800	19970102	80	19970317	0
		199705	21760	19970123	1240	19970515	0
		199707	32660	19970513	1400	19970715	0
		199709	35360	19970729	120	19970915	0
		199711	36160	19970820	500	19971117	0
		199801	32760	19971125	16860	19971231	16860
		199803	32400	19971202	26820	19971231	26820
		199805	22500	19971231	22500	19971231	22500
		199807	27060	19971231	27060	19971231	27060
籼米	GUFE	199709	10	19970527	0	19970703	0
	SCOE	199705	3220	19970514	800	19970515	0
		199709	23700	19970807	3000	19970715	0
		199710	12340	19970603	5440	19971015	0
		199712	4120	19971104	3460	19971215	0
红小豆	TUFE	199701	8818	19970106	600	19970120	0
		199703	76248	19970106	1286	19970320	0
		199705	80950	19970321	1770	19970520	0
		199707	73604	19970404	4440	19970721	0
		199709	135182	19970728	4960	19970923	0
		199711	76684	19970916	4196	19971120	0
		199801	54472	19971205	31772	19971231	31772
		199803	52032	19971229	50684	19971231	50684
		199805	16402	19971231	16402	19971231	16402
		199807	2852	19971231	2852	19971231	2852
		199809	48	19971106	12	19971231	12
		199811	0	19971121	0	19971231	0

注：持仓单位：手。

7-13 1997年金属期货持仓情况

Open Positions of Metal Products in 1997

品种 Item	交易所 Exchange	合约 Contracts	最高持仓量 High Open Positions	最高持仓量日期 Date of High Open Positions	最后持仓 Open Positions at the End	最后持仓日期 Date of Open Positions at the End	年末持仓 Open Positions at the End of year
铝	CQCE	199701	20	19970110	4	19970115	0
		199702	24	19970121	16	19970221	0
		199703	8	19970221	8	19970317	0
		199704	8	19970311	0	19970415	0
		199705	2	19970311	0	19970515	0
		199706	8	19970606	0	19970616	0
		199707	0	0	0	19970715	0
		199708	4	19970813	0	19970815	0
		199709	28	19970827	18	19970915	0
		199710	36	19970827	16	19971015	0
		199711	28	19970930	0	19971117	0
		199712	22	19971215	22	19971215	0
	SHME	199701	1500	19970114	1450	19970115	0
		199702	1350	19970220	1350	19970220	0
		199703	2110	19970314	2110	19970314	0
		199704	1572	19970221	1210	19970415	0
		199705	2930	19970325	944	19970515	0
		199706	1832	19970401	700	19970613	0
		199707	796	19970702	690	19970715	0
		199708	1690	19970815	1690	19970815	0
		199709	1468	19970815	920	19970915	0
		199710	1356	19970910	750	19971015	0
		199711	2452	19970916	1580	19971114	0
		199712	4756	19970922	740	19971215	0
		199801	2076	19971112	1134	19971231	1134
		199802	2346	19971226	2174	19971231	2174
		199803	1832	19971230	1816	19971231	1816
		199804	1124	19971230	1116	19971231	1116
		199805	104	19971231	104	19971231	104
	SME	199701	2886	19970120	2886	19970120	0
		199702	4316	19970124	3610	19970220	0
		199703	6550	19970303	5104	19970320	0
		199704	6896	19970303	3066	19970421	0
		199705	13882	19970321	3020	19970520	0
		199706	7750	19970428	2644	19970620	0
		199707	11430	19970513	5660	19970721	0
		199708	9386	19970813	8862	19970820	0
		199709	22146	19970716	5480	19970922	0
		199710	22828	19970717	5778	19971020	0
		199711	30598	19970827	5682	19971120	0

续表 1 Continued

品种 Item	交易所 Exchange	合约 Contracts	最高持仓量 High Open Positions	最高持仓量日期 Date of High Open Positions	最后持仓 Open Positions at the End	最后持仓日期 Date of Open Positions at the End	年末持仓 Open Positions at the End of year
铝	SME	199712	25958	19970926	3194	19971219	0
		199801	11392	19971118	2722	19971231	2722
		199802	11626	19971124	5688	19971231	5688
		199803	12038	19971224	10562	19971231	10562
		199804	12660	19971229	11566	19971231	11566
		199805	846	19971231	846	19971231	846
		199806	20	19971224	18	19971231	18
		199807	0		0		0
	TUFE	199703	80	19970314	80	19970317	0
		199704	720	19970226	360	19970415	0
		199705	3128	19970408	664	19970515	0
		199706	2700	19970415	1262	19970613	0
		199707	3442	19970526	892	19970715	0
		199708	3222	19970611	832	19970815	0
		199709	5734	19970805	1344	19970915	0
		199710	6852	19970808	1518	19971015	0
		199711	9432	19970827	1366	19971117	0
		199712	9772	19971022	506	19971215	0
		199801	9840	19971117	2688	19971231	2688
		199802	5642	19971215	3226	19971231	3226
		199803	9902	19971229	9878	19971231	9878
		199804	5104	19971231	5104	19971231	5104
		199805	1116	19971230	1082	19971231	1082
		199806	104	19971231	104	19971231	104
铜	CQCE	199701	224		116	19970115	0
		199702	512		284	19970221	0
		199703	1262	19970107	840	19970317	0
		199704	2034	19970107	690	19970415	0
		199705	2744	19970127	314	19970515	0
		199706	3162	19970313	432	19970616	0
		199707	1834	19970327	492	19970715	0
		199708	1848	19970416	320	19970815	0
		199709	1016	19970529	382	19970915	0
		199710	1630	19970721	932	19971015	0
		199711	1520	19970818	684	19971117	0
		199712	788	19970919	472	19971215	0
		199801	1122	19971022	380	19971231	380
		199802	1284	19971114	404	19971231	404
		199803	2330	19971201	1134	19971231	1134
		199804	1636	19971223	1416	19971231	1416
		199805	1016	19971229	928	19971231	928
		199806	76	19971231	76	19971231	76

续表 2 Continued

品种 Item	交易所 Exchange	合约 Contracts	最高持仓量 High Open Positions	最高持仓量日期 Date of High Open Positions	最后持仓 Open Positions at the End	最后持仓日期 Date of Open Positions at the End	年末持仓 Open Positions at the End of year
铜	SHME	199701	8348	19970102	4880	19970115	0
		199702	11470	19970102	5150	19970220	0
		199703	17442	19970102	3330	19970314	0
		199704	20314	19970102	2710	19970415	0
		199705	15246	19970217	2990	19970515	0
		199706	23126	19970318	4470	19970613	0
		199707	20874	19970414	3980	19970715	0
		199708	16224	19970509	4970	19970815	0
		199709	21402	19970529	3370	19970915	0
		199710	15098	19970624	3970	19971015	0
		199711	25430	19970729	6850	19971114	0
		199712	27318	19970916	6694	19971215	0
		199801	19798	19971022	7374	19971231	7374
		199802	17518	19971103	9204	19971231	9204
		199803	29730	19971119	15418	19971231	15418
		199804	28568	19971223	26814	19971231	26814
		199805	17392	19971231	17392	19971231	17392
		199806	3944	19971231	3944	19971231	3944
		199807	412	19971231	412	19971231	412
	SME	199701	2518	19970102	1406	19970120	0
		199702	3746	19970102	982	19970220	0
		199703	8866	19970102	1320	19970320	0
		199704	9208	19970117	1402	19970421	0
		199705	4728	19970224	1234	19970520	0
		199706	8736	19970321	848	19970620	0
		199707	8568	19970404	1126	19970721	0
		199708	8490	19970516	684	19970820	0
		199709	7048	19970609	1010	19970922	0
		199710	4042	19970710	764	19971020	0
		199711	8018	19970801	1338	19971120	0
		199712	3244	19970917	1116	19971219	0
		199801	3928	19971029	1766	19971231	1766
		199802	2416	19971111	1560	19971231	1560
		199803	6156	19971218	5498	19971231	5498
		199804	9060	19971231	9060	19971231	9060
		199805	262	19971231	262	19971231	262
		199807	0		0		0
	SYCE	9701	368	19970106			276
		9702	14	19970131			14
		9703	286	19970108			160
		9704	342	19970221			126

续表 3 Continued

品种 Item	交易所 Exchange	合约 Contracts	最高持仓量 High Open Positions	最高持仓量日期 Date of High Open Positions	最后持仓 Open Positions at the End	最后持仓日期 Date of Open Positions at the End	年末持仓 Open Positions at the End of year
铜	SYCE	9705	248	19970219			62
		9706	146	19970319			42
		9707	248	19970321			114
		9708	252	19970415			36
		9709	248	19970516			38
		9710	194	19970619			4
		9711	146	19970716			4
		9712	110	19970821			16
		9801	132	19970925	2		2
		9802	76	19971111	6		6
		9803	252	19971219	200		200
		9804	1394	19971231	1394		1394
		9805	1802	19971231	1802		1802
		9806	42	19971211	24		24
	TUFE	199701	20	19970106	10	19970115	0
		199703	94	19970106	0	19970317	0
		199704	90	19970131	10	19970415	0
		199705	146	19970217	0	19970515	0
		199706	140	19970218	0	19970613	0
		199707	44	19970131	0	19970715	0
		199708	4	19970320	0	19970815	0
		199709	80	19970822	0	19970915	0
		199710	164	19970825	10	19971015	0
		199711	426	19971113	0	19971117	0
		199712	20	19970916	0	19971215	0
		199801	24	19970930	24	19971231	24
		199803	26	19970930	26	19971231	26
		199804	10	19970926	10	19971231	10
镍	SHME	199703	4	19970228	0	19970303	0
		199704	16	19970304	0	19970319	0
		199705	20	19970319	0	19970320	0
		199706	14	19970319	0	19970328	0
		199709	2	19970818	0	19970819	0
		199710	2	19970916	0	19970917	0
		199711	2	19970819	0	19970820	0
		199712	2	19971208	0	19971209	0

注：持仓单位：手。

7-14　1997年建材及能源化工期货持仓情况

Open Positions of Building Materials, Engery & Chemical Products Futures in 1997

品种 Item	交易所 Exchange	合约 Contracts	最高持仓量 High Open Positions	最高持仓量日期 Date of High Open Positions	最后持仓 Open Positions at the End	最后持仓日期 Date of Open Positions at the End	年末持仓 Open Positions at the End of year
胶合板	SCE	199701	31146	19970106	24220		
		199703	33406	19970123	13750		
		199705	12704	19970324	5120		
		199707	108676	19970619	5340		
		199709	2894	19970610	1260		
		199711	14	19970820	0		
		199801	170	19970930			2
		199803	20	19971202			4
		199805	4	19971230			4
		199807	2	19971212			0
	SHCE	199701	38934	19970102	32320	19970115	0
		199703	435144	19970129	170480	19970317	0
		199705	277242	19970418	27580	19970515	0
		199707	80944	19970514	9694	19970715	0
		199709	63576	19970816	28960	19970915	0
		199711	125034	19971015	10580	19971117	0
		199801	110074	19971230	108120		108120
		199803	25230	19971231	25230		25230
		199805	420	19971218	420		420
		199807	100	19971231	100		100
		199809	0	0	0		0
		199811	0	0	0		0

注:持仓单位:手。

7-15 1997年农产品期货实物交割情况

品种 Item	交易所 Exchange	合约 Contracts	交割量 Volume of Delivery	合约成交量 Trading Volume of Contract	最高持仓量 High Open Positions	最高持仓日期 Date of High Open Positions
绿豆	BCE	199701	84	1526872	117144	19961204
		199703	0	74280	15756	19970110
		199705	1551	578488	54478	19970421
		199707	375	644424	46768	19970526
		199709	3502	1144008	72828	19970723
		199711	1015	91040	14236	19971010
	CZCE	199701	2840	5680000	197840	19961015
		199703	2256	4512000	149368	19961220
		199705	542	6402392	139992	19961204
		199707	1242	12279192	99692	19970406
		199709	1836	16144232	142600	19970525
		199711	1091	12861692	112308	19970827
咖啡	CCFE	199703	10000	14994990	654294	19970221
		199705	8235	8841934	139490	19970310
		199707	4843	7356170	223758	19961203
		199709	3719	2011496	38606	19970624
		199712	5	248202	14998	19970903
天然胶	CCFE	199701	2714	1485756	62970	19961112
		199703	4000	3821682	93048	19970102
		199704	2632	993146	47180	19970307
		199705	3604	783592	45954	19970402
		199706	5130	1493944	65938	19970519
		199708	2566	4513260	233368	19970714
		199709	3372	1586440	77814	19970804
		199710	1583	800906	59428	19970829
		199711	1862	594708	48908	19970923
	SHCE	199709	525	123104	12218	19970808
		199710	1180	90366	16516	19970908
		199711	15	129270	22128	19971013
		199712	50	75114	18498	19971106
棕榈油	CCFE	199702	670	198384	13348	19960904
		199704	8	17958	1892	19960816

Summary for Practical Delivery of Agricultural Products in 1997

交割金额 Amount of Delivery	合约成交金额 Turnover of Contract	结算价 Clearing Price	交割率(%) I	交割率(%) Ⅱ	交割率(%) Ⅲ
414.25	7531727.17	4410	0.01	0.07	0.01
0	340406.97	4658	0.00	0.00	0.00
8816.41	3184822.18	5390	0.54	2.85	0.55
1734	1123475.07	4000	0.12	0.80	0.31
19996.42	3918208.69	5972	0.61	4.81	1.02
4038.39	505526.53	3800	2.23	7.13	1.60
13286		4678	0.10	1.44	
11235		4980	0.10	1.51	
2753	22664950	5080	0.02	0.39	0.02
5713	24591872	3964	0.02	1.25	0.05
9384	50613345	4350	0.02	1.29	0.04
5053	45366540	4608	0.02	0.97	0.02
18370	27584173	1837	0.13	1.53	0.13
28164	18336738	3420	0.19	5.90	0.31
6504	14932196	1343	0.13	2.16	0.09
5013	3680685	1348	0.37	9.63	0.27
7	358243	1419	0.00	0.03	0.00
16003	9801222	11793	0.37	4.31	0.33
25968	25573132	12984	0.21	4.30	0.20
14397	6373218	10940	0.53	5.58	0.45
18849	4703285	10460	0.92	7.84	0.80
26802	8277035	10449	0.69	7.78	0.65
14318	25735472	11160	0.11	1.10	0.11
12868	7297971	7632	0.43	4.33	0.35
6099	3362762	7706	0.40	2.66	0.36
6652	2452334	7145	0.63	3.81	0.54
481	120323.68	8280	0.85	4.30	0.80
930	75456.06	7180	2.61	7.14	2.47
11	103287.31	7500	0.02	0.07	0.02
37	58020.52	7700	0.13	0.27	0.13
2301	743754	6869	0.68	5.02	0.62
29	67335	7200	0.09	0.42	0.09

续表 1

品种 Item	交易所 Exchange	合约 Contracts	交割量 Volume of Delivery	合约成交量 Trading Volume of Contract	最高持仓量 High Open Positions	最高持仓日期 Date of High Open Positions
高粱	CUFE	199701	8120	3670100	349530	19961209
		199703	6290	1836600	58850	19961206
		199705	3075	819170	71500	19961128
		199707	770	332670	61790	19970513
		199709	535	86690	20910	19970603
		199711	2900	752210	106370	19970926
	SYCE	9703	50	7490	5280	19961231
		9707	50	197140	6488	19970319
		9711	18	95906	13084	19970822
豆粕	CZCE	199707	252	69112	5872	19970526
		199709	78	117040	3824	19970527
		199711	32	145436	2796	19970610
	GUFE	199701	0	11398	5310	19961104
		199703	0	42062	13934	19961224
		199704	0	5882	2036	19970129
		199708	700	1457940	81194	19970522
		199710	394	731288	51094	19970527
		199711	80	72266	10294	19970528
		199712	53	71148	8686	19970924
	SCE	199704	725	19204	3844	19970331
		199705	535	14001	2594	19970227
		199710	2631	629392	27840	19970911
		199711	423	37191	5378	19970911
		199712	145	10117	2778	19971024
小麦	CZCE	199701	118	13184	5346	19961112
		199703	389	36355	11932	19961117
		199705	236	16856	5864	19961217
		199707	562	93358	25332	19961215
		199709	878	113584	18036	19961216
		199711	864	99192	4772	19970724
大豆	DCE	9701	290	1119517	62623	19960823
		9703	200	1516466	58286	19961008
		9705	3052	2670293	72220	19960927
		9707	2700	5058271	95933	19970324
		9709	6491	5196907	161390	19970707
		9711	6374	1945160	142376	19970901

Continued 1

交割金额 Amount of Delivery	合约成交金额 Turnover of Contract	结算价 Clearing Price	交割率(%) Ⅰ	交割率(%) Ⅱ	交割率(%) Ⅲ
5265.59	3530040.61	1372	0.44	2.32	0.30
2432.51	1220669.07	771	0.68	10.69	0.40
1329.34	620909.11	954	0.75	4.30	0.43
283.22	206088.56	840	0.46	1.25	0.27
298.07	49448.14	1210	1.23	2.56	1.21
2274.08	615229.77	1667	0.77	2.73	0.74
52.16	8133.96	1043.3	1.34	0.95	1.28
46.7	188975.33	934	0.05	0.77	0.05
19.63	107068.59	1090.62	0.04	0.14	0.04
703	210409	2860	0.73	4.29	0.67
113	351887	2750	0.13	2.04	0.06
97	423764	2650	0.04	1.14	0.05
0	35650.89	3143	0.00	0.00	0.00
0	123014.23	2900	0.00	0.00	0.00
0	17296.73	2980	0.00	0.00	0.00
2278.5	4828636.65	3255	0.10	0.86	0.09
1165.06	2364696.68	2957	0.11	0.77	0.10
235.44	227740.43	2943	0.22	0.78	0.21
146.28	211979.28	2760	0.15	0.61	0.14
1993.75	57153.98	2750	7.55	18.86	6.98
1471.25	39819.15	2750	7.64	20.62	7.39
6786.43	1913118.85	2579.41	0.84	9.45	0.71
1059.62	104477.67	2505	2.27	7.87	2.03
358.15	27106.66	2470	2.87	5.22	2.64
181		1536	1.79	2.21	
607		1560	2.14	3.26	
295	28640	1250	2.80	4.02	2.06
714	147731	1382	1.20	2.22	0.97
1364	170867	1400	1.55	4.87	1.60
1235	134683	1430	1.74	18.11	1.83
837.81	3775595.49	2889	0.05	0.46	0.04
606.2	5059058.28	3031	0.03	0.34	0.02
9641.27	8512741.49	3159	0.23	4.23	0.23
8283.6	15593078.39	3068	0.11	2.81	0.11
20297.36	16496685.03	3127	0.25	4.02	0.25
20007.99	5678261.38	3139	0.66	4.48	0.70

续表 2

品种 Item	交易所 Exchange	合约 Contracts	交割量 Volume of Delivery	合约成交量 Trading Volume of Contract	最高持仓量 High Open Positions	最高持仓日期 Date of High Open Positions
大豆	SCOE	199701	0	111820	27160	19961202
		199703	40	66300	16580	19961230
		199705	620	77980	21760	19970123
		199707	700	145020	32660	19970513
		199709	60	205900	35360	19970729
		199711	250	227480	36160	19970820
玉米	DCE	9701	0	1330	0	
		9703	0	1518	500	19961108
		9705	320	3191	687	19970130
		9707	430	8653	1580	19970217
		9709	0	100	0	
		9711	0	0	0	
籼米	GUFE	199701	0	576	274	19960926
		199703	0	400	200	19960926
		199705	0	324	162	19960926
		199707	0	40	0	19961025
		199709	0	32	10	19970527
	SCOE	199705	400	5740	3220	19970514
		199709	1500	65020	23700	19970807
		199710	2720	30420	12340	19970603
		199712	1730	7320	4120	19971104
红小豆	TUFE	199701	300	1662314	81780	19960917
		199703	643	1091170	82438	19961225
		199705	885	3797694	80950	19970321
		199707	2220	3780916	73604	19970404
		199709	2480	3014690	135182	19970728
		199711	2098	1609106	76684	19970916
		199801		1682850	54472	19971205
		199803		675144	52032	19971229
		199805		100500	16402	19971231
		199807		13486	2852	19971231
		199809		5728	48	19971106
		199811		60	0	19971121

注：成交量、交割量单位：手

咖啡、可可计价单位：元/百公斤

其他品种计价单位：元/吨

Continued 2

交割金额 Amount of Delivery	合约成交金额 Turnover of Contract	结算价 Clearing Price	交割率(%) Ⅰ	交割率(%) Ⅱ	交割率(%) Ⅲ
0	189652.36	3126	0.00	0.00	0.00
63.38	106835.93	3119	0.12	0.24	0.12
1036.64	128280.29	3327	1.59	2.85	1.62
1166.2	239988.36	3447	0.97	2.14	0.97
94.47	339774.14	3260	0.06	0.17	0.06
402.38	372245.18	3219	0.22	0.69	0.22
0	2194.5	1650	0.00		0.00
0	2252.27	1200	0.00	0.00	0.00
332.16	3574.03	1038	20.06	46.58	18.59
436.45	10016.67	1015	9.94	27.22	8.71
0	112.55	1000	0.00		0.00
0	0	1050			
0	1315.49	2275	0.00	0.00	0.00
0	914.24	2250	0.00	0.00	0.00
0	750.22	2280	0.00	0.00	0.00
0	91.68	2292	0.00		0.00
0	71.56	2095	0.00	0.00	0.00
405.2	5601.29	1905	13.94	12.42	14.47
1485.35	63896.5	1866	4.61	6.33	4.65
2348.52	28803.32	1641	17.88	22.04	16.31
1772.39	7370.73	1855	47.27	41.99	48.09
952	5664040	5719	0.04	0.37	0.03
2520	4095126	6650	0.12	0.78	0.12
3067	14139795	5335	0.05	1.09	0.04
7284	13657401	4904	0.12	3.02	0.11
7059	9553027	4800	0.16	1.83	0.15
5968	5399722	4520	0.26	2.74	0.22
	6057153	6357			
	2535399	6304			
	364359	6380			
	50337	6384			
	18589	6297			
	226	6268			

7－16　1997 年金属期货实物交割情况

品种 Item	交易所 Exchange	合约 Contracts	交割量 Volume of Delivery	合约成交量 Trading Volume of Contract	最高持仓量 High Open Positions	最高持仓日期 Date of High Open Positions
铝	CQCE	199701	2	20	20	19970110
		199702	8	100	24	19970121
		199703	4	272	8	19970221
		199704	0	248	8	19970311
		199705	0	22	2	19970311
		199706	0	4	8	19970606
		199707	0	0	0	
		199708	0	20	4	19970813
		199709	9	152	28	19970827
		199710	8	432	36	19970827
		199711	0	450	28	19970930
		199712	11	240	22	19971215
	SHME	199701	725	3576	1500	19970114
		199702	675	3114	1350	19970220
		199703	1055	5542	2110	19970314
		199704	605	6672	1572	19970221
		199705	472	9102	2930	19970325
		199706	350	6748	1832	19970401
		199707	345	3432	796	19970702
		199708	845	5052	1690	19970815
		199709	460	8544	1468	19970815
		199710	375	12574	1356	19970910
		199711	790	19328	2452	19970916
		199712	370	24374	4756	19970922
	SME	199701	1443	24140	4076	19961108
		199702	1805	37976	4938	19961127
		199703	2552	32590	6550	19970303
		199704	1533	43824	6896	19970303
		199705	1510	81752	13882	19970321
		199706	1322	67504	7750	19970428
		199707	2830	90234	11430	19970513
		199708	4431	98978	9386	19970813
		199709	2740	183974	22146	19970716
		199710	2889	231042	22828	19970717
		199711	2841	434050	30598	19970827
		199712	1597	223110	25958	19970926
	TUFE	199703	40	240	80	19970314
		199704	180	6102	720	19970226
		199705	332	50690	3128	19970408
		199706	631	54298	2700	19970415
		199707	446	76660	3442	19970526

Summary for Practical Delivery of Metal Products in 1997

交割金额 Amount of Delivery	合约成交金额 Turnover of Contract	结算价 Clearing Price	交割率(%) Ⅰ	交割率(%) Ⅱ	交割率(%) Ⅲ
14	336	14600	20.00	10.00	0.08
62	1638	15600	16.00	33.33	0.08
31	4416	15800	2.94	50.00	0.01
0	4076	16400	0.00	0.00	0.00
0	362	16400	0.00	0.00	0.00
0	66	16550	0.00	0.00	0.00
0	0	0			
0	146	14600	0.00	0.00	0.00
64	1092	14290	11.84	32.14	0.12
56	3134	14180	3.70	22.22	0.04
0	3251	14400	0.00	0.00	0.00
81	1724	14800	9.17	50.00	0.09
5314.25	24964.39	14660	40.55	48.33	0.43
5133.38	23176.79	15210	43.35	50.00	0.44
8408.35	43495.92	15940	38.07	50.00	0.39
4661.53	53067.56	15410	18.14	38.49	0.18
3608.44	73542.68	15290	10.37	16.11	0.10
2542.75	54247.92	14530	10.37	19.10	0.09
2323.58	25317.51	13470	20.10	43.34	0.18
6155.83	36538.66	14570	33.45	50.00	0.34
3300.50	61487.73	14350	10.77	31.34	0.11
2685	90679.44	14320	5.96	27.65	0.06
5624.80	139344.14	14240	8.17	32.22	0.08
2632.55	177266.89	14230	3.04	7.78	0.03
10808.07	165126.89	14980	11.96	35.40	0.13
13591.65	270740.29	15060	9.51	36.55	0.10
20747.76	249424.98	16260	15.66	38.96	0.17
11405.52	347393.62	14880	7.00	22.23	0.07
11476	664950.83	15200	3.69	10.88	0.03
9201.12	533708.75	13920	3.92	17.06	0.03
19286.45	692754.65	13630	6.27	24.76	0.06
32434.92	722080.31	14640	8.95	47.21	0.09
19933.50	1303244.89	14550	2.98	12.37	0.03
20945.25	1647564.22	14500	2.50	12.66	0.03
20583.05	3191750.66	14490	1.31	9.28	0.01
11298.78	1638268.34	14150	1.43	6.15	0.01
329	1967	16633	33.33	50.00	0.33
1461	49531	15599	5.90	25.00	0.06
2623	414426	15339	1.31	10.61	0.01
4801	436385	14467	2.32	23.37	0.02
3064	593544	13158	1.16	12.96	0.01

续表 1

品种 Item	交易所 Exchange	合约 Contracts	交割量 Volume of Delivery	合约成交量 Trading Volume of Contract	最高持仓量 High Open Positions	最高持仓日期 Date of High Open Positions
铝	TUFE	199708	416	65764	3222	19970611
		199709	672	131552	5734	19970805
		199710	759	112862	6852	19970808
		199711	683	181050	9432	19970827
		199712	253	141478	9772	19971022
		199801		101266	9840	19971117
		199802		30960	5642	19971215
		199803		63894	9902	19971229
		199804		25640	5104	19971231
		199805		7560	1116	19971230
		199806		198	104	19971231
铜	CQCE	199701	58	28862	1344	19971104
		199702	142	20792	1196	19971115
		199703	420	54070	2250	19971223
		199704	345	49872	2636	19971230
		199705	157	42244	2744	19970127
		199706	216	46486	3162	19970313
		199707	246	26688	1834	19970327
		199708	160	27172	1848	19970416
		199709	191	28510	1016	19970529
		199710	466	44724	1630	19970721
		199711	342	47442	1520	19970818
		199712	236	26650	788	19970919
	SHME	199701	2440	299314	27470	19960923
		199702	2575	295266	30876	19961115
		199703	1665	294192	27380	19961212
		199704	1355	240266	23558	19961220
		199705	1495	162566	15246	19970217
		199706	2235	177478	23126	19970318
		199707	1990	164550	20874	19970414
		199708	2485	148572	16224	19970509
		199709	1725	161034	21402	19970529
		199710	2000	197786	15098	19970624
		199711	3425	303692	25430	19970729
		199712	3397	291128	27318	19970916
	SME	199701	703	147932	11724	19961010
		199702	491	127378	13402	19961118
		199703	660	149878	11744	19961217
		199704	701	81700	9208	19970117
		199705	617	40000	4728	19970224
		199706	424	65270	8736	19970321
		199707	563	67364	8568	19970404

Continued 1

交割金额 Amount of Delivery	合约成交金额 Turnover of Contract	结算价 Clearing Price	交割率(%) I	交割率(%) II	交割率(%) III
2923	486361	14651	1.27	12.91	0.01
4822	937242	14332	1.02	11.72	0.01
5447	797046	14249	1.35	11.08	0.01
4750	1312397	14044	0.75	7.24	0.01
1765	1016446	13854	0.36	2.59	0.00
	719027	13955			
	217561	13938			
	455334	13999			
	181022	14054			
	54491	14039			
	1373	14050			
595	291122	20520	0.40	4.32	0.00
1460	204498	21690	1.37	11.87	0.01
4746	531120	22600	1.55	18.67	0.02
3867	439946	20520	1.38	13.09	0.02
1818	219492	22900	0.74	5.72	0.02
2458	548949	22500	0.93	6.83	0.01
2452	566952	19870	1.84	13.41	0.01
1771	362723	20450	1.18	8.66	0.01
2340	333035	20410	1.34	18.80	0.01
4681	489784	20090	2.08	28.59	0.02
3214	488695	18800	1.44	22.50	0.01
2020	272208	17120	1.77	29.95	0.01
25742	2998557.24	21100	1.63	8.88	0.02
28955.88	2949676.86	22490	1.74	8.34	0.02
19230.75	2999848.56	23100	1.13	6.08	0.01
15724.78	2521272.91	23210	1.13	5.75	0.01
17207.45	1809242.22	23020	1.84	9.81	0.02
25177.28	2075889.21	22530	2.52	9.66	0.02
20268.15	1921852.51	20370	2.42	9.53	0.02
25732.18	1723938.49	20710	3.35	15.32	0.03
17620.68	1855590.95	20410	2.14	8.06	0.02
19883.78	2164931	19880	2.02	13.25	0.02
32058	3187826.17	18720	2.26	13.47	0.02
29013.62	2989287.19	17070	2.33	12.44	0.02
7413.14	1464376.41	21090	0.95	6.00	0.01
5469.74	1260518.57	22280	0.77	3.66	0.01
7669.20	1535164.81	23240	0.88	5.62	0.01
8001.92	876600.57	22830	1.72	7.61	0.02
7095.50	456688.14	23000	3.09	13.05	0.03
4776.36	769021.32	22530	1.30	4.85	0.01
5736.97	789147	20380	1.67	6.57	0.01

续表 2

品种 Item	交易所 Exchange	合约 Contracts	交割量 Volume of Delivery	合约成交量 Trading Volume of Contract	最高持仓量 High Open Positions	最高持仓日期 Date of High Open Positions
铜	SME	199708	342	66796	8490	19970516
		199709	505	72098	7048	19970609
		199710	382	56358	4042	19970710
		199711	669	76016	8018	19970801
		199712	558	20868	3244	19970917
	SYCE	9701	138	262	408	19961118
		9702	7	20	76	19961206
		9703	80	712	394	19961203
		9704	63	1038	342	19970221
		9705	45	1278	248	19970219
		9706	21	1190	146	19970319
		9707	57	3364	248	19970321
		9708	18	2884	252	19970415
		9709	19	2310	248	19970516
		9710	2	1350	194	19970619
		9711	2	1530	146	19970716
		9712	8	1530	110	19970821
	TUFE	199701	5	478	64	19960905
		199703	0	962	118	19961219
		199704	5	864	90	19970131
		199705	0	812	146	19970217
		199706		692	140	19970218
		199707	0	176	44	19970131
		199708	0	10	4	19970320
		199709	0	228	80	19970822
		199710	5	1350	164	19970825
		199711	0	5384	426	19971113
		199712	0	330	20	19970916
		199801		32	24	19970930
		199803		40	26	19970930
		199804		10	10	19970926
镍	SHME	199701	0	4	2	19961210
		199702	0	4	2	19961230
		199703	0	14	4	19970228
		199704	0	36	16	19970304
		199705	0	50	20	19970319
		199706	0	36	14	19970319
		199709	0	4	2	19970818
		199710	0	4	2	19970916
		199711	0	4	2	19970819
		199712	0	8	2	19971208

注:成交量、交割量单位:手

各品种计价单位:元/吨

Continued 2

交割金额 Amount of Delivery	合约成交金额 Turnover of Contract	结算价 Clearing Price	交割率(%) Ⅰ	交割率(%) Ⅱ	交割率(%) Ⅲ
3498.66	779692.15	20460	1.20	4.03	0.01
5148.48	826293.94	20390	1.40	7.17	0.01
3789.44	600324.35	19840	1.36	9.45	0.01
6338.78	793629.71	18950	1.76	8.34	0.02
4659.30	209069.35	16700	5.35	17.20	0.04
1400.70	2638.55	20300	105.34	33.82	1.06
72.45	206.50	20700	70.00	9.21	0.70
913.07	7798.94	22826.69	22.47	20.30	0.23
713.22	11621.54	22642	12.14	18.42	0.12
511.45	14440.40	22730	7.04	18.15	0.07
239.92	13907.83	22850	3.53	14.38	0.03
572.42	39330.33	20085	3.39	22.98	0.03
184.37	33498.58	20485.71	1.25	7.14	0.01
192.67	26731.15	20281.82	1.65	7.66	0.01
19	14954.11	20000	0.30	1.03	0.00
190	15780.98	19000	0.26	1.37	0.02
68.20	15716.41	17050	1.05	7.27	0.01
51	4816	20200	2.09	7.81	0.02
0	9884	23212	0.00	0.00	0.00
55	8976	22539	1.16	5.56	0.01
0	8728	23000	0.00	0.00	0.00
	7640	23300			
0	1872	23400	0.00	0.00	0.00
0	111	23000	0.00	0.00	0.00
0	2363	20500	0.00	0.00	0.00
51	13944	20340	0.74	3.05	0.01
0	56090	21550	0.00	0.00	0.00
0	3397	18600	0.00	0.00	0.00
	328	20450			
	411	20550			
	103	20500			
0	81.498	0	0.00	0.00	0.00
0	80.106	0	0.00	0.00	0.00
0	287.622	0	0.00	0.00	0.00
0	770.424	0	0.00	0.00	0.00
0	1076.802	0	0.00	0.00	0.00
0	780.072	0	0.00	0.00	0.00
0	82.092	0	0.00	0.00	0.00
0	79.422	0	0.00	0.00	0.00
0	82.092	0	0.00	0.00	0.00
0	150.654	0	0.00	0.00	0.00

7－17　1997年建材及能源化工期货实物交割情况

品种 Item	交易所 Exchange	合约 Contracts	交割量 Volume of Delivery	合约成交量 Trading Volume of Contract	最高持仓量 High Open Positions	最高持仓日期 Date of High Open Positions
胶合板	SHCE	199701	16160	1807038	101599	19961118
		199703	85240	4780244	435144	19970129
		199705	13790	2678700	277242	19970418
		199707	4847	475652	80944	19970514
		199709	14480	292736	63576	19970816
		199711	5290	438278	125034	19971015
	SCE	199701	12110	200650	27542	19961128
		199703	6875	117086	16703	19970123
		199705	2560	30688	6352	19970324
		199707	2670	367167	54338	19970619
		199709	630	5729	1447	19970610
		199711	0	3682	7	19970820

Summary for Practical Delivery of Building Materials, Engery & Chemical Products in 1997

交割金额 Amount of Delivery	合约成交金额 Turnover of Contract	结算价 Clearing Price	交割率(%) I	交割率(%) II	交割率(%) III
13333	1485369.17	43.6	1.79	15.91	1.80
83065	4447624.02	53.8	3.57	19.59	3.74
11080	2318503.26	37.6	1.03	4.97	0.96
3674	387335.79	37.1	2.04	5.99	1.90
10948	223793.58	37.6	9.89	22.78	9.78
3831	331049.57	35.2	2.41	4.23	2.31
9310.17	157505.43	38.44	12.07	43.97	11.82
5380.38	96851.59	39.13	11.74	41.16	11.11
1922.56	25248.67	37.55	16.68	40.30	15.23
1961.92	298368.53	36.74	1.45	4.91	1.32
461.16	4654.29	36.6	21.99	43.54	19.82
0	2927.72	37	0.00	0.00	0.00

7－18　1997 年农产品期货合约月末结算价

品种 Item	交易所 Exchange	合约 Contracts	1 月 Jun.	2 月 Feb.	3 月 Mar.	4 月 Apr.
绿豆	BCE	113701	4410			
		113703	4506	4624	4658	
		113705	4624	5194	5572	5656
		113707	4606	5162	5672	5488
		113709	4256	4950	5698	5310
		113711	4520	4640	5400	4966
		113801			5330	5184
		113803			5304	5178
		113805				
		113807				
		113809				
		113811				
		113901				
	CZCE	199701	4678			
		199703	4764	4882	5078	
		199705	4926	4938	5122	4934
		199707	4942	4952	5206	5152
		199709	4982	5006	5220	5146
		199711	4902	4902	4958	4812
		199801		4924	4936	4800
		199803				4792
		199805				
		199807				
		199809				
		199811				
咖啡	CCFE	199703	2019	2072	1837	
		199705	2040	2317	2400	3150
		199707	2254	2203	2514	2199
		199709	2018	2099	2454	2145
		199712			2404	2109
		199803			2319	2152
		199805			2000	2100
可可	CCFE	199701	2150			
		199703	1300	1300	1300	
		199705	1205	1165	3265	3215
		199706			1200	1200
		199707			3300	3280
		199708			1200	1200

Clearing Price of Agricultural Product Contracts in 1997

5月 May	6月 June	7月 July	8月 Aug.	9月 Sept.	10月 Oct.	11月 Nov.	12月 Dec.
5390							
5506	4720	4000					
5480	5270	5276	5736	5972			
4814	4478	4696	4418	4244	3840	3800	
4988	4788	4926	5116	4752	4500	4696	4558
4980	4698	4866	5152	4698	4714	4704	4436
5108	4980	4924	5274	4822	4776	4724	4560
		4874	5300	5266	5056	4756	4532
					4880	4774	4606
							4870
5080							
5256	5210	3964					
5118	4930	4782	4382	4350			
4844	4564	4700	4866	4674	4534	4608	
4820	4582	4892	5126	4960	4656	4640	4714
4820	4588	4942	5226	5042	4708	4614	4570
	4602	4984	5260	5066	4810	4620	4588
			5194	4974	4706	4428	4492
					4748	4488	4572
							4500
3420							
2104	1329	1343					
2086	1558	1465	1003	1348			
2086	1591	1625	1063	1474	1430	1419	1419
1700	1655	1828	1251	1570	1714	1704	1704
2027	1890	1911	1867	1778	1778	1778	1778
3215							
1200	1200						
3280	3280	3280					
1200	1200	1200	1200				

续表 1

品种 Item	交易所 Exchange	合约 Contracts	1 月 Jun.	2 月 Feb.	3 月 Mar.	4 月 Apr.
可可	CCFE	199709				
		199710				
		199711				
		199712				
		199801				
		199803				
		199804				
		199805				
		199806				
		199807				
天然胶	CCFE	199701	11793			
		199703	12728	13601	12984	
		199704	12824	13142	11920	10940
		199705	13014	12983	12218	10552
		199706	13001	12948	12169	11068
		199708	12938	13081	12190	10749
		199709			12318	10744
		199710			12374	10908
		199711			12406	11161
		199801				
		199803				
		199804				
		199805				
		199806				
		199808				
		199809				
		199810				
		199811				
	SHCE	199701				
		199703				
		199704				
		199705				
		199706				12000
		199707				12050
		199708				10740
		199709				10760
		199710				11500
		199711				11500
		199712				
		199801				

Continued 1

5 月 May	6 月 June	7 月 July	8 月 Aug.	9 月 Sept.	10 月 Oct.	11 月 Nov.	12 月 Dec.
			1200	1200			
			1200	1200	1200		
			3210	3160	3160	3160	
			1200	1200	1200	1200	1200
			2023	1960	1960	1960	1960
						3200	3150
						1200	1200
						3200	3200
						1200	1200
						2000	2000
10460							
10225	10449						
11016	11176	12390	11160				
10474	10565	9242	8157	7632			
10502	10500	9140	8166	7727	7706		
10545	10540	9066	8301	7865	7216	7415	
			8637	8196	7412	7246	7386
			8900	8353	7628	7561	7542
			8650	8354	7701	7515	7536
			9000	8376	7697	7535	7423
						7579	7328
						7455	7300
						7680	7200
						7750	7548
						7905	7600
	10650						
		11450					
10460	10400	10060	10050				
10240	10150	9380	8470	8280			
	11000		8400	7740	7180		
	11000		8550	7880	7490	7500	
					7810	7390	7700
						7430	7400

续表 2

品种 Item	交易所 Exchange	合约 Contracts	1 月 Jun.	2 月 Feb.	3 月 Mar.	4 月 Apr.
天然胶	SHCE	199802				
		199803				
		199804				
		199805				
		199806				
棕榈油	CCFE	199702	6844	6869		
		199704	7095	6900	6900	7200
		199706	7335	7335	7535	7100
		199708	7700	7500	6500	7163
		199710			7300	7230
		199712			7300	7497
		199802				
		199804				
		199806				
		199808				
高粱	CUFE	199701	1372			
		199703	1210	857	771	
		199705	1380	1170	1151	869
		199707	1372	1212	1454	1384
		199709	1677	1755	1411	1234
		199711			1630	1382
		199801		1200	1210	1145
		199803				
		199805				
		199807				
		199809				
		199811				
玉米	CUFE	199803				
	DCE	9701	1650			
		9703	1150	1150	1200	
		9705	1080	1080	1085	1064
		9707	1101	1099	1123	1064
		9709	1100	1100	1100	1000
		9711	1150	1150	1150	1150
		9801	1000	1000	1000	1000
		9803			1150	1150
		9805				
		9807				

Continued 2

5月 May	6月 June	7月 July	8月 Aug.	9月 Sept.	10月 Oct.	11月 Nov.	12月 Dec.
						7660	7350
						7750	7310
						7900	7310
6350	6350						
7145	7072	7072	7072				
7579	7440	7640	7850	7450	7900		
7317	7500	7500	7500	7500	7500	7500	7500
			7500	7500	7400	7400	7400
			7500	7500	7500	7500	7502
			7500	7500	7500	7600	7600
			7500	7500	7500	7700	7700
954							
1039	957	840					
1186	1062	917	900	1210			
1199	1224	1363	1360	1745	1719	1667	
1173	1208	1288	1300	1746	1845	1893	2312
1184	1188	1316	1290	1725	1701	1312	1198
	1196	1309	1295	1710	1800	1413	1345
		1395	1390	1690	1636	1582	1514
				1690	1760	1588	1500
						1600	1550
						1400	
1038							
1050	996	1015					
1000	1000	1000	1000	1000			
1150	1150	1150	1150	1150	1150	1150	
1000	1000	1000	1250	1250	1274	1274	1274
1150	1150	1050	1200	1300	1261	1290	1290
1100	1100	1100	1100	1100	1100	1100	1100
		1100	1100	1293	1250	1310	1230

续表 3

品种 Item	交易所 Exchange	合约 Contracts	1 月 Jun.	2 月 Feb.	3 月 Mar.	4 月 Apr.
玉米	DCE	9809				
		9811				
菜籽粕	CUFE	199802				
		199804				
桐油	CUFE	199803				
豆粕	CZCE	199707	3100	3100	3100	3100
		199709	3400	3400	3400	3400
		199711	3100	3100	3100	3100
		199801				
		199803				
		199805				
		199807				
		199809				
		199811				
	GUFE	199703	2840	2880	2900	
		199704	2805	2700	2900	2980
		199708	2789	2885	3118	3388
		199710		2847	3107	3358
		199711		2855	3082	3323
		199712		2905	3048	3353
		199801				
		199803				
		199804				
		199808				
		199810				
		199811				
		199812				
	SCE	199704	2864	2870	3310	2750
		199705	2864	2852	2772	2778
		199710		2826	3055	3005
		199711			3007	3193
		199712				2841
		199801				
		199803				
		199804				
		199805				
		199806				
小麦	CZCE	199701	1536			
		199703	1616	1552	1500	
		199705	1666	1540	1504	1412
		199707	1606	1556	1564	1448
		199709	1618	1560	1580	1468
		199711	1708	1730	1624	1470
		199801		1676	1680	1496

Continued 3

5月 May	6月 June	7月 July	8月 Aug.	9月 Sept.	10月 Oct.	11月 Nov.	12月 Dec.
				1250	1250	1250	1250
						1314	1314
							1121
							998
							6960
3008	2878	2860					
3068	2900	2704	2666	2750			
3088	2960	2634	2614	2600	2650	2650	
3054	2882	2552	2592	2600	2592	2650	2680
3060	2888	2642	2628	2628	2628	2630	2560
	2928	2906	2806	2806	2806	2834	2650
			2706	2706	2760	2800	2620
					2700	2850	2850
							2800
3383	3146	3538	3255				
3303	3137	3121	3072	3012	2957		
3201	3119	3144	2991	2984	2943	2943	
3190	3130	3086	2995	2964	2815	2747	2760
				2759	2702	2703	2401
				2759	2710	2705	2519
					2726	2706	2523
						2704	2545
						2693	2546
						2670	2540
							2520
2750							
3049	3088	2969	3003	2785	2579		
2857	2860	2704	2879	2709	2574	2505	
2696	2530	2605	2698	2777	2658	2474	2470
	3100	3240	3143	3140	2598	2907	2776
					2800	2698	2687
				3000	2732	2684	2508
				2808	2814	2603	2493
				2975	2915	2901	2529
1250							
1332	1220	1382					
1354	1296	1382	1340	1400			
1430	1312	1430	1434	1474	1454	1430	
1494	1348	1500	1498	1550	1530	1462	1318

续表 4

品种 Item	交易所 Exchange	合约 Contracts	1 月 Jun.	2 月 Feb.	3 月 Mar.	4 月 Apr.
小麦	CZCE	199803				1614
		199805				
		199807				
		199809				
		199811				
大豆	DCE	9701	2889			
		9703	2925	3020	3031	
		9705	2945	3012	3171	3102
		9707	2981	3121	3299	3230
		9709	3025	3167	3310	3231
		9711	3019	3198	3296	3194
		9801	2995	3216	3276	3101
		9803			3298	3298
		9805				
		9807				
		9809				
		9811				
	SCOE	199701	3126			
		199703	3119	3111	3119	
		199705	3062	3130	3350	3397
		199707	3272	3254	3416	3339
		199709	3348	3322	3425	3383
		199711	3352	3332	3414	3392
		199801	3356	3346	3424	3403
		199803				3386
		199805				
		199807				
籼米	GUFE	199709				
	SCOE	199705				1986
		199709				2138
		199710				2221
		199712				
啤麦	SYCE	9701	2880			
		9703	2225	2107	2060	
		9707				
红小豆	TUFE	199701	5719			
		199703	6517	6546	6650	
		199705	6523	6291	5881	5868
		199707	6509	6249	5804	6042
		199709	6505	6234	5991	5667
		199711	6469	6181	6191	6178
		199801	6490	6240	6458	6415
		199803			6350	6301
		199805				
		199807				
		199809				
		199811				

注：各品种计价单位：元/吨

Continued 4

5月 May	6月 June	7月 July	8月 Aug.	9月 Sept.	10月 Oct.	11月 Nov.	12月 Dec.
1502	1368	1510	1536	1598	1572	1516	1390
	1396	1568	1556	1594	1598	1556	1446
			1518	1578	1584	1542	1466
					1596	1582	1506
							1488
3159							
3198	3013	3068					
3148	3090	3095	3133	3127			
3049	2951	2880	2855	3110	3140	3139	
2960	2844	2879	2786	2890	2867	2811	2613
3028	2817	2886	2789	2897	2865	2811	2697
2980	2870	2928	2847	2974	2919	2830	2781
		2978	2885	3076	2945	2863	2842
				3120	2983	2919	2919
						2941	2920
3327							
3248	3355	3447					
3331	3279	3190	3201	3260			
3357	3294	3166	3174	3216	3216	3219	
3342	3233	3159	3165	3193	3180	3005	3025
3357	3299	3151	3178	3211	3212	3015	3001
		3077	3112	3212	3220	3089	3022
						3124	3089
2293	2224	2095					
1905							
1962	1765	1990	2171	1866			
2209	1822	1639	1641	1642	1641		
2320	2320	2020	1980	2017	1970	1816	1855
	2134	2134					
5335							
5938	5159	4904					
5584	5154	4923	4730	4800			
5839	5469	5481	5619	5961	4829	4520	
6143	5513	5580	5939	6046	5749	6053	6357
6455	5833	4929	5874	6229	6211	6403	6304
6500	5413	4775	5914	6239	6238	6228	6380
		4950	4802	4946	5801	6226	6384
				4865	5605	6459	6297
							6268

7－19　1997年金属期货合约月末结算价

Clearing Price of Metal Product Contracts in 1997

品种 Item	交易所 Exchange	合约 Contracts	1月 Jun.	2月 Feb.	3月 Mar.	4月 Apr.	5月 May	6月 June	7月 July	8月 Aug	9月 Sept	10月 Oct	11月 Nov	12月 Dec.
铝	CQCE	199701	14600											
		199702	15300	15600										
		199703	15150	15500	15500									
		199704	15300	15900	16400	16400								
		199705			16400	16400	16400							
		199706						15100						
		199707												
		199708								14600				
		199709								14560	14290			
		199710								14770	14310	14100		
		199711								14700	14600	14000	14400	
		199712								14700	14680	14100	14300	14800
	SHME	199701	14660											
		199702	15270	15210										
		199703	15490	15820	15940									
		199704	15700	16160	16150	15410								
		199705	15850	16580	16410	15590	15290							
		199706		16730	16700	15900	15320	14530						
		199707			16850	16090	15300	13560	13470					
		199708					15690	13780	13870	14570				
		199709					15950	13910	13970	14530	14350			
		199710						13980	13970	14590	14400	14320		
		199711						14160	14000	14820	14500	13810	14240	
		199712							13990	14840	14710	13940	14300	14230
		199801									14790	14020	14310	13960
		199802									14800	14050	14320	14010
		199803										13960	14400	13970
		199804											14300	14030
		199805												13940
	SME	199701	14980											
		199702	15215	15060										
		199703	15410	15880	16260									
		199704	15660	16240	16120	14880								
		199705	15820	16550	16380	15450	15200							
		199706	15950	16820	16620	15640	15100	13920						
		199707		16910	16780	15980	15200	13670	13630					
		199708		16320	16760	16130	15280	13780	13890	14640				
		199709					15380	13920	13970	14660	14550			
		199710						13920	14010	14750	14580	14500		
		199711						14040	14010	14860	14740	13980	14490	
		199712						14010	14090	14890	14840	14080	14310	14150
		199801							14260	14940	14890	14130	14260	13920
		199802									14940	14230	14320	13960
		199803										14350	14380	13950
		199804											14530	13930
		199805											14350	13900
		199806												13800
		199807												13810
	TUFE	199703			16633									

续表 1 Continued

品种 Item	交易所 Exchange	合约 Contracts	1 月 Jun.	2 月 Feb.	3 月 Mar.	4 月 Apr.	5 月 May	6 月 June	7 月 July	8 月 Aug	9 月 Sept	10 月 Oct	11 月 Nov	12 月 Dec.
铝	TUFE	199704		16096	16213	15599								
		199705		16417	16378	15800	15339							
		199706		16544	16641	16053	15101	14467						
		199707		16480	16801	16109	15123	13589	13158					
		199708		16500	16700	16161	15177	13795	13800	14651				
		199709				16175	15320	13943	13961	14519	14332			
		199710				16150	15425	13901	13863	14519	14307	14249		
		199711					15300	13945	13928	14691	14514	13988	14044	
		199712						13970	14032	14705	14513	14040	14036	13854
		199801							13985	14815	14537	14075	14107	13955
		199802								14730	14785	14395	14221	13938
		199803									14915	14430	14442	13999
		199804										14574	14450	14054
		199805											14310	14039
		199806												14050
铜	CQCE	199701	20520											
		199702	21100	21690										
		199703	21250	22590	22630									
		199704	21130	22960	23220	22600								
		199705	21040	23470	23340	23050	23170							
		199706	21050	23520	23590	23250	23020	22500						
		199707	21100	23490	23790	23380	23200	21190	19740					
		199708		23500	23770	23510	23370	21400	20580	20300				
		199709				23520	23420	21550	20300	20400	20410			
		199710				23550	23410	21690	20520	20560	20310	20090		
		199711						21710	20460	20530	20420	19000	18700	
		199712						23000	20460	20350	20500	19000	18610	17120
		199801							20510	20380	20570	19010	18740	16720
		199802								20590	20600	19100	18850	17030
		199803									20640	19240	18950	17250
		199804										19350	19000	17230
		199805											19100	17230
		199806												17280
	SHME	199701	21100											
		199702	21470	22490										
		199703	21480	23220	23100									
		199704	21490	23540	23500	23210								
		199705	21460	23690	23600	23510	23020							
		199706	21460	23690	23790	23610	22990	22530						
		199707	21460	23650	23950	23650	23280	21720	20370					
		199708	21860	23650	23950	23640	23500	21940	20540	20710				
		199709			23900	23620	23690	22060	20600	20500	20410			
		199710			23800	23550	23710	22170	20700	20540	20380	19880		
		199711					23700	22170	20730	20520	20530	19010	18720	
		199712						22170	20740	20520	20660	19000	18610	17070
		199801							20770	20510	20710	18990	18700	16860
		199802							20900	20650	20740	19100	18730	16940
		199803									20750	19190	18780	16890
		199804									20810	19310	18840	16940
		199805										19350	18900	16950
		199806											19000	16950
		199807											19500	17220

续表 2 Continued

品种 Item	交易所 Exchange	合约 Contracts	1月 Jun.	2月 Feb.	3月 Mar.	4月 Apr.	5月 May	6月 June	7月 July	8月 Aug	9月 Sept	10月 Oct	11月 Nov	12月 Dec.
铜	SME	199701	21090											
		199702	21360	22280										
		199703	21480	23270	23240									
		199704	21520	23540	23400	22830								
		199705	21490	23720	23530	23310	23000							
		199706	21530	23740	23810	23470	23020	22530						
		199707	21640	23690	23970	23590	23220	21730	20380					
		199708		23680	23970	23650	23420	21910	20600	20460				
		199709				23660	23620	22040	20590	20470	20390			
		199710				23600	23610	22070	20660	20500	20340	19840		
		199711					23630	22130	20670	20530	20540	18900	18950	
		199712						20825	20520	20640	18930	18510	16700	
		199801								20590	20650	19060	18650	16860
		199802									20680	19160	18720	16890
		199803										19200	18800	16980
		199804											18890	17040
		199805											19000	17010
		199807												17100
	SYCE	9701	20300											
		9702	20700	20700										
		9703	21350	22720	22826									
		9704	21355	23117	22810	22642								
		9705	21362	23627	23633	23200	22730							
		9706	21600	23657	23800	23425	23023	22850						
		9707	21350	23657	23865	23555	23300	21766	20085					
		9708		23650	23849	23570	23390	22066	20800	20485				
		9709			23450	23424	23571	22170	20600	20000	20281			
		9710				23600	23378	22296	20800	20050	20200	20000		
		9711					23200	22300	20839	20741	20350	20200	19000	
		9712							20950	20369	20410	19000	18500	17050
		9801							20207	20456	20510	19300	18536	17000
		9802								19500	20150	19450	18620	16660
		9803										19500	18780	17000
		9804											18882	16932
		9805											18850	16983
		9806												17100
	TUFE	199701	20200											
		199703	21440	22800	23212									
		199704	21501	23000	23000	22539								
		199705	21550	23150	23100	23000								
		199706	21530	23300	23880	22330	23300							
		199707	21500	21500	22800	23400								
		199708	21100	21100	22380	23000								
		199709								20500	20500			
		199710								20815	20500	20340		
		199711								20922	20700	20600	21550	
		199712								20500	20600	21100	18600	
		199801								20600	20450	20450	20450	20450
		199803								20800	20550	20550	20550	20550
		199804									20500	20550	20500	20500
锡	SME	199709							52500					

注：各品种计价单位:元/吨

7－20　1997年建材及能源化工期货合约月末结算价

Clearing Price of Building Materials, Engery & Chemical Product Contracts in 1997

单位:元　(Unit: Yuan)

品种 Item	交易所 Exchange	合约 Contracts	1月 Jun	2月 Feb	3月 Mar	4月 Apr	5月 May	6月 June	7月 July	8月 Aug	9月 Sept	10月 Oct	11月 Nov	12月 Dec.
胶合板	SHCE	199701	43.6											
		199703	48.5	51.6	53.8									
		199705	43.1	43.4	43	38	37.6							
		199707	43.1	43.8	43.2	41.7	38.7	37.2	37.1					
		199709			43.8	42.5	41.4	39.7	37.1	37.5	37.6			
		199711			43.7				38.2	37.8	38.7	35.3	35.2	
		199801									38.1	36.6	35.3	37.9
		199803			42.4		43.5	44.8	44.8	44.8	44.4	38.3	35.7	35.7
		199805						43	43		41.7		43	31.6
		199807											42.5	42.1
		199809												42.1
		199811												
	SCE	199701	38.44											
		199703	39.74	39.84	39.13									
		199705	41.68	41.82	40.94	39.44	37.55							
		199707	42.06	43.1	41.94	41.98	41.48	37.83	36.74					
		199709	44.1	43.87	45.2	40.84	39.2	40.1	38.06	36.69	36.6			
		199711				39	40.2	39.79	40.36	42	40.79	38.5	37	
		199801					39	36.79	34	33.52	32.86	32.93	31	34.1
		199803								46.3	47.13	42.4	42.05	37.39
		199805									41.9	49.4	47.5	43.6
		199807											32.6	32.61

7－21 1997年农产品期货合约汇总

品种 Items	交易所 Exchanges	交易单位 Trading Unit	最小变动价位 Tick	停牌涨跌 * Daily Price Limit	合约月份 Contract Months
菜籽粕	CUFE	5吨/张	1元/吨	±3%	4、6、8、10、12
大豆	DCE	10吨/张	1元/吨	±90元/吨	1、3、5、7、9、11
	SCOE	5吨/张	1元/吨	±100元/吨	1、3、5、7、9、11
	TUFE	10吨/张	1元/吨	±3%	1、3、5、7、9、11
豆粕	CZCE	10吨/张	20元/张	±800元/吨	1、3、5、7、9、11
	GUFE	10吨/张	1元/吨	±3%	1、3、4、8、10、11、12
	SCE	10吨/张	1元/吨	±3%	1、3、4、5、6、10、11、12
干海带	DCE	10吨/张	2元/吨	±3%	1、3、5、7、9、11
高粱	CUFE	5吨/张	1元/吨	±3%	1、3、5、7、9、11
	SYCE	10吨/张	1元/吨	±60元/吨	1、3、5、7、9、11
红麻	SCOE	5吨/张	1元/吨	±160元/吨	1、3、5、7、9、11
红小豆	SCOE	5吨/张	1元/吨	±120元/吨	1、3、5、8、11
	TUFE	6吨/张	1元/吨	±3%	1、3、5、7、9、11
花生仁	BCE	4吨/张	2元/吨	±150元/吨	1、3、5、7、9、11
	CZCE	10吨/张	20元/张	±800元	1、3、5、6、11
	SYCE	5吨/张	1元/吨	150元/吨	2、4、6、8、10、12
黄麻	SCOE	5吨/张	1元/吨	±160元/张	1、3、5、7、9、11
咖啡	CCFE	1吨/张	1元/百公斤	±10元/吨	3、5、7、9、12
可可	CCFE	1吨/张	1元/百公斤	±50元/吨	3、4、5、6、7、8、9、10、11、12

Summary for Agricultural Product Contracts in 1997

最后交易日 Last Day of Trading	标准等级 Basic Grade	交割日期 Delivery Date	交割地(城市名) Delivery Point	保证金 Margin Requirements
交割月份的第三个星期一	标准品:二级饲料用菜籽粕,替代品:一级.三级饲料用菜籽粕,质量符合GB10375-89	交割月份的第一个交易日至第四个星期二	联交所指定仓库	5%
合约月份第十个交易日	GB1352-86 三等黄大豆	最后交易日后第七日	大连	1600 元/张
合约月份 15 日	一等	最后交易日后第三个营业日起的五个营业日	上海、昆山、嘉善、南京、大连	800 元/张
交割月 20 日	GB1352-86	交割月 25—28 日	本所指定交割库	合约成交额的 5%
交割月最后交易日往回数第七个交易日	国标二等饲料用大豆粕	交割月份第一个交易日至最后交易日	郑州、开封、大连、济宁、青岛	成交金额的 5%
到期月份的 20 日	一级豆粕	最后交易日后的连续三个工作日	广州	5%
10 日	一级	13 天	上海,苏州,大连	5%
合约月份第十个交易日	SG17-81 二级淡干海带	最后交易日第七日	大连	以结算价计算成交金额的 5%
交割月份的第三个星期一	标准品:二等高粱;替代品:一等,三等高粱质量符合 GB8321-87	交割月份的第一个交易日至第四个星期二	联交所指定仓库	不低于成交金额的 5%
合约到期月份的 15 日	二等红高粱,替代品:一等红高粱	最后交易日的次日至当月的 20 日	沈交所指定仓库	800 元/张
合约月份 15 日	二等	最后交易日后第三个营业日起的五个营业日		
合约月份 15 日	二等	最后交易日后第三个营业日起的五个营业日	上海、昆山、嘉善	450 元/张
交割月 20 日	天津红特定标准	交割月 25—28 日	本所指定交割库	合约成交金额的 5%
合约到期月份的 20 日	GB1533-86 规定三等花生仁	最后交易日后第五营业日	北京,济南,烟台,临沂,荷泽	成交金额的 5%
交割月最后交易日往回数第七个交易日	国标三等花生仁	交割月份的第一个交易日至最后交易日	驻马店、浚县、邓州、商丘、齐河、唐山、南阳、南召、开封、郑州、济宁、杭州、沈丘、周口、陕西	成交金额的 5%
合约到期月份的 15 日	三等花生仁,替代品:一、二、四、五等花生仁	最后交易日的次日至当月的 20 日	沈交所指定仓库	1000 元/张
合约月份 15 日	二等	最后交易日后第三个营业日起的五个营业日		
交割月份的第三个星期一	符合海南中商期货交易所的咖啡豆质量标准的中粒种一级生咖啡豆,中粒种优级、二级、三级生咖啡豆及小粒种优级、一级、二级、三级?	交割月份的第一个交易日至第四个星期二	海口、昆明、上海	5%
交割月份的第三个星期一	国标 ISO 规定的一级可可豆质量标准的马来西亚、非洲产可可豆	交割月份的第一个交易日至第四个星期二	海口、昆明、上海	5%

续表 1

品种 Items	交易所 Exchanges	交易单位 Trading Unit	最小变动价位 Tick	停牌涨跌 * Daily Price Limit	合约月份 Contract Months
绿　豆	BCE	10 吨/张	2 元/吨	±120 元/吨	1、3、5、7、9、11
	CZCE	10 吨/张	20 元/张	±1200 元/张	1、3、5、7、9、11
	SCOE	5 吨/张	1 元/吨	±120 元/吨	1、4、6、7、9、11
啤　麦	CCFE	10 吨/张	1 元/吨	每吨价格在上一交易日结算价±70 元内	1、3、5、7、9、11
	SCOE	5 吨/张	1 元/吨	±70 元/吨	1、3、5、8、10、12
	SYCE	10 吨/张	10 元/吨	80 元/吨	1、3、5、7、9、11
天然胶	CCFE	5 吨/张	5 元/吨	±400 元/吨	1、3、4、5、6、8、9、10、11
	SHCE	1 吨/张	10 元/张	±3%	每年 1—12 月(农历春节月份除外)
桐　油	CUFE	1 吨/张	5 元/吨	同上	1、3、5、7、9、11
小　麦	CUFE	5 吨张	1 元/吨	同上	2、4、6、8、10、12
	CZCE	10 吨/张	20 元/张	±400 元	1、3、5、7、9、11
	SCOE	5 吨/张	1 元/张	±60 元	1、3、5、7、9、11

Continued 1

最后交易日 Last Day of Trading	标准等级 Basic Grade	交割日期 Delivery Date	交割地(城市名) Delivery Point	保证金 Margin Requirements
合约到期月份的 20 日	GB10462-89 规定二等杂绿豆	最后交易日后第五营业日	北京	成交金额的 5%
交割月最后交易日往回数第七个交易日	国标二等杂绿豆	交割月份第一个交易日至最后交易日	驻马店、浚县、郑州、商丘、齐河、唐山、南阳、南召、开封、郑州、济宁、杭州、沈丘、周口、陕西、通辽	成交金额的 5%
合约月份 15 日	2	最后交易日后第三个营业日起的五个营业日	上海、昆山、嘉善	450 元/张
同上	符合 GB7416-87 优级啤酒大麦标准(二棱)的澳麦(加拿大、欧洲、国产大麦可升贴水替代交割)	同上	上海、广州、青岛、天津、大连	5%
合约月份 15 日		最后交易日后第三个营业日起的五个营业日		500 元/张
合约到期月份的 18 日	澳大利亚产二棱啤酒大麦,替代品有加拿大(二棱)、法国产啤酒大麦和符合国标 BG 7416—87《啤酒大麦》规定的一级以上品级的新疆、甘肃产二棱啤酒大麦	最后交易日以后的连续 4 个营业日	大连、天津、青岛、烟台、沈阳	1200 元/张
交割月最后营业日往回数第十个营业日	符合 GB8081-87 国产一级标准胶(SCR5)、进口 3 号烟胶片 RSS3(绿皮书标准)	交割月最后营业日往回数第三个营业日	海口、昆明、湛江、青岛、天津、上海	8% (见注)
合约月份 15 日(遇国家法定节假日顺延)	1. 国产一级标准胶 SCR5 符合国家标准 GB8081-8090-87,进口烟片胶 RSS3 符合《天然橡胶等级的品质与包装国际标准(绿皮书)》(1979)	合约月份的 25—27 日	上海,海口	按持仓合约金额的 5%(按当日的结算价计算)
交割月份的第三个星期一	标准品:二级桐油。替代品:一等、三等桐油,质量符合 GB8277-87	交割月份的第一个交易日至第四个星期二	联交所指定仓库	不低于成交金额的 5%
交割月份的第三个星期一	标准品:二等小麦。替代品:一等、三等小麦,质量符合 GB1351-86	交割月份的第一个交易日至第四个星期二	联交所指定仓库	不低于成交金额的 5%
交割月最后交易日往回数第七个交易日	北方三等硬冬白麦	交割月份的第一个交易日至最后交易日	驻马店、浚县、郑州、商丘、齐河、唐山、南阳、南召、开封、郑州、济宁、杭州、沈丘、周口、静海、天津、北京、陕西	5%
合约月份 15 日	三等	最后交易日后第三个营业日起的五个营业日	上海、昆山、嘉善	250 元/张

续表 2

品种 Items	交易所 Exchanges	交易单位 Trading Unit	最小变动价位 Tick	停牌涨跌 * Daily Price Limit	合约月份 Contract Months
玉　米	BCE	10 吨/张	1 元/吨	±40 元	1、3、5、7、9、11
	CUFE	5 吨/张	1 元/吨	±3%	1、3、5、7、9、11
	CZCE	10 吨/张	20 元/张	±400	1、3、5、7、9、11
	DCE	10 吨/张	1 元/吨	每吨不高于或低于上一交易日结算价 50 元	1、3、5、7、9、11
	SCOE	5 吨/张	1 元/吨	±60 元	3、5、7、9、12
棕榈油	CCFE	5 吨/张	5 元/吨	每吨价格在上一交易日结算价±200 元内	2、4、6、8、10、12
籼　米	CUFE	5 吨/张	1 元/吨	±3%	1、3、5、9、10、11
	GUFE	10 吨/张	1 元/吨	±3%	1、3、5、9、11
	SCOE	5 吨/张	1 元/吨	±60 元/吨	1、3、4、5、9、10、12

* 停牌涨跌指不高于（+）或低于（-）上一交易日结算价的幅度。

注：本所为进一步加强持仓保证金的管理，对橡胶、棕榈油的持仓保证金按如下办法执行：

一、某月份合约非交割月持仓保证金按市场持仓总量（双边）分阶段收取。

该月份合约全部持仓在上一阶段保证金率基础上提高的百分点（%）	某月份合约非交割月市场持仓总量（M）
2	10 万手<M<12 万手
2	12 万手<M<14 万手
3	14 万手<M<16 万手
3	16 万手<M<18 万手
3—50	18 万手<M

二、某月份合约交割月前一月及交割月持仓保证金按交易日分阶段收取。

该月份合约的持仓保证金率（%）	提高保证金起始日
10	交割月前一月第 8 个交易日
15	交割月前一月第 15 个交易日
20	交割月第 1 个交易日
30	交割月第 5 个交易日

Continued 2

最后交易日 Last Day of Trading	标准等级 Basic Grade	交割日期 Delivery Date	交割地(城市名) Delivery Point	保证金 Margin Requirements
合约到期月份的20日	GB1353-86 规定二等黄玉米	最后交易日后第五营业日	北京	5%
交割月份的第三个星期一	标准品：二等黄玉米，替代品：一等、三等黄玉米，质量符合GB1353-86	交割月份的第一个交易日至第四个星期二	联交所指定仓库	不低于成交金额的5%
交割月最后交易日往回数第七个交易日	国标二等黄玉米	交割月份第一个交易日至最后交易日	驻马店、浚县、邓州、商丘、齐河、唐山、南阳、南召、开封、郑州、济宁、杭州、沈丘、周口、陕西	20%
合约月份第十个交易日	GB1353-86 二等黄玉米	最后交易日后第七日	大连	3200元/张
合约月份15日	二等	最后交易日后第三个营业日起的五个营业日	上海、昆山、嘉善	250元/张
交割月最后营业日往回数第十个营业日	符合马来西亚炼油商协会贸易价格	交割月最后营业日往回数第三个营业日	上海、广州、天津	5% （见注）
交割月份的第三个星期一	标准品：一等中/晚籼米。替代品：特等/中/晚籼米，质量符合GB1354-86	交割月份的第一个交易日至第四个星期二	联交所指定仓库	不低于成交金额的5%
到期月份的20日	标准一等中/晚籼米	最后交易日后的连续三个工作日	广州	5%
合约月份15日	一等	最后交易日后第三个营业日起的五个营业日	上海、昆山、嘉善、南京、武汉、岳阳、怀化、芜湖、樟树	650元/张

7－22　1997 年金属期货合约汇总

品种 Items	交易所 Exchanges	交易单位 Trading Unit	最小变动价位 Tick	停牌涨跌 * Daily Price Limit	合约月份 Contract Months
硅　铁	TUFE	50 吨/张	10 元/吨	±3%	1、3、4、5、6、7、8、9、10、11、12
铝	CQCE	手(5 吨)	10 元/吨	±500 元/吨	12 个月
	GUFE	5 吨/张	10 元/吨	±3%	12 个月
	SHME	5 吨/张	10 元/吨	±3%	12 个月
	SME	5 吨/手	10 元/吨	±3%	12 个月
	TUFE	5 吨/张	10 元/吨	±3%	12 个月
镍	CQCE	手(2 吨)	10 元/吨	±1800 元/吨	12 个月
	SHME	3 吨/张	10 元/吨	±2%	12 个月
	SME	2 吨/手	10 元/吨	±3%	12 个月
铅	CQCE	手(5 吨)	10 元/吨	±150 元/吨	12 个月
	SHME	5 吨/张	10 元/吨	±3%	12 个月
	SME	5 吨/手	10 元/吨	±3%	12 个月
铜	BCE	5 吨	10 元/吨	±2%	12 个月
	CQCE	手(5 吨)	10 元/吨	±800 元/吨	12 个月
	SHME	5 吨/张	10 元/吨	±3%	12 个月
	SME	5 吨/手	10 元/吨	±3%	12 个月
	SYCE	5 吨/张	1 元/吨	±600 元/吨	12 个月
	TUFE	5 吨/张	10 元/吨	±3%	1、3、4、5、6、7、8、9、10、11、12
锡	CQCE	手(2 吨)	10 元/吨	±1500 元/吨	12 个月
	SHME	2 吨/张	10 元/吨	±2%	12 个月
	SME	2 吨/手	10 元/吨	±3%	12 个月
锌	CQCE	手(5 吨)	10 元/吨	±250 元/吨	12 个月
	SHME	5 吨/张	10 元/吨	±3%	12 个月
	SME	5 吨/手	10 元/吨	±3%	12 个月
铸造生铁	TUFE	50 吨/张	5 元/吨	±3%	1、3、4、5、6、7、8、9、10、11、12

*　停牌涨跌指高于或低于上一结算价的幅度。

Summary for Metal Product Contracts in 1997

最后交易日 Last Day of Trading	标准等级 Basic Grade	交割日期 Delivery Date	交割地(城市名) Delivery Point	保证金 Margin Requirements
交割月 15 日	指定生产厂产品	交割月 20—24 日	本所指定交割库	5%
合约到期月份的 15 日	AOO 铝	15—25 日	重庆,成都,上海	5%
到期月份的 10 日	国标 1196-88	到期月份的 11—16 日	广州	5%
合约到期月份的 15 日	1. GB/T1196-93 规定的 AL99.70	合约到期月份的 16 日—20 日	上海	5%
合约到期月份的 20 日	GB/T1196-93	合约到期月份 21—25 日	广州 南海	5%
交割月 15 日	指定牌号产品	交割月 20—24 日	本所指定交割库	5%
合约到期月份的 15 日	一号镍	15—25 日	重庆,成都,上海	5%
合约到期月份的 15 日	GB6516-86 规定的一号镍	合约到期月份的 16 日—20 日	上海	5%
合约到期月份的 20 日	GB6515-86	合约到期月份 21—25 日	广州 上海	5%
合约到期月份的 15 日	一号铅	15—25 日	重庆,成都,上海	5%
合约到期月份的 15 日	1. GB469-83 规定的一号铅	合约到期月份的 16 日—20 日	上海	5%
合约到期月份的 20 日	GB469-83	合约到期月份 21—25 日	广州 上海 天津	5%
合约到期月份的 10 日	GB467-82 规定精炼铜	最后交易日后第五营业日	天津,北京,上海	5%
合约到期月份的 15 日	一号铜	15—25 日	重庆,成都,昆明,上海	5%
合约到期月份的 15 日	1. GB466-82, GB467-82 规定的一号铜	合约到期月份的 16 日—20 日	上海	5%
合约到期月份的 20 日	GB467-82	合约到期月份 21—25 日	上海 广州	5%
合约到期月份的 18 日	一号电铜,其等级必须符合 GB466—82、GB467—82 的规定	合约到期月份的最后交易日的次日至 23 日	沈阳	5000 元/张
交割月 15 日	指定 1# 电解铜	交割月 20—24 日	本所指定交割库	5%
合约到期月份的 15 日	一号锡	15—25 日	重庆,成都,上海	5%
合约到期月份的 15 日	1. GB728-84 规定的一号锡	合约到期月份的 16 日—20 日	上海	5%
合约到期月份的 20 日	GB728-84	合约到期月份 21—25 日	广州 上海	5%
合约到期月份的 15 日	一号锌	15—25 日	重庆,成都,上海	5%
合约到期月份的 15 日	GB470-83 规定的一号锌	合约到期月份的 16 日—20 日	上海	5%
合约到期月份的 20 日	GB470-83	合约到期月份 21—25 日	广州 上海 天津	5%
交割月 15 日	指定生产厂产品	交割月 20—24 日	本所指定交割库	5%

7－23　1997年建材及能源化工期货合约汇总

品种 Items	交易所 Exchanges	交易单位 Trading Unit	最小变动价位 Tick	停牌涨跌 Daily Price Limit	合约月份 Contract Months
白松加工用原木	SYCE	50立方米/张	1元/立方米	50元/吨	2、4、6、8、10、12
纯碱	BCE	10吨/张	2元/吨	±60元/吨	12个月
浮法玻璃	CZCE	50箱	20元/张	±150元/张	1、3、5、7、9、11
胶合板	BCE	400张/张	10元/100张	±150元/100张	2、4、6、8、10、12
	CZCE	200片/张	20元/张	±400元/张	1、3、5、7、9、11
	SCE	200张/张	0.1元/张	±3%	1、3、5、7、9、11
	SHCE	200片/张	20元/张	±3%	每年1、3、5、7、9、11月(农历春节月份除外)
津胶板	TUFE	200片/张	5分/片	±3%	1、3、5、7、9、11
聚丙烯	BCE	10吨/张	5元/吨	±250元/吨	12个月
落叶松加工用木	SYCE	50立方米/张	1元/立方米	40元/吨	3、4、6、8、10、12
棉纱	CZCE	1吨/张	20元/张	±600元/张	3、6、8、10、12
水泥	CZCE	50吨/张	20元/张	±300元/张	1、3、5、7、9、11
水曲柳加工用木	SYCE	50立方米/米	1元/立方米	80元/吨	2、4、6、8、10、12
烟片胶	BCE	10吨/张	10元/吨	±400元/吨	2、4、6、8、10、12

Summary for Building Material, Energy & Chemical Product Contracts in 1997

最后交易日 Last Day of Trading	标准等级 Basic Grade	交割日期 Delivery Date	交割地(城市名) Delivery Point	保证金 Margin Requirements
合约到期月份的15日	标准品:检尺径24—28CM二等材,替代品:检尺寸24—28CM一等材,检尺径30CM以上的一、二等材	合约到期月份的最后交易日的次日至20日	东北木材、沈阳木材公司	3500元/张
合约到期月份的15日	质量符合GB210-92之纯度在99%以上的纯碱	最后交易日后第五营业日	天津,北京	5%
交割月最后交易日往回数第七个交易日	国标5毫米一级品	交割月份第一个交易日至最后交易日	郑州	5%
合约到期月份的15日	质量符合JPIC(1968)的D/BB级和D/CC级且各占50%的1220mm*2400mm*(2.7—3.2)mm(三层)印尼产胶合板	最后交易日后第五营业日	天津,北京	5%
交割月最后交易日往回数第四个交易日	符合JPIC标准BB级或CC级,柳桉木印尼产	交割月份最后交易日一次完成	郑州、上海	5%
25日	印尼,马来西亚	28日	上海,苏州,宁波	5%
合约月份15日(遇国家法定节假日顺延)	1. 以2.7—3.2mm(三层)×1220mm×2440mm(BB级、CC级)印尼产胶合板为标准品,替代品及升贴水标准按交易所规定执行 2. 质量标准符	合约月份的25—27日	上海,宁波	5%
交割月20日	本所指定标准品	交割月25—28日	本所指定交割库	5%
合约到期月份的15日	质量符合GB12670-90的挤出扁丝类PPH-T-022合格品质量指标	最后交易日后第五营业日	天津,北京	5%
合约到期月份的15日	标准品:检尺径24—28CM二等材,替代品:检尺寸24—28CM一等材,检尺径30CM以上的一、二等材	合约到期月份的最后交易日的次日至20日	东北木材、沈阳木材公司	3000元/张
交割月最后交易日往回数第七个交易日	国标本色棉纱线32支普梳筒子单纱一等一级	交割月份第一个交易日至最后交易日	郑州	7%
交割月最后交易日往回数第七个交易日	国标475号普通硅酸盐水泥	交割月份第一个交易日至最后交易日	郑州	5%
合约到期月份的15日	标准品:检尺径24—28CM二等材,替代品:检尺寸24—28CM一等材,检尺径30CM以上的一、二等材	合约到期月份的最后交易日的次日至20日	东北木材、沈阳木材公司	5000元/张
合约到期月份的15日	质量符合国际标准规定的进口烟片胶(三号)	最后交易日后第五营业日	天津,北京	5%

7-24 1997年农产品期货交割仓库明细

品种 Items	交易所 Exchanges	交割仓库 Delivery Points	库容 Volume
绿豆	BCE	马连道粮食仓库	350000
		北京市永定门粮食仓库	300000
		国家粮食储备三河储备库	200000
		北京市东郊粮食仓库	200000
		牛栏山国家粮食储备库	100000
		阿旗天山国家粮食储备库	100000
		江苏徐州国家粮食储备库	150000
		内蒙古白塔粮库	200000
		黑龙江省二三二库	160000
		浙江省镇海港中转粮库	80000
		辽宁建平库	30000
	SCOE	上海市第五粮食仓库	130000
		上海市第七粮食仓库	186000
		上海良华实业股份有限公司郧桥仓库	120000
		江苏昆山市粮油经营公司仓库	33000
		浙江省粮食批发市场嘉善开发服务公司仓库	60000
	CZCE	驻马店国家粮食储备库	65000
		浚县国家粮食储备库	60000
		邓州国家粮食储备库	75000
		商丘国家粮食储备库	90000
		齐河国家粮食储备库	75000
		唐山国家粮食储备库	55000
		南阳国家粮食储备库	76000
		南召1605河南粮食储备库	50000
		开封国家粮食储备库	50000
		河南国家粮食储备库	65000
		济宁国家粮食储备库	N
		杭州南星桥国家粮食储备库	N
		沈丘纸店国家粮食储备库	90000
		周口国家粮食储备库	65600
		陕西国家粮食储备库	75000
		哲里木盟通辽北粮食仓库	N

Summary Delivery Points of Agricultural Products in 1997

库容单位：吨

地　址 Address	电　话 Telephone No.	本年总交割量 Volume of Delivery
北京市宣武区马连道 18 号	010-63267248	9000
北京市崇文区永定门外大街 101 号	010-67211122 转 8508、8509	2000
河北三河市亚都宾馆 B22 房间	0316-3219475	10000
北京市朝阳区百子湾路 5 号	010-67783431 转 3114	3000
北京顺义县牛栏山镇	010-69411354	0
	0476-7212908、9020200	0
徐州市下淀路 174 号	0516-7773810 转 250	0
呼和浩特市新城区东门外河西路	0471-4941685	0
富拉尔基区	0452-6912252 转粮办	0
镇海城关后海塘	0574-6266995	0
辽宁建平县(叶柏寿)	0316-3219475	0
上海市军工路 2390 号	021-65484575	0
上海市通海路 255 号	021-64502876	0
上海市奉贤县邬桥镇	021-57401508	0
江苏昆山市亭林路 39 号	0520-7550403	0
浙江嘉善商城银粮大厦	0573-4122131	0
河南驻马库练江路 1 号	0396-2911974	N
鹤壁火车站	0392-3312317	N
邓州新华西路 103 号	0377-2126968	N
商丘凯旋南路 68 号	0370-2212424	N
齐河县府大街 27 号	05440-3213291	N
唐山开平区银河路南段	0315-3271477	N
南阳建设西路 87 号	0377-3551268	N
南阳云阳镇	03877-661859	N
开封杏花营	0378-3931950	N
郑州郑汴路 624 号	0371-5811124	N
济宁车站路 83 号	0537-2213277	N
杭州凤山路 137 号	0571-6051011	N
河南纸店镇		N
周口货场南路 1 号	0394-8238851	N
西安丰禾路 56 号	029-4248149	N
内蒙通辽	0475-8610939	N

续表 1

品种 Items	交易所 Exchanges	交 割 仓 库 Delivery Points	库 容 Volume
玉米	BCE	北京市永定门粮食仓库	300000
		北京市东郊粮食仓库	200000
		牛栏山国家粮食储备库	100000
		北京东北郊粮食仓库	N
	DCE	大连市第一粮食储运公司	180000
		大连市第二粮食储运工业公司仓储库	180000
		大连市第三粮食储运公司	180000
		大连粮食进出口接运总公司储运公司	180000
		大连商业转运公司	180000
		大连开发区吉祥物资储运公司	180000
		辽宁黑山粮食局大连仓库	180000
		大连震强仓储公司	180000
		大连中商接运公司仓储库	180000
		辽宁省粮油进出口公司综合库	180000
		黑龙江省粮食局大连中转站仓库	180000
		吉林粮油驻大连办事处中转站	180000
		大连金丰储运公司	180000
		大连聚兴仓储有限公司	180000
		大连金信仓储库	180000
		湾港储运公司和尚岛仓储库	180000
		黑龙江省粮油物资大连仓库	180000
		大连顺成服务公司	180000
		黑龙江省粮油食品进出口公司大连分公司	180000
		大连北海储运有限责任公司	180000
		黑龙江农垦外贸大连仓储库	180000
		大连铁道实业公司周水子南库	180000
		大连益发储运有限公司	180000
	SCOE	上海市第五粮食仓库	130000
		上海市第七粮食仓库	186000
		上海良华实业股份有限公司郊桥仓库	120000
		江苏昆山市粮油经营公司仓库	33000
		浙江省粮食批发市场嘉善开发服务公司仓库	60000
	CZCE	驻马店国家粮食储备库	65000

Continued 1

地　址 Address	电　话 Telephone No.	本年总交割量 Volume of Delivery
北京市崇文区永定门外大街 101 号	010-67211122 转 8508、8509	0
北京市朝阳区百子湾路 5 号	010-67783431 转 3114	0
北京顺义县牛栏山镇	010-69411354	0
北京市朝阳区将台路 14 号	010-646663331 转 235	0
大连市甘井子区金三角广场 15 号	0411-6601232	6100
大连市沙河口区尖山街 101 号	0411-4671766	3400
大连市甘井子区华北路 286 号	0411-6601361	6100
大连市甘井子区华北路 284 号	0411-6601964	6100
大连市甘井子区华北路 288 号	0411-6600012	6100
大连市金州区南九里	0411-7700431	6100
大连湾毛营子村	0411-7601070	6100
大连市甘井子区大房身村	0411-7600912	6100
大连市甘井子区革镇堡镇后革镇堡村	0411-6681445	6100
大连市甘井子区毛营子村	0411-6682383	6100
大连市甘井子区后革棋盘磨	0411-6682266	6100
大连市甘井子区革镇堡	0411-6681315	6100
大连市甘井子区革镇堡镇棋盘村	0411-6898318	6100
大连湾毛营子村	0411-7607221	6100
大连市甘井子区棋盘村朱棋路	0411-6682112	6100
大连市甘井子区大连湾镇新街 4 号	0411-2627613	6100
大连市甘井子区革镇堡	0411-6681537	6100
大连市甘井子区大房身苏家村	0411-7680475	6100
大连市甘井子区前关村	0411-7600399	6100
大连市甘井子区棋盘村	0411-6681752	6100
大连市甘井子区前关村	0411-7605757	6100
大连市甘井子区友谊街	0411-6600803	6100
大连市甘井子区大连湾	0411-7602367	6100
上海市军工路 2390 号	021-65484575	0
上海市通海路 255 号	021-64502876	0
上海市奉贤县邬桥镇	021-57401508	0
江苏昆山市亭林路 39 号	0520-7550403	0
浙江嘉善商城银粮大厦	0573-4122131	0
河南驻马店练江路 1 号	0396-2911974	N

续表 2

品种 Items	交易所 Exchanges	交割仓库 Delivery Points	库容 Volume
玉米	CZCE	浚县国家粮食储备库	60000
		邓州国家粮食储备库	75000
		商丘国家粮食储备库	90000
		齐河国家粮食储备库	75000
		唐山国家粮食储备库	55000
		南阳国家粮食储备库	76000
		南召 1605 河南粮食储备库	50000
		开封国家粮食储备库	50000
		河南国家粮食储备库	65000
		济宁国家粮食储备库	N
		杭州南星桥国家粮食储备库	N
		沈丘纸店国家粮食储备库	90000
		周口国家粮食储备库	65600
		陕西国家粮食储备库	75000
大豆	DCE	大连市第一粮食储运公司	180000
		大连市第二粮食储运工业公司仓储库	180000
		大连市第三粮食储运公司	180000
		大连粮食进出口接运总公司储运公司	180000
		大连商业转运公司	180000
		大连开发区吉祥物资储运公司	180000
		辽宁黑山粮食局大连仓库	180000
		大连震强仓储公司	180000
		大连中商接运公司仓储库	180000
		辽宁省粮油进出口公司综合库	180000
		黑龙江省粮食局大连中转站仓库	180000
		吉林粮油驻大连办事处中转站	180000
		大连金丰储运公司	180000
		大连聚兴仓储有限公司	180000
		大连金信仓储库	180000
		湾港储运公司和尚岛仓储库	180000
		黑龙江省粮油物资大连仓库	180000
		大连顺成服务公司	180000
		黑龙江省粮油食品进出口公司大连分公司	180000
		大连北海储运有限责任公司	180000

Continued 2

地 址 Address	电 话 Telephone No.	本年总交割量 Volume of Delivery
鹤壁火车站	0392-3312317	N
邓州新华西路 103 号	0377-2126968	N
商丘凯旋南路 68 号	0370-2212424	N
齐河县府大街 27 号	05440-3213291	N
唐山开平区银河路南段	0315-3271477	N
南阳建设西路 87 号	0377-3551268	N
南阳云阳镇	03877-661859	N
开封杏花营	0378-3931950	N
郑州郑汴路 624 号	0371-5811124	N
济宁车站路 83 号	0537-2213277	N
杭州凤山路 137 号	0571-6051011	N
河南纸店镇		N
周口货场南路 1 号	0394-8238851	N
西安丰禾路 56 号	029-4248149	N
大连市甘井子区金三角广场 15 号	0411-6601232	6100
大连市沙河口区尖山街 101 号	0411-4671766	3400
大连市甘井子区华北路 286 号	0411-6601361	6100
大连市甘井子区华北路 284 号	0411-6601964	6100
大连市甘井子区华北路 288 号	0411-6600012	6100
大连市金州区南九里	0411-7700431	6100
大连湾毛营子村	0411-7601070	6100
大连市甘井子区大房身村	0411-7600912	6100
大连市甘井子区革镇堡镇后革镇堡村	0411-6681445	6100
大连市甘井子区毛营子村	0411-6682383	6100
大连市甘井子区后革棋盘磨	0411-6682266	6100
大连市甘井子区革镇堡	0411-6681315	6100
大连市甘井子区革镇堡镇棋盘村	0411-6898318	6100
大连湾毛营子村	0411-7607221	6100
大连市甘井子区棋盘村朱棋路	0411-6682112	6100
大连市甘井子区大连湾镇新街 4 号	0411-2627613	6100
大连市甘井子区革镇堡	0411-6681537	6100
大连市甘井子区大房身苏家村	0411-7680475	6100
大连市甘井子区前关村	0411-7600399	6100
大连市甘井子区棋盘村	0411-6681752	6100

续表 3

品种 Items	交易所 Exchanges	交割仓库 Delivery Points	库容 Volume
大豆	DCO	黑龙江农垦外贸大连仓储库	180000
		大连铁道实业公司周水子南库	180000
		大连益发储运有限公司	180000
	SCOE	上海市第五粮食仓库	130000
		上海市第七粮食仓库	186000
		中粮上海粮油进出口公司松江仓库	30000
		上海良华实业股份有限公司邬桥仓库	120000
		江苏昆山市粮油经营公司仓库	33000
		江苏南京石埠寨国家粮食储备库	38000
		浙江省粮食批发市场嘉善开发服务公司仓库	60000
		大连粮食进出口接运总公司储运公司仓库	75000
		黑龙江省粮油集团总公司大连中转仓库	70000
豆粕	GUFE	大连商业转运公司	54000
		广州大朗粮食仓库	3000
		广州市商业储运公司北站分公司	10000
		广东南海振宏粮油饲料仓库	5000
		中国粮油食品进出口公司辽宁省粮油分公司储运贸易公司综合库	20000
		中国外运辽宁储运公司	40000
		大连中商接运公司	25000
		黑龙江粮油食品进出口(集团)公司大连分公司所属前关仓库	50000
		大连经济开发区益鑫粮油公司所属黑山仓库	30000
		大连市第一粮油储运工业公司	20000
		大连越通粮谷加工有限公司	48000
		大连铁道实业公司所属周水储运库	50000
		河北唐山国家粮食储备库	20000
		黑龙江粮油食品进出口(集团)秦皇岛公司	6000
		四川粮油集团彭山国家储备库	100000
		成都果品冷库	20000
	SCE	中粮上海粮油进出口公司松江仓库	10000
		上海市第二粮食仓库	40000
		苏州吴县市粮食储运公司	10000
		大连中化粮食储运公司	10000
	CZCE	郑州油脂化工厂	5000

Continued 3

地　址 Address	电　话 Telephone No.	本年总交割量 Volume of Delivery
大连市甘井子区前关村	0411-7605757	6100
大连市甘井子区友谊街	0411-6600803	6100
大连市甘井子区大连湾	0411-7602367	6100
上海市军工路 2390 号	021-65484575	0
上海市通海路 255 号	021-64502876	0
上海市松江县松米路 6 号	021-57833764	0
上海市奉贤县邬桥镇	021-57401508	0
江苏昆山市亭林路 39 号	0520-7550403	6600
南京市中山北路 212 号	025-3433825	0
浙江嘉善商城银粮大厦	0573-4122131	0
大连市甘井子区华北路 284 号	0411-6601960	0
大连市甘井子区西北路 867 号	0411-6684161	0
大连市甘井子区华北路 288 号(116033)	0411-6600111	0
广州市石井大朗铁路东侧(510450)	020-86621605、86621711	0
广州市广花四马路 155 号(510410)	020-86621574、86621573	0
南海市小塘镇新境开发区	020-87592448	1780
大连市甘井子区南关岭朱棋路(116033)	0411-6682383	200
大连市甘井子区后革镇(116035)	0411-6681824	0
大连市甘井子区革镇堡后革镇堡村(116035)	0411-6681230	300
大连市中山区长江路 125 号(116001)	0411-7600397、7600399	200
大连市甘井子区大连湾镇毛营子村(116113)	0411-7602464	240
大连市甘井子区金三角广场 15 号(116033)	0411-6601232	650
大连市甘井子区革镇堡(116035)	0411-6671462	1370
大连市甘井子区友谊街(116033)	0411-6600803	0
唐山路北区银河路南段(063020)	0315-3271417、3274564	500
河北秦皇岛市海港区文化路 66 号(066001)	0335-3064780、6089128	5430
成都市上东大街 67 号	028-6663456-589	1600
成都市外北驷马桥街 12 号	028-3321741、3335892	0
上海市松江县松米路 6 号	021-57834151	N
上海市云岭西路 361 号	021-52806984	20537
苏州市吴县市太湖东路东首	0512-5253731	23932
大连市甘井子区朱棋路	0411-6681983	N
郑州黄河西路 68 号	0371-3943097	N

续表4

品种 Items	交易所 Exchanges	交割仓库 Delivery Points	库容 Volume
豆粕	CZCE	开封正大有限公司	53000
		大连华农集团有限公司	N
		山东粮食进出口集团仓储中转公司	N
		济宁浸出油厂	N
籼米	GUFE	广东省粮油储运公司第一、第二、第三仓库	N
		上海浦江仓储公司邬桥仓库	N
		江西省温家圳国家粮食储备库	N
		湖南省岳阳城陵矶粮库	N
		湖北省荆门市响岭粮库	N
		湖北省武汉青山国家粮食储备库	N
		浙江省杭州南星桥国家粮食储备库	N
		广州市粮油食品储运公司东圃国家粮食储备库、大朗粮食仓库	N
		湖南省长沙市第一粮油实业公司仓库	N
		安徽芜湖禿矾山国家粮食储备中转库	N
	SCOE	湖北省武汉青山国家粮食储备库	100000
		上海市第五粮食仓库	130000
		上海市第七粮食仓库	186000
		中粮上海粮油进出口公司松江仓库	30000
		上海良华实业股份有限公司邬桥仓库	120000
		江苏昆山市粮油经营公司仓库	33000
		江苏南京石埠寨国家粮食储备库	38000
		浙江省粮食批发市场嘉善开发服务公司仓库	60000
		湖南省岳阳城陵矶粮库	125000
		湖南省怀化国家粮食储备库	55000
		安徽芜湖禿矾山国家粮食储备中转库	55000
		江西省樟树粮油公司仓库	75000
天然胶	CCFE	海南农垦金环仓库	4000
		海南农垦金龙仓库	4000
		海南金盘中商仓库	5000
		湛江粤西仓库	500
		上海桃浦仓库	3000
		上海长桥仓库	5000～8000
		青岛新程仓库	5000
		天津艺达仓库	5000

Continued 4

地　址 Address	电　话 Telephone No.	本年总交割量 Volume of Delivery
开封杏花营	0378-3989370	N
大连金州区石河镇	0411-7260169	N
青岛德江路 86 号	0532-4635048	N
济宁车站西路 42 号	0537-2214307	N
广州市沙面大街 49 号	020-8888116	0
上海市奉贤县郧桥镇	021-7401898、7401508	0
江西省进贤县温家圳前进路 109 号	0791-5548177 转 218、5548923	0
湖南省岳阳城陵矶	0730-8564128 转 3666、3999	0
荆门市掇刀开发区深圳大道 22 号	0724-442383	0
武汉市青山区建设一路 1 号	027-6867380、6865764	0
杭州市凤山路 137 号	0571-6076285、9003968	0
广州市荔湾区宝源路 7 号	020-6621711、6621607	0
湖南长沙芙蓉北路 193 号	0731-4483494	0
安徽芜湖市胜利路 47 号	0553-5851063、5852485	0
武汉市青山区建设一路一号	027-6537380	0
上海市军工路 2390 号	021-65484575	0
上海市通海路 255 号	021-64502876	0
上海市松江县松米路 6 号	021-57833764	1600
上海市奉贤县郧桥镇	021-57401508	1500
江苏昆山市亭林路 39 号	0520-7550403	0
南京市中山北路 212 号	025-3433825	850
浙江嘉善商城银粮大厦	0573-4122131	0
岳阳市城陵矶桂花园路一号	0730-8561948	0
怀化市沿河南路 10 号	0745-2238010	0
芜湖市胜利西路 47 号	0553-5852485	0
樟树市药都大道北路 80 号	0795-7340708	0
海口市海榆西线 8 公里处	0898-8912084	36795
海口市滨海大道(秀英海边仓库)	0898-6724070	55375
海口市金盘工业开发区美国工业村 3 号厂房 C7 单元	0898-6813919	3830
湛江霞山椹川西五路 22 号	0759-2286944	2290
上海市南大路 478 号	021-62506407	0
上海市老沪闵路 1070 号	021-64100182	5700
青岛市李沧区德顺路 15 号	0532-4816601	16305
天津市北辰区北仓道	022-6391864	2280

续表 5

品种 Items	交易所 Exchanges	交割仓库 Delivery Points	库容 Volume
天然胶	CCFE	云南农垦仓库	5000 吨
	SHCE	上海市化工轻工总公司长桥仓储贸易公司	20000
		上海市化工轻工总公司桃浦仓储贸易公司	10000
		上海华丰仓储贸易公司	5000
		海口港货运公司	5000
		云南省农垦供销公司仓库	20000
		山东省畜产进出口新程实业公司	10000
		国家物资储备局八三二处	10000
棕榈油	CCFE	上海吴泾仓库	4000
		厦门建发仓库	4000
		天津外贸仓库	5000
		广西北海仓库	3000
		广州粤化仓库	10000
咖啡	CCFE	海南金盘中商仓库	5000
		海口力神仓库	500
		上海罐头仓库	3000
		昆明拓东仓库	3000
可可	CCFE	海口力神仓库	500
		上海罐头仓库	3000
		昆明拓东仓库	3000
啤麦	CCFE	天津储炼仓库	10000
		大连中商仓库	20000
		青岛粮食仓库	7000
		广州赤航仓库	5000
	SYCE	大连粮食进出口接运总公司储运公司	无限制
		中粮辽宁粮油分公司综合库	无限制
		中粮天津粮油进出口公司粮油储炼厂	无限制
		青岛第三粮库	无限制
		烟台粮油储运公司	无限制
		沈阳第一粮库	无限制
		浙江嘉善县粮油仓储有限公司粮库	无限制
		连云港粮油进出口接运总公司仓库	无限制

Continued 5

地　址 Address	电　话 Telephone No.	本年总交割量 Volume of Delivery
昆明东郊凉亭	0871-3845201	14740
上海市老沪闵路 1070 号	021-64100182	420
上海市南大路 478 号	021-62506616	0
上海真陈路 1600 号	021-62506067	0
海南省海口市秀英码头海港大厦十二楼	0898-8662337	50
云南省昆明市东郊凉亭	0871-7174605	1300
山东省青岛市李沧区德顺路 15 号	0532-4816601	0
山东省青岛市城阳区京城路 80 号	0532-7869116	0
上海市海通路 315 号	021-64345508	40
厦门禾山镇枋湖村	0592-6028314	1680
天津市河东区津塘公路 111 号	022-4134748	0
北海港务局第二工业区	0779-3033331	1670
广州市河南工业大道尾市桥渡口左恻	020-84359358	0
海口市金盘工业开发区美国工业村 3 号厂房 C7 单元	0898-6813919	12056
海口市龙华路 48 号	0898-6772241	956
上海宝山区鹤岗路 301 号	021-56440590	4905
昆明市拓东路石家巷 10 号	0871-3160152	8885
海口市龙华路 48 号	0898-6772241	0
上海宝山区鹤岗路 301 号	021-56440590	0
昆明市拓东路石家巷 10 号	0871-3160152	0
天津塘沽区胡北路 2 号	022-5306334	0
大连市甘景子区郭家街	0411-3641628	0
青岛市四方区四流南路 64 号	0532-4852044	0
广州市新港中艺苑路 34 号	020-4214970	0
大连市甘井子区华北路 284 号	0411-6682462	N
大连甘井子区朱棋路	0411-6682462	N
天津塘沽区胡北路 2 号	022-5306334	N
青岛四方区四流南路 64 号	0532-4855425	N
烟台建设路 16 号	0535-6242313	N
沈阳市铁西保工街 20 号	024-5873476	N
浙江嘉善谈公路	0573-4021132	N
连云港连云区陶庵	0518-2313035	N

续表 6

品种 Items	交易所 Exchanges	交 割 仓 库 Delivery Points	库 容 Volume
啤麦	SYCE	北京顺义牛栏山国家粮食储备库	无限制
小麦	SCOE	上海市第五粮食仓库	130000
		上海市第七粮食仓库	186000
		上海良华实业股份有限公司邬桥仓库	120000
		江苏昆山市粮油经营公司仓库	33000
		浙江省粮食批发市场嘉善开发服务公司仓库	60000
	CZCE	驻马店国家粮食储备库	65000
		浚县国家粮食储备库	60000
		邓州国家粮食储备库	75000
		商丘国家粮食储备库	90000
		齐河国家粮食储备库	75000
		唐山国家粮食储备库	55000
		南阳国家粮食储备库	76000
		南召 1605 河南粮食储备库	50000
		开封国家粮食储备库	50000
		河南国家粮食储备库	65000
		济宁国家粮食储备库	N
		杭州南星桥国家粮食储备库	N
		沈丘纸店国家粮食储备库	90000
		周口国家粮食储备库	65600
		天津静海国家粮食储备库	N
		国家粮食局天津直属库	60000
		北京马连道国家粮食储备库	N
		陕西国家粮食储备库	75000
红小豆	SCOE	上海市第五粮食仓库	130000
		上海市第七粮食仓库	186000
		上海良华实业股份有限公司邬桥仓库	120000
		江苏昆山市粮油经营公司仓库	33000
		浙江省粮食批发市场嘉善开发服务公司仓库	60000
	TUFE	中粮天津粮油进出口公司粮油储炼厂	30000
		北京大兴粮食局直属粮库	20000

Continued 6

地　址 Address	电　话 Telephone No.	本年总交割量 Volume of Delivery
北京顺义县牛栏山镇	010-69412322	
上海市军工路 2390 号	021-65484575	0
上海市通海路 255 号	021-64502876	0
上海市奉贤县邬桥镇	021-57401508	0
江苏昆山市亭林路 39 号	0520-7550403	0
浙江嘉善商城银粮大厦	0573-4122131	0
河南驻马店练江路 1 号	0396-2911974	N
鹤壁火车站	0392-3312317	N
邓州新华西路 103 号	0377-2126968	N
商丘凯旋南路 68 号	0370-2212424	N
齐河县府大街 27 号	05440-3213291	N
唐山开平区银河路南段	0315-3271477	N
南阳建设西路 87 号	0377-3551268	N
南阳云阳镇	03877-661859	N
开封杏花营	0378-3931950	N
郑州郑汴路 624 号	0371-5811124	N
济宁车站路 83 号	0537-2213277	N
杭州凤山路 137 号	0571-6051011	N
河南纸店镇		N
河南周口货场南路 1 号	0394-8238851	N
天津静海铁路货场北侧	022-8942265	N
天津武清县农场南	022-9347870	N
北京马连道	010-63267121	N
西安丰禾路 56 号	029-4248149	N
上海市军工路 2390 号	021-65484575	0
上海市通海路 255 号	021-64502876	0
上海市奉贤县邬桥镇	021-57401508	0
江苏昆山市亭林路 39 号	0520-7550403	0
浙江嘉善商城银粮大厦	0573-4122131	0
天津塘沽区湖北路上二号	022-25350341	
北京市大兴县黄村镇大庄村东	010-69242381	

续表 7

品种 Items	交易所 Exchanges	交割仓库 Delivery Points	库容 Volume
红小豆	TUFE	河北玉田县进出口直属仓库	20000
		河北廊坊市外贸红小豆加工厂	10000
		辽宁大连越通粮谷加工有限公司	20000
		河北廊坊中孚食品有限公司	10000
高粱	SYCE	沈阳第一粮库	无限制
		中粮辽宁粮油分公司综合库	无限制
		辽宁锦州开发区粮食储备库	无限制
		辽宁阜新海州国家粮食储备库	无限制
		朝阳粮库	无限制
		内蒙古赤峰东城国家粮食储备库	无限制
	CUFE	大连铁道实业公司周水子南库	10000
		四川彭山国家粮食仓库	10000
		重庆上桥粮食中转库	20000
		辽宁省锦州桃园粮库	20000
		黑龙江粮油食品进出口(集团)秦皇岛公司仓库	10000
		锦州中孚仓储有限公司	10000
花生仁	CZCE	驻马店国家粮食储备库	65000
		浚县国家粮食储备库	60000
		邓州国家粮食储备库	75000
		商丘国家粮食储备库	90000
		齐河国家粮食储备库	75000
		唐山国家粮食储备库	55000
		南阳国家粮食储备库	76000
		南召 1605 河南粮食储备库	50000
		开封国家粮食储备库	50000
		河南国家粮食储备库	65000
		济宁国家粮食储备库	N
		杭州南星桥国家粮食储备库	N
		沈丘纸店国家粮食储备库	90000
		周口国家粮食储备库	65600
		陕西国家粮食储备库	75000

Continued 7

地 址 Address	电 话 Telephone No.	本年总交割量 Volume of Delivery
玉田县城西大街102线国道南测	0315-6115474	8626
廊坊市枣林路五号	0316-2027490	N
大连市甘井后革镇堡	0411-6684136	N
廊坊开发区纬九路	0316-6089137	N
沈阳铁西区保工街20号	024-5875176	1008710
大连甘井子区朱棋路	0411-6682462	N
锦州经济技术开发区锦阳路	0416-3582453	N
阜新海州区振兴二街头号	0418-2855623	N
朝阳双塔区和平街四街80号	0421-3909001-62	N
赤峰红山区红旗路	0476-8660804	N
大连市甘井子区友谊街	0411-2809379	10825
四川彭山县观音镇	0833-7670433	10750
重庆市沙坪坝区华岩村51号	023-65204592	20750
锦州市太和区宣仁里97号	0416-5179465	21575
秦皇岛市海港区文化北路398号	0335-3064780	18025
锦州市经济技术开发区阜新路	0416-3581853	23400
河南驻马店练江路1号	0396-2911974	N
鹤壁火车站	0392-3312317	N
邓州新华西路103号	0377-2126968	N
商丘凯旋南路68号	0370-2212424	N
齐河县府大街27号	05440-3213291	N
唐山开平区银河路南段	0315-3271477	N
南阳建设西路87号	0377-3551268	N
南阳云阳镇	03877-661859	N
开封杏花营	0378-3931950	N
郑州郑汴路624号	0371-5811124	N
济宁车站路83号	0537-2213277	N
杭州凤山路137号	0571-6051011	N
河南纸店镇		N
周口货场南路1号	0394-8238851	N
西安丰禾路56号	029-4248149	N

注：库容、交割量的计量单位为吨。

N表示数据丢失。

7－25　1997年金属期货交割仓库明细

品种 Items	交易所 Exchanges	交割仓库 Delivery Points	库容 Volume
铜	BCE	天津中储西站一库	N
		中国有色金属工业公司京郊供销公司	N
		国家物资储备局上海七处	N
		中国物资储运上海江湾公司	N
		上海金属材料总公司沪北公司	N
	CQCE	四川省物资储备局436处	2万(室内)/5.5万平方米
		中国集装箱重庆公司东站分公司	0.8万(室内)/2万平方米
		重庆港九龙坡阜公司仓储运输分公司	1.5万(室内)/16万平方米
		昆明石咀6441仓库	0.1万(室内)/0.6万平方米
		四川省物资储运神仙树仓库	0.8万(室内)/3万平方米
		四川储备物资管理局437处	1.8万(室内)/3.7万平方米
		陕西省储备物资管理局533处	10万(室内)/10万平方米
	SHME	国家物资储备局上海七处	14万平方米
		中储上海江湾公司政民路仓库	4.4万平方米
		上海市金属材料发展总公司沪北公司	9.7万平方米
		中储上海沪西公司曹杨分公司	10.5万平方米
		上海"外联发"公司储运物资公司	7万平方米
	SYCE	中国物资储运沈阳公司孤家子一库	无限制
	SME	国家物资储备局上海七处	140000
		广州金鑫有色金属储运公司	30000
		广州市金属材料公司唐阁仓库	80000
		国家物资储运上海江湾公司	44000
		国家物资储运上海沪西公司	105000
		上海市金属材料发展总公司沪北公司	97000
		广东省储备物资管理局八三0处	120000
		有色金属深圳仓储运输公司广州横窖仓库	9500
		南海市工交企业贸易公司黄歧仓库	9000
	TUFE	天津中储西站一库	5000
		天津中储西站二库	20000
		天津中储南仓一库	10000
		天津中储南仓三库	20000
		中国物资储运上海沪西公司一库	10000

Summary Delivery Points of Metal Products in 1997

库容单位：吨

地　址 Address	电　话 Telephone No.	本年总交割量 Volume of Delivery
天津市红桥区西站西团结路 8 号	022-7323921	0
北京东燕郊，燕郊站(京局)	010-9546320(1-2)	0
上海西站 0-0 单位七处专用线	021-2506949	0
上海政民路 195 号	021-5481634	0
上海市共和新路 3200 号	021-6656612	0
重庆市九龙坡茄子溪园林村	023-68901249	2400
重庆市沙坪坝区华岩 1 村 102 号	023-65207078	4225
重庆市九龙坡区黄桷坪铁路 2 村 227 号	023-68422188-5314	325
昆明市西交石咀	0871-3162908	4410
成都外南永丰路	028-5184710	2150
成都市外东龙潭寺 101 信箱	028-4201794	235
西安市丰禾路 23 号	029-6244724	1150
上海市交通路 3965 号	021-62506590	16453
上海市政民路 195 号	021-65110038	106221
上海市共和新路 3200 号	021-56653533	7085
上海市曹杨路 1521 号	021-62549360	5571
上海市冰克路 500 号	021-58694118	0
沈阳东陵区营盘路 108 号	024-3819136	35378
上海市交通路 965 号	021-62506590	559
广州市黄沙大道 131 号	020-81814944	0
广州市白云区石井镇唐乡	020-86601205	0
上海政民路仓库	021-65111634	5063
上海市曹杨路 1521 号	021-62163555	943
上海共和新路 3200 号	021-56650728	50
广州黄埔区南岗镇笔岗村	020-82234071	0
广州市白云区石井镇横窖村	020-86483278	0
广东省南海市黄歧广佛公路大转弯处	0757-5939361	0
天津红桥区西青道团结路 22 号	022-27329320	N
天津红桥区西青道团结路召 13 号	022-27323577	15
天津市北辰区顺义道	022-26346093	N
天津市北辰区顺义道	022-26340790	N
上海市曹杨路 1521 号	021-62163222	N

续表 1

品种 Items	交易所 Exchanges	交 割 仓 库 Delivery Points	库 容 Volume
铜	TUFE	中国物资储运上海沪西公司二库	10000
		中粮物资储运上海江湾公司	10000
铝	CQCE	四川省物资储备局 436 处	2 万(室内)/5.5 万平方米
		中国集装箱重庆公司东站分公司	0.8 万(室内)/2 万平方米
		重庆港九龙坡阜公司仓储运输分公司	1.5 万(室内)/16 万平方米
		昆明石咀 6441 仓库	0.1 万(室内)/0.6 万平方米
		四川省物资储运神仙树仓库	0.8 万(室内)/3 万平方米
		四川储备物资管理局 437 处	1.8 万(室内)/3.7 万平方米
		陕西省储备物资管理局 533 处	10 万(室内)/10 万平方米
	GUFE	广州金鑫有色金属储运公司	N
		广东储备物资管理局广州 830 仓库	N
		广州市金属材料公司唐阁仓库	N
		中金广州仓储部	N
	SHME	国家物资储备局上海七处	14 万平方米
		中储上海江湾公司政民路仓库	4.4 万平方米
		上海市金属材料发展总公司沪北公司	9.7 万平方米
		中储上海沪西公司曹杨分公司	10.5 万平方米
	SME	国家物资储备局上海七处	140000
		广州金鑫有色金属储运公司	30000
		广州市金属材料公司唐阁仓库	80000
		广东省储备物资管理局八三 0 处	120000
		有色金属深圳仓储运输公司广州横窖仓库	9500
		南海市工交企业贸易公司黄岐仓库	9000
	TUFE	天津中储西站一库	10000
		天津中储西站二库	20000
		天津中储南仓一库	10000
		天津中储南仓三库	20000
		中国物资储运上海沪西公司一库	10000
		中国物资储运上海沪西公司二库	10000
		中粮物资储运上海江湾公司	10000
锌	SME	广州金鑫有色金属储运公司	30000
		广州市金属材料公司唐阁仓库	80000

Continued 1

地　址 Address	电　话 Telephone No.	本年总交割量 Volume of Delivery
上海市交通路 3891 弄 22 号	021-62506371	N
上海市政民路 195 号	021-65490275	N
重庆市九龙坡茄子溪园林村	023-68901249	N
重庆市沙坪坝区华岩 1 村 102 号	023-65207078	210
重庆市九龙坡区黄桷坪铁路 2 村 227 号	023-68422188-5314	N
昆明市西交石咀	0871-3162908	N
成都外南永丰路	028-5184710	N
成都市外东龙潭寺 101 信箱	028-4201794	N
西安市丰禾路 23 号	029-6244724	N
广州市黄沙大道 131 号	020-8814944、8831966	0
广州市黄埔区南岗镇笔岗村	020-2231519、2234064	0
广州市北郊江村桥头唐阁	020-6601204	0
广州市西槎路同德乡横窖村	020-6624478	0
上海市交通路 3965 号	021-62506590	352
上海市政民路 195 号	021-65110038	11516
上海市共和新路 3200 号	021-56653533	20047
上海市曹杨路 1521 号	021-62549360	5150
上海市交通路 965 号	021-62506590	0
广州市黄沙大道 131 号	020-81814944	11599
广州市白云区石井镇唐乡	020-86601205	264
广州黄埔区南岗镇笔岗村	020-82234071	3777
广州市白云区石井镇横窖村	020-86483278	6940
广东省南海市黄歧广佛公路大转弯处	0757-5939361	4913
天津红桥区西青道团结路 22 号	022-27329320	N
天津红桥区西青道团结路召 13 号	022-27323577	4412
天津市北辰区顺义道	022-26346093	N
天津市北辰区顺义道	022-26340790	N
上海市曹杨路 1521 号	021-62163222	N
上海市交通路 3891 弄 22 号	021-62506371	N
上海市政民路 195 号	021-65490275	N
广州市黄沙大道 131 号	020-81814944	0
广州市白云区石井镇唐乡	020-86601205	0

续表 2

品种 Items	交易所 Exchanges	交割仓库 Delivery Points	库容 Volume
锌	SME	国家物资储运上海江湾公司	44000
		国家物资储运上海沪西公司	105000
		上海市金属材料发展总公司沪北公司	97000
		广东省储备物资管理局八三0处	120000
		有色金属深圳仓储运输公司广州横窖仓库	9500
		天津中储西站二库	384000
镍	SME	国家物资储备局上海七处	140000
		广州金鑫有色金属储运公司	30000
		广州市金属材料公司唐阁仓库	80000
		国家物资储运上海江湾公司	44000
		国家物资储运上海沪西公司	105000
		上海市金属材料发展总公司沪北公司	97000
		广东省储备物资管理局八三0处	120000
		有色金属深圳仓储运输公司广州横窖仓库	9500
锡	SME	国家物资储备局上海七处	140000
		广州金鑫有色金属储运公司	30000
		广州市金属材料公司唐阁仓库	80000
		国家物资储运上海江湾公司	44000
		国家物资储运上海沪西公司	105000
		上海市金属材料发展总公司沪北公司	97000
		广东省储备物资管理局八三0处	120000
		有色金属深圳仓储运输公司广州横窖仓库	9500
铅	SME	国家物资储备局上海七处	140000
		广州金鑫有色金属储运公司	30000
		广州市金属材料公司唐阁仓库	80000
		国家物资储运上海江湾公司	44000
		国家物资储运上海沪西公司	105000
		上海市金属材料发展总公司沪北公司	97000
		广东省储备物资管理局八三0处	120000
		有色金属深圳仓储运输公司广州横窖仓库	9500
		天津中储西站二库	384000
铸造生铁	TUFE	天津中储西站一库	0
		天津中储西站二库	30000
		天津中储南仓一库	30000
		天津中储南仓三库	10000

Continued 2

地　址 Address	电　话 Telephone No.	本年总交割量 Volume of Delivery
上海市政民路仓库	021-65111634	0
上海市曹杨路 1521 号	021-62163555	0
上海市共和新路 3200 号	021-56650728	0
广州市黄埔区南岗镇笔岗村	020-82234071	0
广州市白云区石井镇横窖村	020-86483278	0
天津市红桥区西青道团结路 13 号	022-27323422	0
上海市交通路 965 号	021-62506590	0
广州市黄沙大道 131 号		N
广州市白云区石井镇唐乡		N
上海市政民路仓库	021-65111634	0
上海市曹杨路 1521 号	021-62163555	0
上海市共和新路 3200 号	021-56650728	0
广州市黄埔区南岗镇笔岗村		N
广州市白云区石井镇横窖村		N
上海市交通路 965 号		
广州市黄沙大道 131 号		
广州市白支区石井镇唐乡		
上海市政民路仓库		
上海市曹杨路 1521 号		
上海市共和新路 3200 号		
广州市黄埔区南岗镇笔岗村		
广州市白云区石井镇横窖村		
上海市交通路 965 号		
广州市黄沙大道 131 号		
广州市白云区石井镇唐乡		
上海市政民路仓库		
上海市曹杨路 1521 号		
上海市共和新路 3200 号		
广州市黄埔区南岗镇笔岗村		
广州市白云区石井镇横窖村		
天津市红桥区西青道团结路 13 号		
天津市红桥区西青道团结路 22 号	022-27329320	
天津市红桥区西青道团结路召 13 号	022-27323577	
天津市北辰区顺义道	022-26346093	
天津市北辰区顺义道	022-26340790	

7－26　1997年建材及能源化工期货交割仓库明细

品种 Items	交易所 Exchanges	交割仓库 Delivery Points	库容 Volume
胶合板	BCE	天津中储西站一库	N
		中国有色金属工业公司京郊供销公司	N
		北京市物资储运总公司百子湾公司	N
		天津中储西站二库	N
	SHCE	1. 上海市化工轻工总公司长桥仓储贸易公司	40000箱
		2. 中国物资储运上海沪闵公司	10000箱
		3. 上海市金桥出口加工区物资储运公司	10000箱
		4. 上海宝众实业公司仓储部	8000箱
		5. 中国农资集团上海公司吴泾仓库	4000箱
		6. 上海外高桥保税区联合发展公司储运物资公司	30000箱
		7. 宁波市甬江新区国际储运公司	10000箱
	SCE	上海市化工轻工公司长桥仓储贸易公司仓库	12000箱
		中国物资储运上海沪西公司交通路仓库	4000箱
		中国物资储运上海沪西公司曹杨路仓库	5000箱
		中国物资储运上海大场公司第一仓库	12000箱
		中国物资储运上海大场公司第二仓库	18000箱
		航天工业部华东公司705仓库	2500箱
		苏州市张家港物产储运公司	7000箱
		宁波甬江新区国际储运有限公司	7000箱
	CZCE	中国物储郑州公司南阳寨仓库	
		中国物储上海沪闵公司	
		上海化轻公司长桥仓储贸易公司	
纯碱	BCE	天津中储西站一库	N
		中国有色金属工业公司京郊供销公司	N
		北京市物资储运总公司百子湾公司	N
聚丙烯	BCE	天津中储西站一库	N
		中国有色金属工业公司京郊供销公司	N
		北京市物资储运总公司百子湾公司	N
烟片胶	BCE	天津中储西站一库	N
		中国有色金属工业公司京郊供销公司	N
		北京市物资储运总公司百子湾公司	N
水曲柳加工用木	SYCE	中国木材总公司东北公司	无限制
白松加工用原木	SYCE	中国木材总公司东北公司	无限制
落叶松加工用木	SYCE	中国木材总公司东北公司	无限制
津胶板	TUFE	天津中储西站一库	10000Ï
		天津中储西站二库	30000Ï
		天津中储南仓一库	0
		天津中储南仓三库	0

Summary Delivery Points of Building Materials & Chemical Products in 1997

地　址 Address	电　话 Telephone No.	本年总交割量 Volume of Delivery
天津市红桥区西站西团结路 8 号	022-7323921	0
北京东燕郊，燕郊站（京局）	9546320(1-2)	0
北京市朝阳区广渠东路 6 号	67781685	0
天津市红桥区西青道团结路 13 号	022-7323422	0
上海市老沪闵路 1070 号	021-64100182	46757 箱
上海市闵行区剑川路 2280 号	021-64300825	14100 箱
上海市浦东新区伟绩路 257 号	021-58992990	12550 箱
上海市国权北路 90 号	021-65319305	22440 箱
上海市吴泾通海路 275 号	021-64504018	1160 箱
上海市浦东新区冰克路 500 号	021-58694758	40780 箱
浙江省宁波市文教路 32 弄 8 号	0574-6692524	2020 箱
上海市老沪闽路 1070 号	021-64102430	8055 箱
上海市交通路 3891 弄 22 号	021-62506370	3450 箱
上海市曹杨路 1521 号	021-62168761	1816 箱
上海市南大路 137 号	021-56681813	2239 箱
上海市南大路 310 号	021-62507360	8350 箱
上海市宝山区联谊路 240 号	021-56803272	30 箱
苏州市张家港市乘航镇乘阳	0520-8291101	835 箱
宁波市共青路 1 号	0574-7314544	70 箱
郑州兴隆铺路 9 号	0371-3924586	N
上海市闵行剑川路 2280 号	021-64302822	N
上海市老沪闵路 1070 号	021-4766418	N
天津市红桥区西站西团结路 8 号	022-7323921	0
北京东燕郊，燕郊站（京局）	010-9546320(1-2)	0
北京市朝阳区广渠东路 6 号	010-67781685	0
天津市红桥区西站西团结路 8 号	022-7323921	0
北京东燕郊，燕郊站（京局）	010-9546320(1-2)	0
北京市朝阳区广渠东路 6 号	010-67781685	0
天津市红桥区西站西团结路 8 号	022-7323921	0
北京东燕郊，燕郊站（京局）	010-9546320(1-2)	0
北京市朝阳区广渠东路 6 号	010-67781685	0
沈阳市东陵区文关屯	024-6892311	
沈阳市东陵区文关屯	024-6892311	
沈阳市东陵区文关屯	024-6892311	
天津市红桥区西青道团结路 22 号	022-27329320	
天津市红桥区西青道团结路召 13 号	022-27323577	
天津市北辰区顺义道	022-26346093	
天津市北辰区顺义道	022-26340790	

主要统计指标解释

Definition and Explanation

1. 成交金额/成交量(Trading Turnover/Trading Volume)

成交金额/成交量为当年按双边计算的成交金额/量。

Trading Turnover/Trading Volume refers to the cumulating value of this year and calculated on a bilateral basis.

2. 持仓量(Open Position)

各持仓量指标为按双边计算的持仓量。

Open Positions is calculated on a bilateral basis.

3. 交割金额/交割量(Physical Delivery Amount/Physical Delivery Volume)

交割金额/交割量为按单边计算的交割金额/交割量。

Physical Delivery Amount/Physical Delivery Volume is calculated on an unilateral basis.

4. 期货品种(Trading Items)

期货品种为当年年末的时点数。

Trading Items refers to the trading item number of the end of going year.

5. 会员总数(No. of members)

会员总数为当年年末的时点数。

No. of members refers to the member number of the end of going year.

6. 价格(Price)

各价格指标为品种可交易的最小实物单位的价格。

All kinds of price in this part are the price of basic trading unit.

7. 交易日数(Trading days)

农产品和建材及能源化工期货的交易日数为合约当年总的挂牌天数，相应的日均成交金额为以挂牌天数平均的成交金额；金属期货的交易日数为实际有交易的天数，相应的日均成交金额为以实际交易天数平均的成交金额。

Trading days of Agricultural products and Building materials, Energy & Chemical products are the days on which futures are able to be traded in this year, Metal products trading days are days having futures trading.

8. 最后持仓(Open positions at the end)

最后持仓为合约当年最后一个交易日的持仓量。

Open positions at the end refers to the open positions on the last trading day of this year.

9. 最高持仓量(High Open Position)

最高持仓量为合约从挂牌开始至本年交易结束期间的最高持仓量。

High Open Position is the highest open position from contract being listed to its last trading day of this year.

10. 合约成交金额/成交量(Trading Turnover/Trading Volume of contract)

合约成交金额/成交量为合约从挂牌开始至本年交易结束期间的累计成交金额/成交量。

Trading Turnover/Trading Volume of contract is the contract's cumulating trading turnover/volume from being listed to its last trading day of this year.

11. 交割率(Delivery Rate)

交割率 I = 单边交割量/合约单边成交量

Delivery Reat I = Delivery volume bilateral basis/Trading Volume of contract on bilateral basis.

交割率 II = 单边交割量/最高持仓量

Delivery Rate II = Delivery volume bilateral basis/High Open Position on bilateral basis.

交割率 III = 单边交割金额/合约单边成交额

Delivery Rate III = Delivery Turnover bilateral basis/Trading Turnover of contract on bilateral basis.

第八部分　证券期货中介机构

Securities & Futures Intermediate Institutions

8-1 1997年全国证券期货中介机构统计表

Statistics of Securities & Futures Intermediate Institutions, 1997

机构 Institution	从事证券或期货业务机构数(个) No.
证券交易所 Stock Exchange	2
证券交易中心 Securities Trading Center	30
证券结算公司 Securities Clearing House	2
证券公司 Securities Company	90
证券营业部 Securities House	2412
会计师事务所 Accounting Firm	105
律师事务所 Law Firm	317
资产评估机构 Asset Valuation Institution	116
证券评级机构 Securities Rating Institution	2
期货交易所 Futures Exchange	14
期货经纪公司 Futures Brokerage	294

第九部分　宏观经济指标

Statistical
Date of
Macroeconomics

9－1　1983－1997年国内生产总值和指数

Gross Domestic Products and Indices(1983—1997)

年份 Year	国内生产总值 Gross Domestic Products	第一产业 Primary Industry	第二产业 Secondory Industry	其中：工业 Industry	其中：建筑业 Construction	第三产业 Tertiary Industry	其中：批发零售贸易餐饮业 Wholesale and Retaic Trade, Restaurants	其中：交通运输仓储邮电通信业 Transport, Storage and Communications
绝对数(亿元) Value(100 000 000yuan)								
1983	5934.5	1960.8	2646.2	2375.6	270.6	1327.5	231.4	264.9
1984	7171	2295.5	3105.7	2789	316.7	1769.8	412.4	327.1
1985	8964.4	2541.6	3866.6	3448.7	417.9	2556.2	878.4	406.9
1986	10202.2	2763.9	4492.7	3967	525.7	2945.6	943.2	475.6
1987	11962.5	3204.3	5251.6	4585.8	665.8	3506.6	1159.3	544.9
1988	14928.3	3831	6587.2	5777.2	810	4510.1	1618	661
1989	16909.2	4228	7278	6484	794	5403.2	1687	786
1990	18547.9	5017	7717.4	6858	859.4	5813.5	1419.7	1147.5
1991	21617.8	5288.6	9102.2	8087.1	1015.1	7227	2087	1409.7
1992	26638.1	5800	11699.5	10284.5	1415	9138.6	2735	1681.8
1993	34634.4	6882.1	16428.5	14143.8	2284.7	11323.8	3090.7	2123.2
1994	46759.4	9457.2	22372.2	19359.6	3012.6	14930	4050.4	2685.9
1995	58478.1	11993	28537.9	24718.3	3819.6	17947.2	4932.3	3054.7
1996	67884.6	13844.2	33612.9	29082.6	4530.3	20427.5	5560.3	3494
1997	74772.4	13968.8	36770.3	31752.3	5018	24033.3	6281.5	4525.6
指数 Indices (1978＝100)								
1983	147.6	135.1	145.8	144.5	161.4	164.3	176.8	142.5
1984	170	152.6	166.9	166	179	196.1	214.8	163.8
1985	192.9	155.4	197.9	196.2	218.7	231.9	276.8	185.9
1986	210	160.5	218.2	215.2	253.4	260	306.1	209.7
1987	234.3	168.1	248.1	243.6	298.7	297.4	347.3	230.7
1988	260.7	172.3	284.1	280.8	322.5	336.7	396.9	261.5
1989	271.3	177.6	294.8	295	295.3	354.8	363.8	273.8

续表 1 Continued

年份 Year	国内生产总值 Gross Domestic Products	第一产业 Primary Industry	第二产业 Secondory Industry	其中：工业 Industry	其中：建筑业 Construction	第三产业 Tertiary Industry	其中：批发零售贸易餐饮业 Wholesale and Retaic Trade, Restaurants	其中：交通运输仓储邮电通信业 Transport, Storage and Communications
1990	281.7	190.7	304.1	304.9	298.8	363	346.5	297.2
1991	307.6	195.2	346.3	348.8	327.4	395	362.1	330.5
1992	351.4	204.4	419.5	422.6	396.2	444	409.4	365.2
1993	398.8	214	502.8	507.5	467.5	491.3	436.4	410.5
1994	449.3	222.6	595.2	603.5	531.5	538.3	469.9	449.5
1995	496.5	233.7	677.7	688.2	597.4	583.4	497.6	503.4
1996	544.1	245.6	759.8	774.3	648.2	629.4	524.3	N
1997	592	254.2	841.9	860.2	699.4	681	568.9	621.1
指数 Indices 上一年＝100 (Preceding year＝100)								
1983	110.9	108.3	110.4	109.7	117.1	115.2	121.9	110
1984	115.2	112.9	114.5	114.9	110.9	119.4	121.5	115
1985	113.5	101.8	118.6	118.2	122.2	118.3	128.9	113.5
1986	108.8	103.3	110.2	109.6	115.9	112.1	110.6	112.8
1987	111.6	104.7	113.7	113.2	117.9	114.4	113.5	110
1988	111.3	102.5	114.5	115.3	108	113.2	114.3	113.3
1989	104.1	103.1	103.8	105.1	91.6	105.4	91.7	104.7
1990	103.8	107.3	103.2	103.4	101.2	102.3	95.2	108.6
1991	109.2	102.4	113.9	114.4	109.6	108.8	104.5	111.2
1992	114.2	104.7	121.2	121.2	121	112.4	113.1	110.5
1993	113.5	104.7	119.9	120.1	118	110.7	106.6	112.4
1994	112.6	104	118.4	118.9	113.7	109.6	107.7	109.5
1995	110.5	105	113.9	114	112.4	108.4	105.9	112
1996	109.6	105.1	112.1	112.5	108.5	107.9	105.4	111.4
1997	108.8	103.5	110.8	111.1	107.9	108.2	108.5	110.7

注：本表绝对数按当年价格计算，指数按可比价格计算。

Value in this table are based on current prices, indices are based on comparaible prices.

数据来源：国家统计局

Source: State Statistical Bureau of China

9-2 1978—1997年按支出法测算的国内生产总值

Gross Domestic Products Calculated by Expenditure(1978—1997)

单位:亿元(100 000 000 yuan)

年份 Year	支出法国内生产总值 Gross Domestic Products	总消费 Total Comsumption	总投资 Total Investment	净出口 Net Export	投资率(%) Investment Ratio	消费率 Comsumption Ratio
1978	3605.6	2239.1	1377.9	-11.4	38.0	61.8
1979	4074.0	2619.4	1474.2	-19.6	36.5	64.9
1980	4551.3	2976.1	1590.0	-14.8	35.2	65.9
1981	4901.4	3309.1	1581.0	11.3	32.5	68.1
1982	5489.2	3637.9	1760.2	91.9	33.2	68.7
1983	6076.3	4020.5	2005.0	50.8	33.8	67.8
1984	7164.4	4694.5	2468.6	1.3	34.4	65.5
1985	8792.1	5773.0	3386.0	-366.9	37.8	64.4
1986	10132.8	6542.0	3846.0	-255.2	37.7	64.1
1987	11784.7	7451.2	4322.0	11.5	36.1	62.3
1988	14704.0	9360.1	5495.0	-151.1	36.8	62.7
1989	16466.0	10556.5	6095.0	-185.5	36.1	32.4
1990	18319.5	11365.2	6444.0	510.3	34.7	61.3
1991	21280.4	13145.9	7517.0	617.5	34.8	60.8
1992	25863.7	15952.1	9636.0	275.6	36.2	59.9
1993	34500.8	20182.2	14998.0	-679.4	43.3	58.3
1994	47110.9	27216.2	19260.6	634.1	41.2	58.2
1995	59404.9	34529.4	23877.0	998.5	40.8	59.0
1996	69366.0	41039.5	26867.2	1459.3	39.6	60.5
1997	76077.2	44768.2	28564.0	2745.0	38.2	59.9

注：按支出法测算的国内生产总值不等于国内生产总值是由于计算误差的影响，本表以当年价格计算。

数据来源:国家统计局

Source: State Statistical Bureau of China

9－3　1978－1997 年国家财政收支总额及指数

Total Government Revenue and Expenditures and Relevant Indices (1978—1997)

年份 Year	总收入 (亿元) Total Expenditures (100 000 000 yuan)	总支出 (亿元) Total Expenditures (100 000 000 yuan)	收支差额 (亿元) Balance (100 000 000 yuan)	指数(上年＝100) Index(preceding year＝100) 总收入 Total Revenue	指数(上年＝100) Index(preceding year＝100) 总支出 Total Expenditures
1978	1121.1	1111.0	10.1	128.2	131.7
1979	1103.3	1273.9	－170.6	98.4	114.7
1980	1085.2	1212.7	－127.5	98.4	95.2
1981	1089.5	1115.0	－25.5	100.4	91.9
1982	1124.0	1153.3	－29.3	103.2	103.4
1983	1249.0	1292.5	－43.5	111.1	112.1
1984	1501.9	1546.4	－44.5	120.2	119.6
1985	1866.4	1844.8	21.6	124.3	119.3
1986	2260.3	2330.8	－70.5	121.1	126.3
1987	2368.9	2448.5	－79.6	104.8	105.0
1988	2628.0	2706.6	－78.6	110.9	110.5
1989	2947.9	3040.2	－92.3	112.2	112.3
1990	3312.6	3452.2	－139.6	112.4	113.6
1991	3610.9	3813.6	－202.7	109.0	110.5
1992	4153.1	4389.7	－236.6	115.0	115.1
1993	5088.2	5287.4	－199.2	122.5	120.5
1994	5218.1	5792.6	－574.5	120.0	124.8
1995	6242.2	6823.7	－581.5	119.6	117.8
1996	7408.0	7937.6	－529.6	118.7	116.3
1997	8642.0	9197.1	－555.1	116.7	115.9

注：1994 年以后，财政收支不含债务收支。

数据来源：国家统计局

Source：State Statistical Bureau of China

9－4　1978－1997 年中央财政和地方财政收支总额

Total Revenue and Expenditures of Central and Local Government (1978—1997)

年份 Year	财政收入总计 Revenue Total	中央收入 Central Revenue	地方收入 Local Revenue	财政支出总计 Expenditures Total	中央支出 Central Expenditures	地方支出 Local Expenditures
1978	1121.1	164.6	956.5	1111	521	590
1979	1103.2	188.2	915	1273.9	647.2	626.7
1980	1085.2	209.7	875.5	1212.7	650.7	562
1981	1089.4	224.7	864.7	1115	602.2	512.8
1982	1124	258.5	865.5	1153.3	575.1	578.2
1983	1249	372	877	1292.4	642.5	649.9
1984	1501.9	524.5	977.4	1546.4	738.7	807.7
1985	1866.4	707.9	1158.5	1844.7	836.5	1008.2
1986	2260.3	916.7	1343.6	2330.9	962.3	1368.6
1987	2368.9	905.8	1463.1	2448.5	1031.9	1416.6
1988	2628	1045.5	1582.5	2706.6	1060.4	1646.2
1989	2947.9	1105.5	1842.4	3040.2	1105.2	1935
1990	3312.6	1367.9	1944.7	3452.2	1372.8	2079.4
1991	3610.9	1399.7	2211.2	3813.5	1517.7	2295.8
1992	4153.1	1649.2	2503.9	4389.7	1817.9	2571.8
1993	5088.2	1696.7	3391.5	5287.4	1957.2	3330.2
1994	5218.1	2906.5	2311.6	5792.6	1754.4	4038.2
1995	6242.2	3256.6	2985.6	6823.7	1995.4	4828.3
1996	7407.99	3661.07	3746.92	7937.55	2151.27	5786.28
1997	8651.14	4226.92	4424.22	9233.56	2532.5	6701.06

注：中央财政收入和地方财政收入是各级负责组织征收的收入数，1993 年以前各年收入中包括了国外借款，支出中包括了国外借款安排的支出和国内外债务还本付息支出，1994 年以后则不包括。

数据来源：国家统计局

Source: State Statistical Bureau of China

9-5 1952—1997 年城乡储蓄存款(年末余额)

Saving Deposits in Cities & Towns(1952—1997)

单位：亿元(Unit：100 000 000 yuan)

年份 Year	总计 Total	定期(总计) Time Deposits	城镇储蓄 Deposits in Cities & Towns	定期(城镇) Time Deposits	农户储蓄 Deposits in Rural Areas	定期(农户) Time Deposits
1952	8.6	4.8	8.6	4.8		
1957	35.2	19.6	27.9	19.6	7.3	
1962	41.1	25.6	31.4	25.6	9.7	
1965	65.2	43.4	52.3	43.4	12.9	
1970	79.5	53.8	64.5	53.8	15.0	
1975	149.6	94.5	114.6	94.5	35.0	
1978	210.6	128.9	154.9	128.9	55.7	
1979	281.0	166.4	202.6	166.4	78.4	
1980	399.5	304.9	282.5	228.6	117.0	76.3
1981	523.7	396.4	354.1	289.4	169.6	104.0
1982	675.4	519.3	447.3	365.2	228.1	154.1
1983	892.5	682.3	572.6	463.9	319.1	218.4
1984	1214.7	900.9	776.6	615.4	438.1	285.5
1985	1622.6	1225.2	1057.8	841.2	564.8	384.0
1986	2237.6	1729.2	1471.5	1189.3	766.1	539.9
1987	3073.3	2356.3	2067.6	1647.9	1005.7	708.4
1988	3801.5	2833.5	2659.2	2045.2	1142.3	788.3
1989	5146.9	4182.1	3734.8	3102.5	1412.1	1079.6
1990	7034.2	5849.5	5192.6	4396.2	1841.6	1455.1
1991	9110.3	7541.9	6790.9	5715.6	2319.4	1826.3
1992	11545.4	9309.3	8678.1	7035.4	2867.3	2273.9
1993	15203.5	11971.0	11672.3	9128.8	3576.2	2845.2
1994	21518.8	16838.7	16702.3	13028.1	4816.0	3810.6
1995	29662.3	23778.2	23466.7	18765.0	6195.6	5013.2
1996	38520.8	30873.4	30850.2		7670.6	
1997	46279.8	36226.7				

注：1981 年以后包括建行，1987 年以后包括交通银行和中信实业银行。

数据来源：国家统计局

Source：State Statistical Bureau of China

9-6 国家银行现金投放回笼差额

Cash Statistics of National Banking System

单位：亿元(Unit：100 000 000 yuan)

年　份 Year	现 金 收 入 Cash Revenue	现 金 支 出 Cash Expenditures
1957	516.7	512.2
1962	633.2	614.0
1965	675.7	686.5
1970	812.8	799.3
1975	1128.2	1134.2
1978	1336.0	1352.6
1980	2033.2	2111.7
1985	5499.1	5694.8
1986	6613.3	6843.9
1987	8779.6	9015.7
1988	12810.5	13490.0
1989	15057.6	15267.6
1990	17171.1	17471.4
1991	21465.1	21998.5
1992	31248.0	32406.2
1993	48883.8	50412.5
1994	71247.1	72671.0
1995	96725.5	97322.3
1996	120263.3	121179.9
1997	141612.5	142988.1

数据来源：中国人民银行

Source：The People's Bank of China

9－7　1997年1—4季度各层次货币供应量

Monetary Aggresgates from First to Fourth Quarter in 1997

季末余额(Quarter End Balance)

单位：亿元(Unit：100 000 000 yuan)

项　目	Items	第一季度 First Quarter	第二季度 Second Quarter	第三季度 Third Quarter	第四季度 Fourth Quarter
货币和准货币(M2)	Money & Quasi-Money(M2)	79735.8	82811.5	85892.4	90995.3
货币(M1)	Money(M1)	29629	31074.7	32244.6	34826.3
流通中货币(M0)	Currency in Circulation(M0)	9280.1	9121.6	9426.1	10177.6
活期存款	Demand Deposits	20348.9	21953.1	22818.5	24648.7
准货币	Quasi-Money	50106.8	51736.8	53647.8	56169
定期存款	Time Deposits	5692.2	6056.3	6498.1	6738.5
储蓄存款	Savings Deposits	41566.8	42771.2	44139.5	46279.8
其他存款	Other Deposits	2857.8	2909.3	3010.2	3150.7

数据来源：中国人民银行

Source：The People's Bank of China'

同期比增长率(Growth Rate over the Same Period of 1996)

单位：百分比 Percent

项　目	Items	第一季度 First Quarter	第二季度 Second Quarter	第三季度 Third Quarter	第四季度 Fourth Quarter
货币和准货币(M2)	Money & Quasi-Money(M2)	21.1	19.1	17.1	17.3
货币(M1)	Money(M1)	18.4	20.6	17.3	16.5
流通中货币(M0)	Currency in Circulation(M0)	13.6	19	12.1	15.6
活期存款	Demand Deposits	20.7	21.3	19.6	16.9
准货币	Quasi-Money	22.8	18.2	17	17.8
定期存款	Time Deposits	39.1	29.7	29	24.5
储蓄存款	Savings Deposits	23.7	19.7	18.1	19.2
其他存款	Other Deposits	－8.5	－12.8	－12	－8.9

数据来源：中国人民银行

Source：The People's Bank of China

9-8 主要贷款项目利率表(1990—1997)

本利率表为法定贷款利率表

项目 Items	1990.3.21 Apr 15 1990	1990.8.21 Aug 21 1990	1991.4.21 Apr 21 1991	1993.5.15 May 15 1993
一、流动资金贷款				
(一) 一般流动资金				
三个月 3 Months	7.92	7.92		
半年 6 Months	9.00	8.64	8.10	8.82
一年 1 Year	10.08	9.36	8.64	9.36
(二) 个体工商户贷款	在10.08%基础	在9.36%基础	在8.64%基础	在9.36%基础
Loans for Industrial and Commercecial Households	上浮20%	上浮20%	上浮20%	上浮20%
二、固定资产贷款				
(一) 技术改造贷款 Loans for Technical Updates	10.08	9.36	8.46	9.18
(二) 基本建设贷款 Loans for Capital Construction				
一年以内 1 Year and Less	10.08	9.36	8.46	9.18
一年以上至三年 1~3 Years	10.80	10.08	9.00	10.80
三年以上至五年 3~5 Years	11.52	10.80	9.54	12.06
五年以上 5~ Years	11.88	11.16	9.72	12.24

注：自1991年4月21日以后，固定资产贷款5年期以上的利率均按五年期以上档次利率执行。

Beginning on April 21. Loan interests of capital construction five Years and over five Years are the same rates.

数据来源：中国人民银行

Source: The People's Bank of China

Interest Rates of Major Saving Loans (1990—1997)

Refers to official interest rates. 单位：年利率%(annual interest rate %)

1993.7.11 Jul 11 1993	1995.1.1 Jan 1 1995	1995.7.1 Jul 1 1995	1996.5.1 May 1 1996	1996.8.23 Aug 23 1996	1997.10.23 Oct 23 1997
9.00	9.00	10.08	9.72	9.18	7.65
10.98	10.98	12.06	10.98	10.08	8.64
在9.36%基础上浮20%	在10.98%基础上浮20%	在10.98%基础上浮20%	执行1年期流动资金贷款利率可以上浮	执行1年期流动资金贷款利率可以上浮	
10.98	11.70	与同档次基本建设贷款相同	执行1年期流动资金贷款利率可以上浮	执行1年期流动资金贷款利率可以上浮	与同档次基本建设贷款相同
10.98	11.70	12.24	11.52	10.08	8.64
12.24	12.96	13.50	13.14	10.98	9.36
13.86	14.58	15.12	14.94	11.70	9.90
14.04	14.76	15.30	15.12	12.42	10.53

9-9 主要存款项目利率表(1990—1997)

本利率表为法定存款利率表

项目	Item	1990.4.15 Apr 15 1990	1990.8.21 Aug 21 1990
城乡居民储蓄存款	Saving Deposits of Urban and Rural Residents		
活期	Current Desidents	2.88	2.16
定期	Fixed Deposits		
整存整取	Fixed Anount and Period		
三个月	3 Months	6.30	4.32
半年	6 Months	7.74	6.48
一年	1 Year	10.08	8.64
二年	2 Years	10.98	9.36
三年	3 Years	11.88	10.08
五年	5 Years	13.68	11.52
八年及以上	8 Years and Over	16.20	13.68
零存整取、整存零取、存本取息	Regular Deposits Regular Withdrawals or Withdrawals of Interesr Savings		
一年	1 Year	8.08	7.20
三年	3 Years	10.08	8.64
五年	5 Years	11.80	10.08
定活两便	Currenr or Fixed Deposits	(见注 1)(a)	(见注 1)(a)
华侨人民币储蓄存款	Savings Deposits of Overseas Chinese RMB		
一年	1 Year	11.88	10.08
三年	3 Years	13.68	11.52
五年	5 Years	15.48	13.68
企事业单位机关团和个体工商户存款	Savings Deposits of Enterprises Institutions, Government Organizations and Individual Industrial and Commercial Houweholds		
活期	Current Deposits	2.88	2.16
定期	Fixed Deposits		
三个月	3 Months	6.30	4.32
半年	6 Months	7.74	6.48
一年	1 Years	10.08	8.64
二年	2 Years	10.98	9.36
三年	3 Years	11.88	10.08
五年	5 Years	13.68	11.52
八年及以上	8 Years and Over	16.20	13.68

注：1、按一年期以内定期整存整取同档次利率打九折计息。

2、按一年期以内定期整存整取同档次利率打六折计息。

a) 10% discount of the interest rate of the same term fixed amount and period of fixed deposit.

b) 40% discount of the interest rate of the same term fixed amount and period of fixed deposit.

数据来源：中国人民银行

Source: The People's Bank of China

Interest Rates of Major Saving Deposits (1990—1997)

Refers to Official Interest Rates. 单位：年利率%

1991.4.21 Apr 21 1991	1993.5.15 May 15 1993	1993.7.11 Jul 11 1993	1996.5.1 May 1 1996	1996.8.23 Aug 23 1996	1997.10.23 Oct 23 1997
1.80	2.16	3.15	2.97	1.98	1.71
3.24	4.86	6.66	4.86	3.33	2.88
5.40	7.20	9.00	7.2	5.4	4.14
7.56	9.18	10.98	9.18	7.47	5.67
7.92	9.90	11.70	9.9	7.92	5.94
8.28	10.80	12.24	10.8	8.28	6.21
9.00	12.06	13.86	12.06	9	6.66
10.08	14.58	17.10			
6.12	7.20	9.00	7.2	5.4	4.14
6.84	9.18	10.98	9.18	7.47	5.67
7.56	10.80	12.24	10.8	8.28	6.21
(见注 1)(a£	(见注 2)(b)	(见注 2)(b)			(见注 2)(b)
8.28	10.80	12.24	7.2	5.4	4.14
9.00	12.06	13.86	9.18	7.47	5.67
9.90	14.58	17.10	10.8	8.28	6.21
1.80	2.16	3.15	2.97	1.98	1.71
3.24	4.86	6.66	4.86	3.33	2.88
5.40	7.20	9.00	7.2	5.4	4.14
7.52	9.18	10.98	9.18	7.47	5.67
7.92	9.90	11.70	9.9	7.92	5.94
8.82	10.80	12.24	10.8	8.28	6.21
9.00	12.06	13.86	12.06	9	6.66
10.08	14.58	17.10			—

9-10　1990—1997年金融机构信贷收支情况(期末余额)

Sources and Users of Credit Funds of Financial Institutions(1990-1997)

单位：亿元(100 000 000 yuan)

项　　目　Items	1990	1991	1992	1993	1994	1995	1996	1997
各项存款 Total Deposits	14012.6	18079	23468	29627	40472.5	53862.2	68571.2	82390.3
企业存款 Deposits by Enterprises	4098.1	5050.1	7191.3	8606.3	13175.9	17182.8	22287.2	28656.3
财政存款 Deposits by Treasury	380.4	485.8	230.7	487.3	833.3	1003.2	1271	1572.4
机关团体存款 Deposits by Goverment Departments & Organizations	614.8	752.8	687.5	713.1	853.5	899.8	947.7	858.6
城乡储蓄存款 Savings Deposits in Cities & Towns	7119.8	9241.6	11758	15203.5	21518.8	29662.2	38520.9	46279.8
农村存款 Deposits in Rural Areas	393.1	649.6	948.8	1073.6	1063.2	1196.2	1364	1533
其他存款 Other Deposits	1406.4	1899.1	2651.7	3543.2	3027.8	3918	4180.4	3490.2
债　券 Bonds	108.3	168.7	237.4	196.1	845	1683.6	2477.1	29.9
对国际金融机构负债 Liabilities to International Financial Institutes	185.7	184.7	236	217.3	217.3	382.4	295.3	196.5
流通中货币 Currency in Circulation	2644.4	3177.8	4336	5864.7	7288.6	7885.3	8802	10177.6
银行自有资金 Own Capital of Banks	1607.2	1830.4	2267.3	3251.9	3605	3394.9	3924.2	4661.8
其　他 Others	818.8	532.4	-1438.1	-2100.6	-3163.9	-4723.6	-7098.6	-3274.6
资金来源合计 Source of Funds in Total	**19377**	**23973**	**29106.6**	**37056.4**	**49264.5**	**62484.8**	**76971.2**	**94181.5**
各项贷款 Total Loans	17680.7	21337.8	26322.9	32943.1	40810.1	50394.2	61152.8	74914.1
工业生产企业贷款 Loans to Industrial Production Enterprises	3559.4	4235.8	4956.1	6190.9	7393.1	9123.5	11278.3	16526.6
物资供销企业贷款 Loans to Material Supply & Sale Enterprises	653	696.8	818.8	974.1	1016.9	1063.4	1118.1	
商业企业贷款 Loans to Commercial Enterprises	5768.5	6691.2	7677.7	9131.4	10190.9	12407.4	14854.1	18356.6
建筑企业贷款 Loans to Construction	671.5	715	906.1	1055.7	1121.5	1048.9	1719.5	1591.1
城镇集体企业贷款 Loans to Urban & Township Collective Enterprises	977.1	1136.3	1517.9	1962.8	2071.2	2146	2638.8	
个体工商业贷款 Loans to Individual Proprietors	40.2	49.2	67.6	108.6	155.9	196.2	279.8	386.6
农业贷款 Loans to Agricultural Section	2412.8	2976	3868.5	4839.1	4644.5	3019.1	7123	8350.4
固定资产贷款 Loans for Fixed Assets	2245.8	3044.4	3924.6	5197.2	8041.5	9997	12153.6	15468.7
三资企业贷款 Loans to Joint-Ventures, Foreign & Cooperative Enterprises					792.3	999.2	1346.3	1890.9
其他贷款 Other Loans	1352.4	1793.1	2585.6	3483.3	5382.3	10393.5	8641.3	12343.2
购买债券 Bonds Purchases	24.9	65.3	130.2	750.6	1858.7	3166.9	4104.2	3671.7
黄金占款 Position for Gold Purchaese	12	12	12	12	12	12	12	12
外汇占款 Position for Foreign Exchange Purchases	599.4	1228.1	1102	1431.8	4503.9	6774.5	9578.7	13467.2
在国际金融机构资产 Deposits with International Financial Institutions	259	262	298.4	336.8	392.7	555.1	541.4	534.4
财政贷款 Advances to Treasury	801	1067.8	1241.1	1582.1	1687.1	1582.1	1582.1	1582.1
资金运用合计 Uses for Funds in Total	**19377**	**23973**	**29106.6**	**37056.4**	**49264.5**	**62484.8**	**76971.2**	**94181.5**

数据来源：中国人民银行

Source: The People's Bank of China

9－11　1978—1997 年物价指数

Price Index(1978—1997)

年份 Year	全国零售物价总指数 Overall Retail Price Index 1978 年＝100	全国零售物价总指数 Overall Retail Price Index 上年＝100	居民消费价格总指数 Overall Consumer Price Index of Residents 1985 年＝100	居民消费价格总指数 Overall Consumer Price Index of Residents 上年＝100
1978	100.0	100.7		
1979	102.0	102.0		
1980	108.1	106.0		
1981	110.7	102.4		
1982	112.8	101.9		
1983	114.5	101.5		
1984	117.7	102.8		
1985	128.1	108.8	100.0	109.3
1986	135.8	106.0	106.5	106.5
1987	145.7	107.3	114.3	107.3
1988	172.6	118.5	135.8	118.8
1989	203.3	117.8	160.2	118.8
1990	207.6	102.1	165.2	103.1
1991	213.6	102.9	170.8	103.4
1992	225.2	105.4	181.7	106.4
1993	254.9	113.2	208.4	114.7
1994	310.2	121.7	258.6	121.4
1995	356.1	114.8	302.8	117.1
1996	377.8	106.1	327.9	108.3
1997	380.8	100.8	337.1	102.8

注：零售物价总指数、居民消费价格总指数是包括牌价、议价和市价的指数

数据来源：国家统计局

Source：State Statistical Bureau of China

9－12　历年保值补贴率一览表

The Summary for Inflation Subsidy Rate in Recent Years

月　份	1988 年	1989 年	1990 年	1994 年	1995 年	1996 年
1月Jun.		12.71%	0.90%		9.84%	11.31%
2月Feb.		(第一季度)	1.46%		10.38%	10.83%
3月Mar.		(First Quarter)	0.00%	1.19%	11.87%	11.29%
4月Apr.		12.59%	1.42%	1.50%	11.47%	9.00%
5月May		(第二季度)	1.88%	2.70%	12.27%	7.61%
6月Jun.		(Second Quarter)	0.00%	3.38%	12.92%	7.23%
7月Jul.		13.64%		4.58%	13.01%	6.24%
8月Aug.		(第三季度)		4.27%	12.99%	4.75%
9月Sept.		(Third Quarter)		4.96%	12.64%	3.61%
10月Oct.	8.86%	8.36%		5.62%	12.07%	3.62%
11月Nov.	(第四季度)	(第四季度)		6.57%	12.07%	4.04%
12月Dec.	(Fourth Quarter)	(Fourth Quarter)		8.79%	13.24%	3.72%

注：a 1988 年至 1989 年均按季度公布保值补贴率，1990 年后改为按月公布。

b 1990 年 7 月至 1994 年 2 月，由于通货膨胀率低，保值补贴率没有公布。

数据来源：财政部国债司

Source：Ministry of Finance

9－13　1997年全国金融机构城乡储蓄存款表

统计日期：1997年12月31日

地区 Region	城乡储蓄 Total 余期 Balance	城乡储蓄 Total 活期 Current	城乡储蓄 Total 定期 Fixed	城镇储蓄 Urban 余期 Balance
全国 Nation	46279.8	10053.06	36226.74	37147.63
总行 Nation Headquarters	27.46	6.35	21.11	27.46
北京 Beijing	1966.49	290.84	1675.65	1762.14
天津 Tianjin	863.36	127.38	735.98	741.43
河北 Hebei	2685.1	424.67	2260.43	1917
山西 Shanxi	1236.84	166.63	1070.2	955.52
内蒙 Neimeng	605.01	158.77	446.24	523.66
辽宁 Liaoning	2726.39	432.49	2293.9	2350.08
吉林 Jilin	1140.38	231.23	909.15	1003.68
黑龙江 Heilongjiang	1689.73	351.32	1338.4	1528.09
上海 Shanghai	2729.57	886.32	1843.25	2556.83
江苏 Jiangsu	3102.61	445.13	2657.49	2463.36
浙江 Zhejiang	2292.9	423.38	1869.52	1635.43
安徽 Anhui	1036.47	203.57	832.9	788.75
福建 Fujian	1324.37	325.05	999.32	1153.47
江西 Jiangxi	928.24	18.12	740.12	750.38
山东 Shandong	3246.54	551.51	2695.03	2457.72
河南 Henan	2230.16	504.79	1725.36	1673.44
湖北 Hubei	1410.57	344.03	1066.54	1145.53
湖南 Hunan	1303.8	276.4	1027.4	919.15
广东 Guangdong	6312.78	1998.59	4314.19	4786.92
广西 Guangxi	1013.14	338.04	675.1	815.16
海南 Hainan	2360.83	104.13	256.7	317.58
四川 Sichuan	1646.85	305.49	1341.36	1210.39
贵州 Guizhou	362.87	87.61	275.26	317.69
云南 Yunnan	806.08	186.69	619.38	656.87
西藏 Xizhang	30.45	8.17	22.28	30.45
陕西 Shanxi	1090.43	250.7	839.73	846.78
甘肃 Gansu	570.71	118.49	452.21	493.69
青海 Qinghai	113.15	25.74	87.41	105.6
宁夏 Ningxia	168.86	32.59	136.26	147.57
新疆 Xinjian	676.13	132.36	543.77	621.32
重庆 Chongqing	581.54	126.48	455.07	444.49

数据来源：中国人民银行

Source: The People's Bank of China

Savings Deposit of Finanical Institutions in 1997

城镇储蓄 Urban 活期 Current	城镇储蓄 Urban 定期 Fixed	农村信用社 Rural 余期 Balance	农村信用社 Rural 活期 Current	农村信用社 Rural 定期 Fixed
8416.53	28731.1	9132.17	1636.53	7495.64
6.35	21.11			
269.35	1492.79	204.36	21.5	182.86
109.61	631.82	121.93	17.77	104.16
326.24	1590.76	768.1	98.43	669.67
137.26	818.26	281.32	29.37	251.95
132.76	390.91	81.34	26.01	55.33
382.33	1967.75	376.3	50.16	326.14
205.63	798.04	136.7	25.6	111.1
317.59	1210.5	161.64	33.74	127.9
883.21	1673.62	172.74	3.11	169.63
375.55	2087.8	639.26	69.57	569.68
331.25	1304.18	657.47	92.13	565.34
149.86	638.89	247.72	53.17	194.01
291.09	862.38	170.9	33.95	136.94
151.17	599.22	177.86	36.95	140.9
435.95	2021.76	788.82	115.55	673.27
396.29	1277.15	556.72	108.5	448.21
299.75	845.79	265.04	44.28	220.75
210.74	708.41	384.65	65.66	318.99
1584.87	3202.05	1525.86	413.71	1112.14
281.12	534.04	197.98	56.93	141.06
92.57	225.01	43.25	11.56	31.69
235.53	974.86	436.46	69.96	366.5
73.56	244.13	45.18	14.05	31.13
149.01	507.86	149.21	37.69	111.53
8.17	22.28			
205.6	641.18	243.65	45.09	198.55
98.17	395.53	77.01	20.33	56.68
23.48	82.12	7.55	2.26	5.29
28.1	119.47	21.29	4.49	16.8
115.94	505.38	54.81	16.42	38.39
108.46	336.03	137.05	18.02	119.04

9－14　1997年国际收支平衡表

Balance of Payments, 1997

单位：万美元(10,000US＄)

名　称　Item	差　额 Balance	贷　方 Creditor	借　方 Debtor
一、经常项目 Current Accout	2,971,723	21,590,453	18,618,730
(一) 对外贸易 Goods and Services	4,622,173	18,266,998	13,644,825
1、出口 Export	18,266,998	18,266,998	
2、进口 Import	－13,644,825		13,644,825
(二) 服务 Service	－572,521	2,458,311	3,030,832
1、运输 Transportation	－727,982	296,849	1,024,831
2、旅游 Travel	190,750	1,207,414	1,016,664
3、通讯服务 Communication services	－1,827	27,166	28,993
4、建筑服务 Construction services	－61,897	59,013	120,910
5、保险服务 Insurance services	－87,136	17,431	104,567
6、金融服务 Financial services	－29,755	2,733	32,488
7、计算机和信息服务 Computer and information services	－14,764	8,359	23,123
8、专有权利使用费和特许费 Royalties and license fees	－48,858	5,485	54,343
9、咨询 Research and development	－12,166	34,641	46,807
10、广告、宣传 Advertising and public opinion polling	－323	23,820	24,143
11、电影、音像 Audio-visual and related services	－3,387	1,004	4,391
12、其他商业服务 Other business services	242,608	767,877	525,279
13、别处未提及的政府服务 Government services, n. i. e	－17,784	6,509	24,293
(三) 收益 Income	－1,592,245	317,474	1,909,719
1、职工报酬 Compensation of employees	16,641	16,641	
2、投资收益 Investment income	－1,608,886	300,833	1,909,719
(四) 经常转移 Current transfers	514,316	547,670	33,354
1、各级政府 General government	48,297	48,297	
2、其他部门 Other sectors	466,019	499,373	33,354
二、资本和金融项目 Capital and financial account	2,295,851	11,117,998	8,822,147
A、资本项目 Capital account	－2,076		2,076
B、金融帐户 Financial account	2,297,927	11,117,998	8,820,071

续表 Continued

名　　称　　Item	差　　额 Balance	贷　　方 Creditor	借　　方 Debtor
1、直接投资 Direct in investment	4,167,368	4,543,909	376,541
1.1 我国在外直接投资 Abroad	-256,249	16,112	272,361
1.2 外国在华直接投资 In reporting country	4,423,617	4,527,797	104,180
2、证券投资 Portfolio in reporting country	680,403	923,036	242,633
2.1 资产 Assets	-89,927	3,650	93,577
2.1.1 股本证券 Equity securities	0		
2.1.2 债务证券 Debt securities	-89,927	3,650	93,577
2.2 负债 Liabilities	770,330	919,386	149,056
2.2.1 股本证券 Equity securities	565,700	565,700	
2.2.2 债务证券 Debt securities	204,630	353,686	149,056
3、其他投资 Other investment	-2,549,844	5,651,053	8,200,897
3.1 资产 Assets	-3,392,878	570,688	3,963,566
3.1.1 贸易信贷 Trade credits	-1,028,322	473,950	1,502,272
3.1.2 贷款 Loans	-215,499	7,508	222,907
3.1.3 货币和存款 Currency and deposits	-1,251,543	6,154	1,257,697
3.1.4 其他资产 Other assets	-897,514	83,176	980,690
3.2 负债 Liabilities	843,034	5,080,365	4,237,331
3.2.1 贸易信贷 Trade credits	395,924	1,391,265	995,341
3.2.2 贷款 Loans	141,169	2,326,884	2,185,715
3.2.3 货币和存款 Currency and deposits	-266		266
3.2.4 其他负债 Other	306,207	1,362,216	1,056,009
三、净误差与遗漏 Net errors and omissions	-1,695,212		1,695,212
四、储备资产 Reserves	-3,572,362	1,200	3,573,562
4.1 货币黄金 Monetary gold	0		
4.2 特别提款权 Special Drawing Right	1,200	1,200	
4.3 在基金组织的储备头寸 Reserve position in the Fund	-87,400		87,400
4.4 外汇 Foreign exchange	-3,486,162		3,486,162
4.5 其他债务 Other claims	0		3,486,162

数据来源：国家外汇管理局

Source: BOP Department, SAFE

主要统计指标解释

Definition

1. 国内生产总值（Gross Domestic Product）

市按市场价格计算的国内生产总值的简称。它是一个国家（地区）所有常住单位在一定时期内生产活动的最终成果。国内生产总值有三种表现形态，即价值形态、收入形态和产品形态。从价值形态看，它是所有常住单位在一定时期所生产的全部货物和服务价值超过同期投入的全部非固定资产货物和服务价值的差额，即所有常住单位的增加值之和；从收入形态看，它是所有常住单位在一定时期内所创造并分配给常住单位和非常住单位的次分配收入之和；从产品形态看，它是最终使用的货物和服务减去进口货物和服务。在实际核算中，国内生产总值的三种表现形态表现为三种计算方法，即生产法、收入法和支出法。三种分别从不同的方面反映国内生产总值及其结构。

Gross Domestic Product refers to gross domestic product calculated at market price. Which is all the final products of all resident units (enterprises and self-employed individuals) of a country (or region) during a certain period of time. Gross Domestic Product is presented in three different forms, i. e. value added, income, and products respectively. The form of value added refers to the total value of all products and services produced by all resident units during a certain period of time minus total value of inputs of non-fixed assets materials and services or the summation of the value added of all resident units; the form of income includes all the income items produced by all resident units and distributed primarily to all resident and non-resident units; the form of product refers to all final goods and services minus imports of goods and services. In the practice of national accounting. Gross Domestic Product is calculated by three approaches. i. e. product approach, income approach, and expenditure approach respectively to reflect Gross Domestic Product and its composition from different aspects.

2. 三次产业（Three Industries）

根据社会生产活动历史发展的顺序对产业结构的划分，产品直接取自自然界的部门称为第一产业，对处级产品进行再加工的部门称为第二产业，为生产和消费提供各种服务的部门称为第三产业。它是世界上通用的产业结构分类，但各国的划分不尽一致。我国的三次产业划分是：

第一产业：农业（包括种植业、林业、牧业、副业和渔业）。

第二产业：工业（包括采掘工业、制造业、自来水、电力、蒸气、热水、煤气）和建筑业。

第三产业：除第一、第二产业以外的其他各业。由于第三产业包括的行业多、范围广，根据我国的实际情况，第三产业可分为两大部门：一是流通部门，二是服务部门。具体又可分为四个层次。

第一层次：流通部门，包括交通运输业、邮电通讯业、商业、饮食业、物资供销和仓储业。

第二层次：为生产和生活服务的部门，包括金融、保险业，地质普查业，房地产、公用事业、居民服务业、咨询服务业和综合技术服务业，农、林、牧、水利服务业和水利业，公路、内河（湖）航道养护业等。

第三层次：为提高科学文化水平和居民素质服务的部门，包括教育、文化、广播电视、科学研究、卫生、体育和社会福利事业等。

第四层次：为社会公共需要服务的部门，包括国家机关、政党机关、社会团体，以及军队和警察等。

Industry structure has been classified according to the historical sequence of development. Primary industry refers to extraction of natural resources; secondary industry involves processing of primary products; and tertiary industry provides services of various kinds for production and consumption. The above classification is universal although it varies to some extent from country to country. Industry in China comprise:

Primary industry: Agriculture (Including farming. forestry. husbandry. sideline production. and fishing).

Secondary industry: Industry (including mining. manufacture. water supply. electricity generation and supply. steam. hot water. gas) and construction.

Tertiary industry: all other industries not included in primary or secondary industry.

Due to the fact that tertiary industry involves in a large variety of industries in China. it is divided into two sectors; circulation sector and service sector and further into four levels:

The first level: circulation sector, including transportation, postal service and communication, commerce, catering, material supply and distribution. and storage.

The second level: service sector providing service for production and consumption, including banking, insurance, geological survey, real estate, public utilities, service for residents, constancy service, and comprehensive technical service, and service for agriculture, forestry, husbandry, fishing, water conservancy, and maintenance of roads, internal water ways. etc.

The third level: service for improving education and cultural life of people, including education, culture, broadcasting, television, research of science, health, sports, and social welfare. etc.

The fourth level: sector providing service for public, including government agencies, political and party institutions, social organization, armies, and policemen.

3. 零售物价指数（Retail Price Index）

是反映城乡商品零售价格变动趋势的一种经济指数。零售物价的调整变动直接影响到城乡居民的生活支出和国家的财政收入，影响居民购买力和市场供需平衡，影响消费与积累的比例，因此，计算零售价格指数，可以从一个侧面对上述经济活动进行观察和分析。

零售价格指数采用加权计算平均公司计算。每年根据住户调查资料调整一次权数。1992 年全国有 146 个市、80 个县城作为基层填报单位。城市指数所选商品 352 种左右，县城指数所选商品 404 种左右。每种商品的指数采用代表规格平均价格计算。

Retail Price Index reflects the general change in prices of retail commodities. The change and adjustment in retail prices directly affect living expenditure of urban and rural residents and government revenue, purchasing power of residents and equilibrium of market supply and demand, and the proportion of consumption and accumulation. Therefore, retail price index can predict to certain extent the changes of the above economic activities.

Retail price indexes are calculated by the formula of weighted arithmetic mean. The weights used are adjusted annually based on data of household survey in cities. In 1992, more tan 146 cities and 80 county towns are selected as the basic units for data collection; 352 items of commodities in the cities and 404 in the county towns are included in the calculation. The price of a standard commodity form each item of products is adopted in the calculation.

4. 居民消费价格总指数（Consumer Price Index）

是反映一定时期内城乡居民所购买的生活消费品价格和服务项目价格变动趋势和程度的相对数。是综合了城市居民消费价格指数和农民消费价格指数计算取得。利用居民消费价格指数，可以观察和分析消费品的零售价格和服务价格变动对城乡居民实际生活费支出的影响程序。

1952 年以前采用固定数量加权综合法（即总值法）计算，1953 年到 1956 年采用加权算术平均公式计算，1957 年以后根据消费品零售价格指数与服务项目价格指数汇编居民生活指数。1993 年计算指数所选商品和服务项目为 392 种。

Consumer Price Index reflects the relative change in prices of consumer goods and services purchased by urban and rural residents. and is derived from urban consumer price index and rural consumer price index. Consumer price index can be to predict the impact of consumer price change on actual living cost expenditure of urban and rural residents.

5. 国家财政总收入（Total Government Revenue）

是国家通过财政各个环节筹集的财政资金的总称，它是保证国家行使其职能不可缺少的财力，主要包括：各项税收、企业收入、债务收入及其他收入。

Total Government Revenue refers to budget revenue collected by the government through various channels, including various tax revenue, corporation revenues, debt income, and other revenues, which is the financial resources for ensuring government to function.

6. 中央财政和地方财政

财政是国家为了实现其职能、凭借政治权力，对一部分社会产品进行分配和再分配的经济活动。中央财政地方财政，是指财政体制上划分中央政府和地方政府以及地方各级政府之间财政管理权限的一项根本制度。它是经济管理体制的重要体制的重要组成部分，它在财政管理体制中居于主导地位。它具体规定了各级政府筹集资金、支配使用资金的权力、范围和责任，使各级政府在财政管理上有责有权。这对于正确处理中央的地方之间，以及各级之间的分配关系，充分发挥各级政府的积极性，更好地完成国家财政收支任务，促进社会主义建设的发展有着及其重要的意义。中央财政收入和地方财政收入，是指中央和地方各级负责组织征收的收入，不是按财政体制计算的收入分成数。其收入还包括了国外借债。

7. 国家财政总支出（Government Expenditures）

是国家政权为行使其职能，对筹集的财政资金进行有计划的分配使用的总称。国家财政总支出，体现政府的活动范围和方向反映财政资金的分配关系。财政总支出主要包括基本建设支出、增拨企业流动资金、企业挖潜改造资金、新产品试制费、地质勘探费、工交商部门事业费、支援农村生产支出和各项农业事业费、文教科学卫生事业费、抚恤和社会救济费、国防费、行政管理费及债务支出。

Government Expenditures refers to the government spending according to its plan and budget, which reflects the extent and direction of government intervention and financial distribution structure. It includes expenditure capital construction, additional circulating capital for enterprise, improving and transformation funds for enterprises, expenses on new product development, geological surverys, institution fees for industrial, transportation, and commercial sectors, aid for rural production and various agricultural, funds for cultural, educational, scientific and public health development, and social welfare, defense, administration and payment of debt.

第十部分　大事记

Events

1997年中国证券市场大事记

Events of China Securities Market in 1997

一 月

1月4日 上海石化被《亚洲货币杂志》评为“中国最佳管理公司”之首，镇海炼化、仪征化纤、中远太平洋、耀华皮尔金顿分别列第二、第三、第四、第五位。

○中国人民银行决定从即日起对经营严重违法违规、造成巨额亏损的中国农村发展信托投资公司予以关闭。

1月6日 国务院批准中国有色金属工业总公司、中国石化总公司和中国航空工业总公司进行国家控股试点。这三家公司可作为国家授权投资机构，对其现有直属企业、控股企业、参股企业依《公司法》行使出资人的权利，并相应承担保值增值等责任。

○财政部发出《关于股份制企业所收申购款存款利息收入财务处理的通知》，提出投资者申购期间内冻结资金所产生的存款利息收入，均归股份制企业所有。

1月8日 国务院证券委公布33家发行境内上市外资股(B股)预选企业名单。

1月9日 中国证监会决定正式受理境内及境外证券经营机构从事外资股业务资格的申请。

1月14日 中国证监会发出《关于规范期货经纪公司接受出资若干问题的通知》，要求期货经纪公司不得接受各党政机关、部队、人民团体和国家核拨经费的事业单位的投资(经国务院批准的除外)；不得接受各类金融机构的投资；不得接受外资、外商投资企业的投资。

1月17日 中国证监会发布《关于股票发行工作若干规定的通知》，其中规定，若年度报告的利润实现数低于预测数10%－20%的，发行公司及其聘任的注册会计师应在指定报刊上作出公开解释并致歉。若比预测数低20%以上的，中国证监会将视情况实行事后审查。按新规定，1996年度新股发行定价不再以盈利预测为依据，改为按过去3年已实现每股税后利润算术平均值为依据。

○中国证监会对有非法回购和内幕交易行为的张家界旅游开发股份有限公司及主要负责人处以警告、罚款。该公司开设多个帐户(其中有14个个人帐户)，在公布董事会送股决议前动用大量资金炒作本公司股票，直接获利1180.5万元。湖南证券交易中心违反有关规定为张家界公司提供融资买卖股票，亦被处以罚款、警告。

1月18日 中国证监会发布《关于股票发行与认购方式的暂行规定》，指出上市公司发行股票可采用“上网定价”、“全额预缴款”、“与储蓄存款挂钩”三种方式。

○庆铃汽车股份有限公司日前决定发行1亿美元2002年到期的H股可转换债券，债券票面息率为3.5%，这是继镇海炼化之后第二家发行可转换债券的H股公司。

1月20日 35亿元96中国铁路建设债券公开发行，创我国一次发行企业债券额度最高纪录。该债券分为两个品种：三年期20亿元，利率11%，五年期15亿元，利率12%，信用等级AAA级。

○中国证监会颁布《上市公司检查制度实施办法》，检查内容共有九项，主要涉及信息披露、募集资金的运用、公司章程及执行情况、股东大会、董事会、监事会的运作、高级管理人员工作情况等。

1 月 22 日　1997 年记帐式一期国债开始发行,本期国债为零息债券,采用贴现方式发行 200 亿元,期限为二年,1999 年 1 月 22 日到期偿还。经公开招标,本期国债最中加权平均价为 82.39 元。

1 月 31 日　中国证监会就年报编制再发通知,要求上市公司将税后利润派送红股和以公积金转增股本予以明确区分。1996 年内新上市的公司,若财务报表数据中包含新股申购冻结资金利息,要披露扣除新股申购冻结资金利息的各项财务数据和财务指标。

二　月

2 月 1 日　《中国建设银行法人授权制度(试行)》正式实施。这是人行颁布《商业银行授权、授信管理暂行办法》后由商业银行制定的第一部有关法人授权的规章。

2 月 3 日　原万国证券公司副董事长兼总裁管金生因犯受贿和挪用公款罪被依法判处有期徒刑 15 年。

2 月 4 日　东方航空 1400 万股在纽约证券交易所挂牌上市,这是第一家在海外股市发售股票的中国航空公司。

2 月 19 日　中国人民银行发布 1997 年 3 月份保值贴补率为 0.94%。

2 月 20 日　10 亿"吉化集团公司建设债券"开始发行,该券期限为三年,年息 11%,为记帐式非实物券。

〇新大洲股权之争终有说法,中国轻骑摩托车集团总公司以协议方式受让海南省国营桂林洋农场持有的"新大洲"法人股 156800 股(占总股本的 0.06%)。

2 月 28 日　10 亿元中国长江三峡工程开发总公司 1996 年企业债券(简称"96 三峡债券")即日起向社会公开发行。债券期限为 3 年,年利率 11%,到期一次还本付息,不计复利。发行结束后经批准在上交所上市交易。

三　月

3 月 1 日　1997 年凭证式国债开始发行,票面总额为 1,230 亿元。本期国债分为三种:二年期 250 亿元,年利率 8.64%;三年期 730 亿元,年利率 9.18%;五年期 250 亿元;年利率 10.17%。本期国债不计复利,到期后一次还本付息。

〇中国证监会查处天津红小豆期货操纵大案,天津市金属材料物产公司等三家企业及主要负责人被列为"市场禁入者"。

〇深沪两交易所发出通知,决定自 3 月 3 日起对 A 股、基金类证券的交易实施公开信息制度。需要公开的内容包括:每个交易日涨(跌)幅超过 7% 的前 5 只证券名称、涨跌幅、成交量、成交金额,以及所涉及的每只证券当日交易金额最大的前 5 家证券营业部的名称及其席位代码及当日交易金额等。

3 月 3 日　中国证监会发布《证券市场禁入暂行规定》。按规定,一旦被中国证监会认定为市场禁入者,3－10 年内不得担任任何上市公司和从事证券业务机构的高级职务,并不得从事证券业务;情节特别严重者,永久性不得担任上市公司和证券业务机构的高级管理人员职务,并永久不得从事证券业务。

3 月 4 日　"琼民源"1996 年度报告摘要刊登后,投资者投诉较多,有关部门决定对该公司年报中涉嫌违反现行会计制度等问题进行核查。深交所发出公告,在核实期间,"琼民源"停牌。

3月7日 国务院副总理朱镕基在八届全国人大五次会议期间指出,要切实加强对金融风险的防范,1997年要大力开展"整顿金融秩序、防范金融风险年"活动,争取在今后几年里使银行不良贷款率每年降低2%,对达不到要求的,要追究该行行长的责任。

3月8日 中国证监会对金马期货公司处以警告,并责令其停业整顿半年。据查,1995年4至6月间,该公司在代理浙江华能公司和浙江华能工贸公司期货交易过程中,没有如实执行客户指令,并向客户提供虚假成交回报和持仓回报,情节严重,影响极坏。

3月10日 中国人民银行决定自3月份起,对中国工商银行、中国农业银行、中国银行和中国建设银行四家国有独资商业银行开办再贴现业务。所谓再贴现是指商业银行将其贴现收进的未到期票据向中央银行再办理贴现的资金融通行为。这是加快改进金额宏观调控方式的又一重要措施。

3月13日 广电股份、真空电子同时发布公告称,其国家股归由广电(集团)持有,这是两家公司进行资产重组迈出的重要一步。

3月14日 新修订的《中华人民共和国刑法》在八届全国人大五次会议上获通过,证券犯罪被写进了刑法,从此内幕交易、编造传播虚假信息、操纵证券交易价格等犯罪行为将依法受到严惩。

3月17日 财政部部长刘仲藜在八届全国人大五次会议上指出,今年继续实行适度从紧的财政政策,国债发行规模为2485.96亿元。从1997年1月1日起,国有金融保险企业的所得税税率由目前的55%降为33%,金融保险业营业税税率由5%提高到8%,证券交易印花税中央与地方分享比例为8:2。

3月18日 财政部制定的《商品期货交易财务管理暂行规定》颁布实施。

3月19日 中日签署证券监管谅解备忘录,这为中国企业到日本证券市场筹集资金奠定了基础。

3月22日 财政部、国家税务总局联合发出通知,对股份公司新股申购冻结资金利息纳税问题作出明确规定,申购资金未中签部分被冻结期间的存款利息依法征收企业所得税。

3月24日 北京大唐发电股份有限公司成功在伦敦证券交易所上市,成为首家在伦敦上市的中国公司。北京大唐此次发行12.44亿股,发行价为2.52港元。1997年3月21日在香港联交所挂牌上市,然后以普通股形式在伦敦交易所第二上市。

3月27日 广华化纤公布96年报,以每股0.01元的收益成为去年沪市6家亏损公司中第一个公布摘掉亏损帽子的公司。

○针对少数公司1996年报不规范和财务数据不真实等问题,中国证监会发出通知,要求进一步做好年报工作。

四　月

4月1日 1997年国债兑付工作进入兑付高峰期。92五年国债,94三年期凭证式国债和96一年期记帐式(四期)国债进入兑付期。

4月3日 中国人民银行发出通知,要求进一步加强现金管理工作,改进和完善现金管理办法。

○财政部国债司司长指出,今后将进一步巩固和规范市场化的国债招标发行方式,采取有效措施,方便个人投资者购买国债;国家准备在条件成熟时批准若干家国债一级自营商作为国债做市商;今后要逐步建立全国统一的国债登记托管和结算制度。

4 月 10 日 国务院证券委发布《可转换公司债券管理暂行办法》,对可转换公司债券和发行人的条件作了如下规定:上市公司必须最近 3 年连续盈利,且最近 3 年净资产利润率平均在 10%以上;属于能源、原材料、基础设施类的公司可略低,但不得低于 7%;可转换公司债券发行后,资产负债率不高于 70%;累计债券余额不超过公司净资产额的 40%;募集资金投资符合国家产业政策;利率不超过银行同期存款利率水平;发行额不少于人民币 1 亿元。

○中国人民银行发出通知,要求从 1997 年 4 月 21 日起暂停办理存单质押贷款业务(10 万元以下个人定期储蓄存款、小额抵押贷额业务除外)。

○中国证监会发言人就可转换债券试点工作发表谈话指出,现阶段只选若干重点国企作试点,发行规模为 40 亿元,上市公司暂不列入试点范围。

4 月 11 日 人民银行深圳分行发出通知,禁止证券经营机构开设远程交易室;禁止证券机构非法将交易席位出租给期货经营机构从事证券经纪业务。

4 月 12 日 央行近日发布《公开市场业务暨一级交易商管理暂行规定》,新增政策性金融债和中央银行融资券作为操作工具;人行拟吸收证券公司和信托投资公司作为一级交易商。人行批准第一批一级交易商 25 家,包括 15 家商业银行和 10 家城市合作银行。

4 月 15 日 《中国人民银行货币政策委员会条例》施行。

4 月 16 日 证监会国际组织亚太地区委员会会议及执法会议暨证券市场论坛在京举行。国务院证券委主任周正庆在会上强调,当前要突出风险防范意识,证监会主席周道炯指出加强对投资者的风险教育具有重要意义。

4 月 18 日 财政部发布《中华人民共和国国债托管管理暂行办法》,其中明确规定国债托管实行统一管理体制,财政部授权中央国债登记结算有限公司主持建立和运营全国国债托管系统。

○中国证监会与马来西亚证券委员会在京签署《中马证券期货监管合作谅解备忘录》。至今,我国已同世界上七个国家和地区签署了监管合作备忘录。

○法人股首次摆上了拍卖台。海南某公司持有的 600 万股海南航空股份有限公司法人股被依法公开拍卖,开我国股票拍卖之先河。

4 月 22 日 中国证监会下发通知,要求各地证管办审核 32 家历史遗留问题企业,审核通过后上市。

4 月 24 日 中国证监会决定开展“证券期货市场防范风险年”活动,包括:开展多种形式的宣传教育活动,建立市场风险监测系统;形成证券期货市场风险防范体系;建立健全各类市场风险基金;建立重点监控和公开举报制度。

4 月 26 日 深市 96 年报初步统计结果显示,上市公司总体业绩提高,平均每股盈利 0.316 元,比上年增长 26.4%;平均净资产收益率为 11.168%,比上年增长近 3 个百分点。

○沪市 96 年报初步统计表明,上市公司平均每股收益为 0.271 元,与 95 年的平均每股收益 0.28 元相比大体持平;平均净资产收益率为 8.292%,与 95 年平均净资产收益率 11.11%相比有所降低。四川长虹以每股收益 2.07 元的业绩领衔沪股。西安黄河每股亏损 2.10 元,成为沪市第一亏损大户。

五 月

5 月 1 日 400 亿元 97 无记名一期国债公开发行,本期国债为实物券,期限为 3 年,以面值发行,年利率为9.18%。

〇中国人民银行发出通知,要求严禁将公款转为储蓄存款,以进一步规范商业银行的存款经营行为。

5月5日 中国证监会发言人指出,国家计划1996年新股发行额度为150亿元,原下达的100亿额度已不能满足计划内企业的需要。

〇沪深上市公司96年业绩龙虎榜排定,四川长虹以2.07元的佳绩蝉联每股收益冠军,其次是江苏春兰、泸州老窖、山东黑豹、格力电器、苏物贸、厦门国贸、深长城、深科技和湖北兴化。在资产收益率排行中,湖北兴化以45.6%的业绩再拔头筹。

5月8日 国家计委有关人士指出,今后我国将在定期评审制度下,推行非金融机构发债试点。1982年至1997年4月,我国共发行境外外币债券187亿美元。

5月9日 国务院发出通知,决定从5月10日起将证券交易印花税率上调至5‰,以前印花税率是3‰。

5月12日 国家体改委副主任洪虎指出,股份制是公有制的实现形式之一,今年我国将继续积极推进和规范股份制改革。据介绍,截至去年底,全国改建或新建9200家股份制公司,其固定资产净值年平均余额为5000亿元,占全国国有工业企业固定资产净值平均余额的20.6%。

5月13日 中国人民银行公布1997年一季度金融统计资料表明,储蓄存款保持稳定增长态势,至3月末全国城乡居民储蓄存款余额达41556.8亿元,比上年同期增长23.7%。

5月14日 北京北辰实业股份有限公司在港成功挂牌,成为第四批39家境外上市国企中第一只在港挂牌的企业。

5月15日 国家计委、国务院证券委宣布1997年股票发行规模为300亿元,将重点支持国家确定的1000家国有重点企业、120家企业集团、100家现代企业制度试点企业和农业、能源、交通、通讯、重要原材料及高新技术企业。

5月16日 深沪交易所发出通知,"河北威远"、"东大阿派"、"深能源"、"泸州老窖"因股价波动较大,暂停股票交易。

5月17日 东大阿派等四只被停牌股票复牌。据查,在这四只股票的交易中,存在机构利用个人帐户进行股票交易、个人和机构帐户超比例持股、有不合规资金参与买卖等问题。

5月21日 国务院证券委、中国人民银行、国家经贸委作出规定,严禁国有企业和上市公司炒作股票。

六　月

6月5日 财政部发布《企业会计准则——关联方关系及其交易的披露》,这是财政部发布的第一部具体会计准则,目前暂在上市公司中施行。

〇中国人民银行发出《关于禁止银行资金违规流入股票市场的通知》,其中规定:严禁各商业银行及其分支机构从事信托投资和股票业务;所有商业银行停止证券回购及现券交易。

6月10日 国资局发布《关于加强上市公司资产评估管理工作若干问题的通知》,其中规定,股票发行上市等具有重大影响的资产评估项目,由国资局审批立项并确认资产评估结果。

6月12日 嘉信期货经纪公司因提供虚假会计资料等问题被中国证监会吊销经营许可证。

6月13日 国务院证券委会同人行、审计署、中国证监会依法查处一批违规机构,深圳发展银行、中国工商银行上海分行、广深铁路股份有限公司、海通证券公司、申银万国证券公司、广发证券公司因违规被处罚，有关负责人亦被严处。

6月16日 《实物国债集中托管业务(暂行)规则》颁行，明确集中托管的实物国债方可在依法设立的国债交易所或场外市场进行交易。

○中国人民银行发布《银行间债券回购业务暂行规定》，银行间债券交易(包括现券买卖和回购)6月16日起在中国外汇交易中心正式运行。

6月21日 国务院发出《关于进一步加强在境外发行股票和上市管理的通知》。

6月27日 天津中新药业集团在新加坡挂牌上市，成为我国第一家在新加坡上市的S股。

七 月

7月1日 中国证监会发布公告，要求股票简称与公司上市公告书中公开的简称相符。

7月3日 中国证监会宣布十一家期货经纪公司未通过1996年度年检，被取消业务资格。

○国家税务总局制定《企业所得税减免税管理办法》，对企业所得税减免税的审批权、报批范围、申请、审批要求、审批程序及监督管理等方面作出了规定。

○中国证监会发布通知，重申严禁非法境外期货外汇按金交易。

○国务院任命周正庆兼中国证券监督管理委员会主席，陈耀先为国务院证券委员会副主任、中国证券监督管理委员会副主席，陈东征为中国证券监督管理委员会副主席。免去周道炯的国务院证券委员会副主任、中国证券监督管理委员会主席职务。

7月11日 海欣股份和东方电子分别发布中期报告，从而拉开了今年上市公司中期报告披露工作的序幕。

○广东省证监会作出决定，对散布虚假信息、误导投资者的自由撰稿人谭春霖作出公开批评的处罚，并会同省新闻出版局、省广播电视厅联合发出了《关于加强证券期货市场信息传播管理的规定》。

7月17日 香港股市再创历史新高，报收15706.29点，国企H股在重组和兼并传闻的刺激下，报收1151.67点，创1994年国企指数公布以来最高点。

○上交所和深交所完成对两地上市公司1996年度报告的审查，对年报编制比较规范、质量较高的新亚股份等10家沪市公司和中集集团等14家深市公司予以表扬；对西安黄河等10家沪市公司和琼民源等10家深市公司给予公开批评。

7月22日 中国证监会公布第二批不予通过1996年度年检的7家期货经纪公司名单。

7月24日 中国南方航空公司股票在纽约证券交易所挂牌上市。

7月28日 全国注册会计师协会与中国证监会协商后决定，所有从事证券业务的会计师事务所一律与挂靠单位脱钩，凡有挂靠单位的会计师事务所，取消从事证券业务资格。

○首届证券注册会计师资格考试结果揭晓，有431人成绩合格，取得资格。

八 月

8月2日 国务院任命中国人民银行货币政策委员会的组成人员。中国人民银行行长戴相龙任货币政策委员会主席。

○财政部、国家税务总局下发《关于企业资产评估增值有关所得税处理问题的通知》，其中规定，在产权转让过程中和股份制改造时发生的增值应缴纳所得税。

8 月 6 日　香港股市恒生指数及日成交量双双突破历史最高纪录，恒指以 16541 点收市，日交易值自香港联交所成立以来首次冲破 300 亿港元大关。

○国家体改委制定并下发了《关于发展城市股份合作制企业的指导意见》。

○根据国务院有关规定，财政部退出三大证券公司，其原持有的华夏、国泰、南方等三家全国性证券公司各 5%的发起人股份分别转让给华侨城经济发展总公司和中国中旅集团公司。

○中国证监会发布了《证券业从业人员资格培训与考试大纲(试行)》，成为我国证券行业第一部为从业人员资格培训和考试提供遵循的指导性文件。

○国资局规定：凡是占有、使用国有资产的企业在办理资产评估立项、国有股权管理审批、国有企业股份制改组、国有产权(股权)转让审批时，必须提交企业(被改组、被转让企业)的产权登记证。此项规定已于 7 月开始正式实施。

8 月 14 日　沪深两市 B 股走势强劲，B 股指数首次以涨停板报收，为两市有 B 股以来所罕见。

8 月 15 日　上交所新股上网发行时段与交易时段实现同步。“江苏工艺”成为同步之后的第一只上网发行的新股。

○为了进一步理顺证券交易所的管理体制，国务院决定将上交所和深交所划归中国证监会直接管理，证券交易所的总经理和副总经理由中国证监会任命，理事长、副理事长由中国证监会提名，理事会选举产生。

○中国证监会任命屠光绍同志为上海证券交易所总经理，免去杨祥海同志总经理职务。

8 月 21 日　财政部发布公告称，国家决定增加发行今年三年期凭证式国债 400 亿元，发行时间从 9 月 1 日开始。本次增发国债是在今年发行额度内进行，不新增额度。

○国家税务总局下发《关于加强证券交易印花税征收管理工作的通知》。

○中国人民银行副行长陈元在“香港与内地 21 世纪金融市场发展国际研讨会”上指出，目前我国金融对外开放工作已逐步走向成熟，今后将对外资银行采取以国民待遇为主、辅以对等互惠的政策。

8 月 25 日　中国人民银行副行长殷介炎指出，五年来，我国金融和资本市场的改革与发展成绩显著。几年来，已组建三家政策性银行，除原有的 4 大国有独资商业银行外，又陆续批准设立了其他商业银行 14 家，其中股份制商业银行 10 家，批准设立城市合作银行 44 家。截止上半年，全国共有证券公司 94 家，信托投资公司 245 家，财务公司 69 家，融资租赁公司 16 家，国内保险公司 14 家。

8 月 26 日　金陵石化公司、扬子石化公司、仪征化纤集团公司、南化集团公司组建石化产业集团公司。

○中国人民银行对中国工商银行中山分行东升办事处违规签发现金汇票、招商银行“一卡通”违规支付大额现金、中国建设银行鞍山市分行腾鳌支行违规支付大额现金和天津市城市合作银行国华支行违反帐户管理规定支付现金问题作出严肃处理，对有关责任人分别予以撤职、免职、降职、留用察看或记大过等处分。

○国有资产管理局和国家体改委联合发布《股份有限公司国有股股东行使股权行为规范意见》。

8 月 31 日　沪深两市中报披露顺利结束，沪市 364 家上市公司、深市 343 家上市公司除琼民源外全部按规定及时公布了97中期报告。沪市中期平均每股净利润0.143元,其中江苏春兰以每股1.20元再次荣登榜首;深市中期平均每股净利润0.158元,其中格力电器以每股收益0.95元摘取深市中期业绩桂冠。

九　月

9月2日　财政部、国家税务总局下发通知,对企业兼并破产中不予冲销的银行呆、坏帐损失营业税抵扣问题发出禁令,明确规定营业税抵扣范围不得扩大。

○财政部发布公告,决定发行今年记帐式(二期)国债,发行票面总额130亿元,票面利率为9.78%。

9月5日　记帐式(二期)国债今起在沪深证券交易所分销。

○中国人民银行发出通知,要求加强企业集团财务公司和资金管理,重申财务公司的自营存贷款比例不得高于75%。

9月6日　上海、深圳交易所决定从9月8日起,调整市盈率计算口径。公告称,有盈利的上市公司全部纳入计算范围;上市公司送配股和派发现金红利时,先对每股收益予以相应调整再计算市盈率;新股上市后按前一会计年度每股收益及新股发行后的总股本摊薄的指标计算每日市盈率。

9月12日　中国共产党第十五次全国代表大会在京开幕。会议提出了把建设有中国特色社会主义全面推向21世纪的行动纲领,并指出公有制实现形式可以而且应当多样化,股份制是现代企业的一种资本组织形式,资本主义可以用,社会主义也可以用。

9月13日　李鹏同志在十五大分组讨论时指出,公有制应有多种实现形式是又一次思想解放。他指出,股票市场要进一步支持国有大中型企业改革。

○中国证监会公布第三批未通过96年年检的期货经纪公司名单,它们是:云南云生期货经纪有限公司、云南商交期货经纪有限公司、大地期货经纪有限公司、湖北华泰期货经纪有限公司、上海太平洋期货经纪有限公司、湖南省恒通期货经纪有限公司。

9月14日　我国决定从10月1日起,降低进出口商品关税税率,平均关税水平由23%降低到17%,降税幅度为26%。这次降税共涉及4800多个税号商品,降税面积达73%以上。

9月22日　财政部颁布新的《财政总预算会计制度》、《事业单位会计准则(试行)》和《事业单位会计制度》。新的预算会计制度将于1998年1月1日起实施。

○中国人民银行和国家工商局联合发出紧急通知,严禁擅自批设金融机构和非法办理金融业务。1997年10月1日以后擅自设立金融机构和非法从事金融业务的,将按有关法律规定,提请司法机关查处。

○中国证监会副主席陈耀先在香港举行的中国经济研讨会上说,中国将在完善立法的前提下,逐步规范发展机构投资者,发挥证券投资基金支撑市场和稳定市场的作用。

9月24日　三家证券报针对当前股市一挫再挫,投资者疑虑悲观的情况,分别发表评论员文章,鼓励投资者研判大势,增强信心。

○沪深股市人气转旺,两市分别上涨6.53%和5.71%,几乎收复前日失地。

十　月

10月5日　外经贸部部长吴仪指出，截止到今年8月底，我国累计批准外商投资企业29.69万家，已开业14.5万家，实际利用外资2044亿美元。

10月7日　国务院原则通过了《证券投资基金管理暂行办法》，确定作进一步修改后进行试点。

10月9日　中国人民银行发布公告称，从今年10月15日起，逐步允许中资企业保留一定限额的外汇收入。中国人民银行并授权国家外汇管理局核定中资企业可保留外汇的最高金额，每个企业不得超过其上年进出口总额的15%。

10月13日　由宝钢集团、中国有色金属工业总公司等42家大型企业集团共同出资组建的联合证券有限责任公司在深圳成立，注册资本为10亿元人民币。

10月15日　《人民日报》发表国务院证券委主任、中国证监会主席周正庆《积极稳妥发展证券市场，进一步做好股票发行上市工作》的文章。

10月16日　财政部宣布，我国政府将发行5亿美元全球债，债券将在香港和卢森堡上市。这是自1994年以来财政部第三次进入美元全球债市场。

〇沪深两地交易所公布97年中报审查结果，对中报工作做得较规范的清华同方等21家沪市公司、深万科等19家深市公司给予公开表扬，对四川金顶等6家沪市公司、猴王股份等5家深市公司进行通报批评。

10月22日　中国人民银行颁布《支付结算办法》，并于去年12月1日起施行，同时废止1988年12月19日颁发的《银行结算办法》。

〇中国人民银行决定从1997年10月23日起，降低金融机构存、贷款利率。各项存款年利率平均下调1.1个百分点，各项贷款年利率平均下调1.5个百分点。

10月23日　香港股市连续第四个交易日暴跌，并在早市跌破10000点重要关口，全日跌幅达10.4%。

10月27日　国务院批转《关于以高新技术成果出资入股若干问题的规定》。

〇国家外汇管理局发布《经常项目外汇结汇管理办法》，以规范外汇业务银行、境内机构的结汇行为，防止资本项目外汇混入经常项目结汇。

10月29日　香港股市强劲反弹，以10765点收市，升幅达18.82%，为历史最大升幅。

10月30日　《中外合资经营企业合营各方出资的若干规定》的补充规定出台，要求加强对合资企业出资管理。

十一月

11月1日　中国人民银行发布实施《境内外汇帐户管理规定》，依据此规定，境内机构发行股票收入的外汇和境外法人或自然人在境内买卖B股的外汇，今后将可以开立外汇帐户保留外汇。

11月5日　国家计委、财政部发出《关于降低证券、期货市场监管费标准的通知》，决定从1998年1月1日起对深圳、上海两个证券交易所收取的证券交易监管费标准降低20%。

11月7日　香港期货交易所决定调高恒生指数期货和红筹指数期货按金。

11 月 10 日 中国石化总公司齐鲁石化公司兼并淄博化纤总厂和淄博石油化工厂签字仪式举行，这起兼并涉及债务总额 30 多亿元，为建国以来最大的一起国有企业兼并行为。

11 月 13 日 中国证监会与巴西证券委员会在京签署《中巴证券监管合作谅解备忘录》。

11 月 14 日 《证券投资基金管理暂行办法》正式颁布实施。

11 月 18 日 中国证监会针对一些新上市公司利润预测与利润实现数差距过大的情况，对 8 家新上市公司进行通报批评。

○国家经贸委发布《"九五"国家重点技术开发指南》，并拟定宝钢集团、海尔集团、北大方正、长虹集团、华北制药、江南造船等 6 家大型企业集团作为首批技术开发扶持重点，力争在 2010 年使之跻身于全球工业企业 500 强之列。

11 月 19 日 由金陵石化公司、扬子石化公司、仪化集团有限公司、南化集团公司组建的中国东联石化集团公司正式成立。

十二月

12 月 3 日 中国证监会处理违规挪用客户保证金的甘肃省信托投资公司上海证券业务部。

○中国资产评估协会宣布，我国明年起将全面实行注册资产评估师签字制度。

12 月 8 日 中国证监会宣布对违规买卖股票的安徽新集科贸发展有限公司予以处罚。

12 月 9 日 国资局下发《在若干城市试行国有企业破产有关资产评估问题的暂行规定》。

12 月 10 日 财政部等五部门发布《进一步规范会计工作秩序的意见》，其中证券市场和上市公司会计核算业务的规范和完善是重要内容。

○在我国注册的第一家中外合资产业投资基金中瑞合作基金举行签字仪式。

12 月 12 日 中国证监会发布《证券投资基金管理暂行办法》实施准则，并开始受理设立基金管理公司和证券投资基金的申请。

12 月 17 日 国家外汇管理局公布《境内机构借用国际商业贷款管理办法》和《境内机构发行外币债券管理办法》，于 1998 年 1 月 1 日起正式实施。

○恒指服务有限公司董事长黄建群宣布，"中国电信"和"上海实业"将成为香港股市恒生指数成分股。

12 月 25 日 中国证监会颁布《上市公司章程指引》，成为规范上市公司组织和行为的指导性文件。

○中国人民银行颁布《关于改进国有商业银行贷款规模管理的通知》，决定从 1998 年 1 月 1 日起，取消对国有商业银行贷款限额的控制。

12 月 26 日 中国证监会发布修改后的《公开发行股票公司信息披露的内容与格式准则第二号(年度报告的内容与格式)》，要求各上市公司照此规范地编制和披露年度报告。

○深圳证券交易所发布公告，对成分股指数的样本进行调整。

○沪深证券交易所颁布《股票上市规则》，并将于 1998 年 1 月 1 日起正式实施。

12 月 31 日 国务院证券委员会发布《证券、期货投资咨询管理暂行办法》。

附　　录

Appendix

上海证券交易所综合股价指数走势图（1990.12.19-1997.12.31）
The Shanghai Stock Exchange Composite Index

上海证券交易所 A 股指数走势图（1990.12.19-1997.12.31）
The Shanghai Stock Exchange A Shares Index

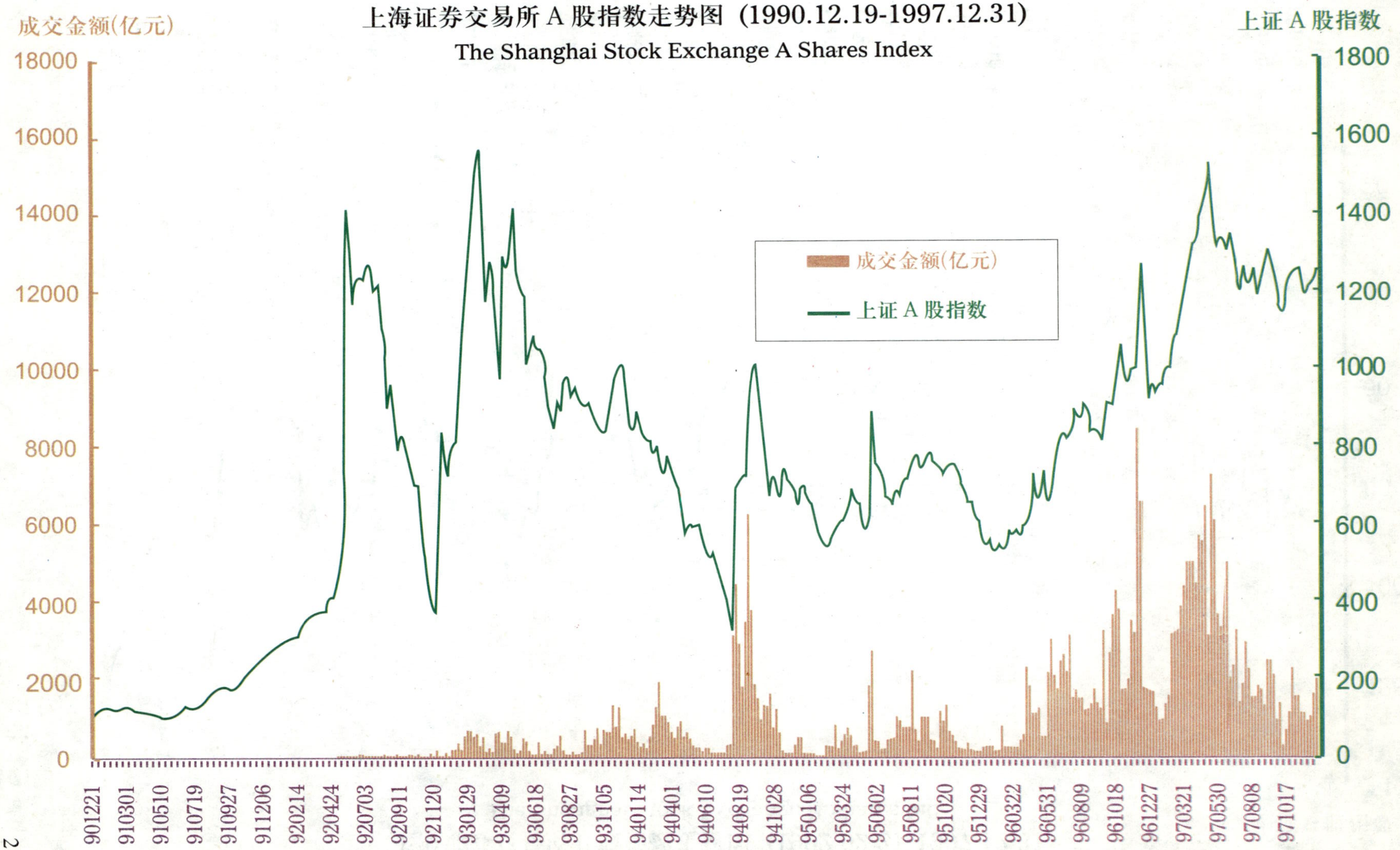

上海证券交易所 B 股指数走势图 (1992.02.21-1997.12.31)

The Shanghai Stock Exchange B Shares Index

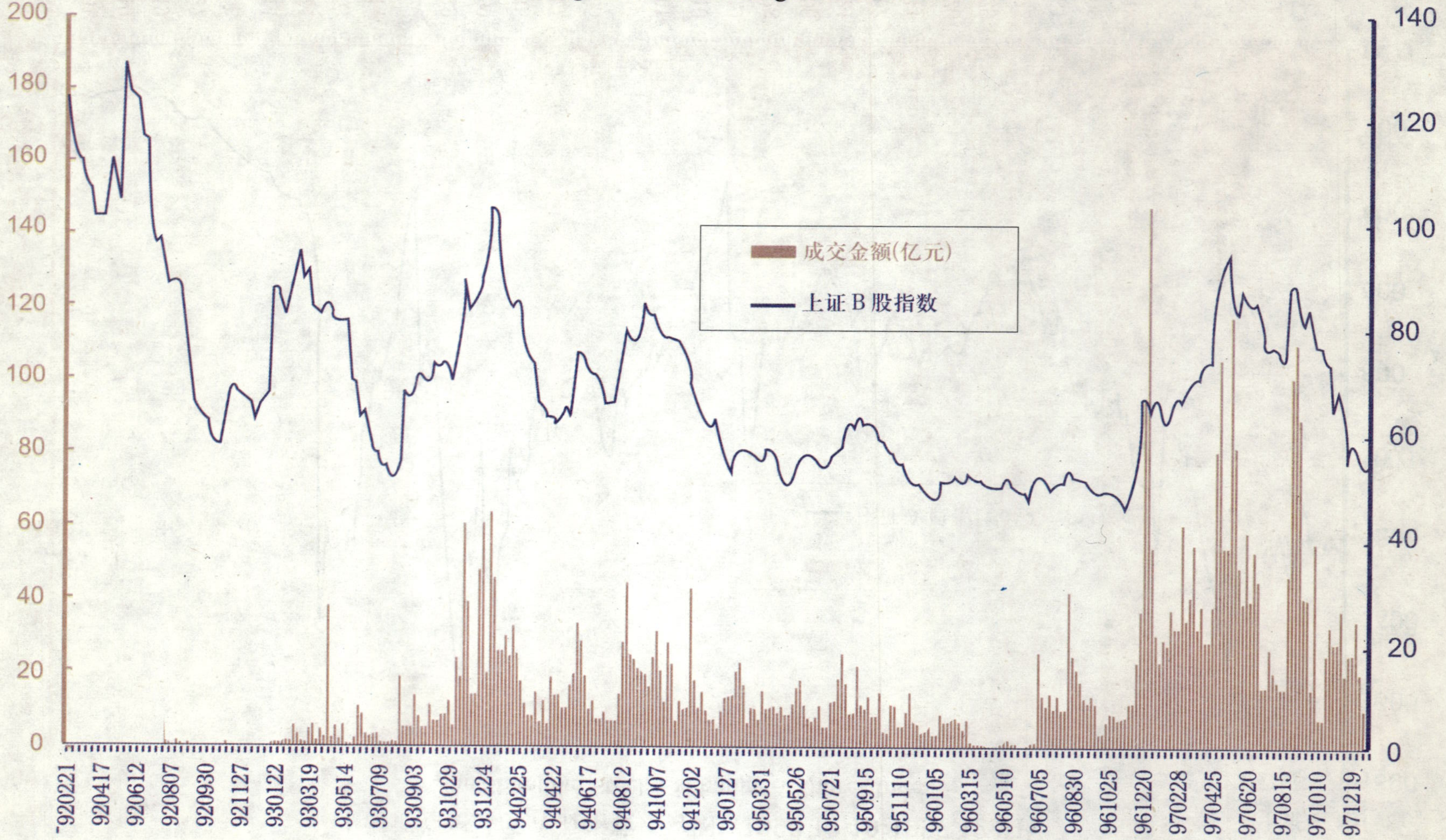

深圳证券交易所综合股价指数走势图（1991.04.03-1997.12.31）

The Shenzhen Stock Exchange Composite Index

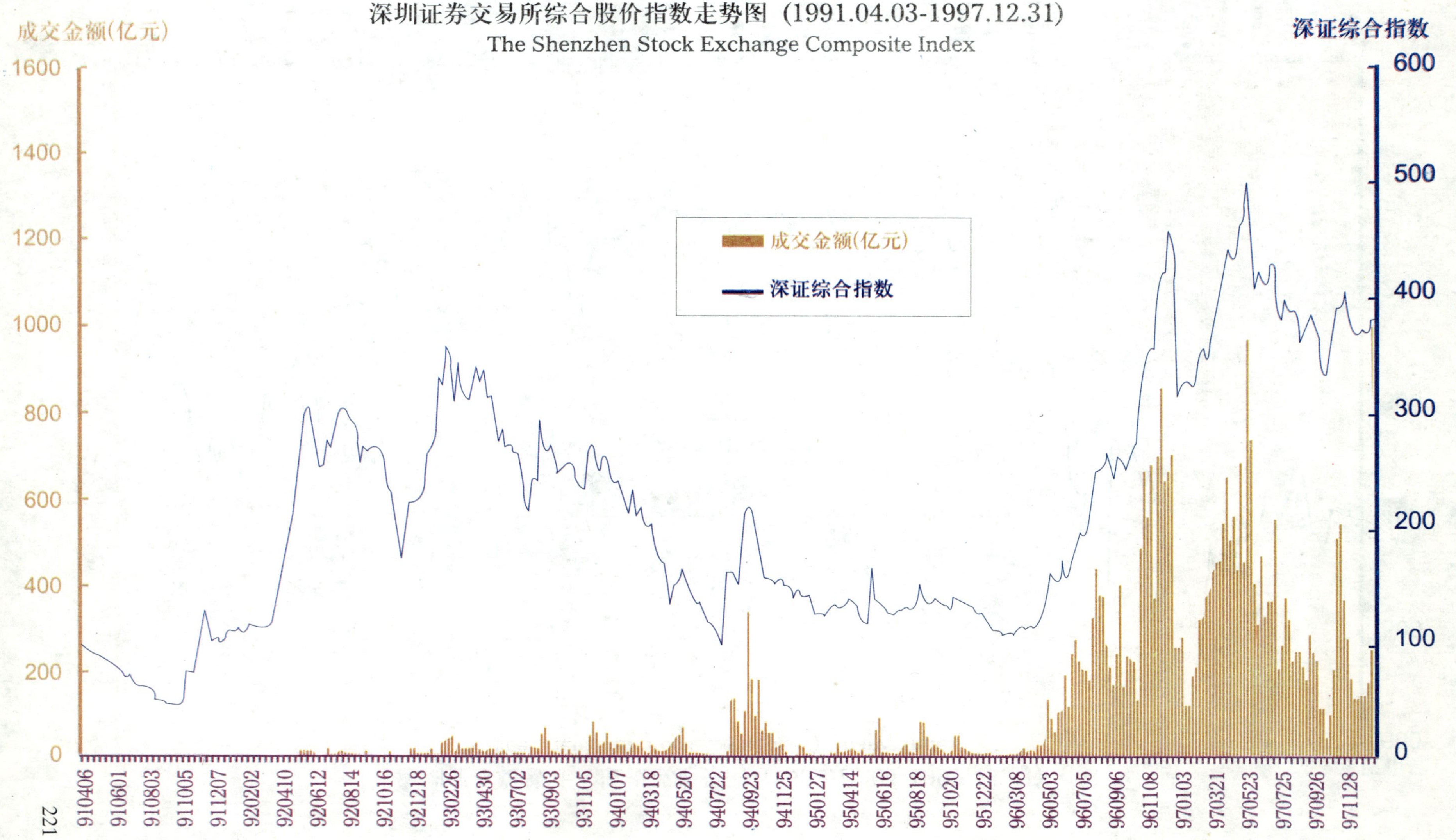

深圳证券交易所 A 股指数走势图 (1992.10.04-1997.12.31)

The Shenzhen Stock Exchange A Shares Index

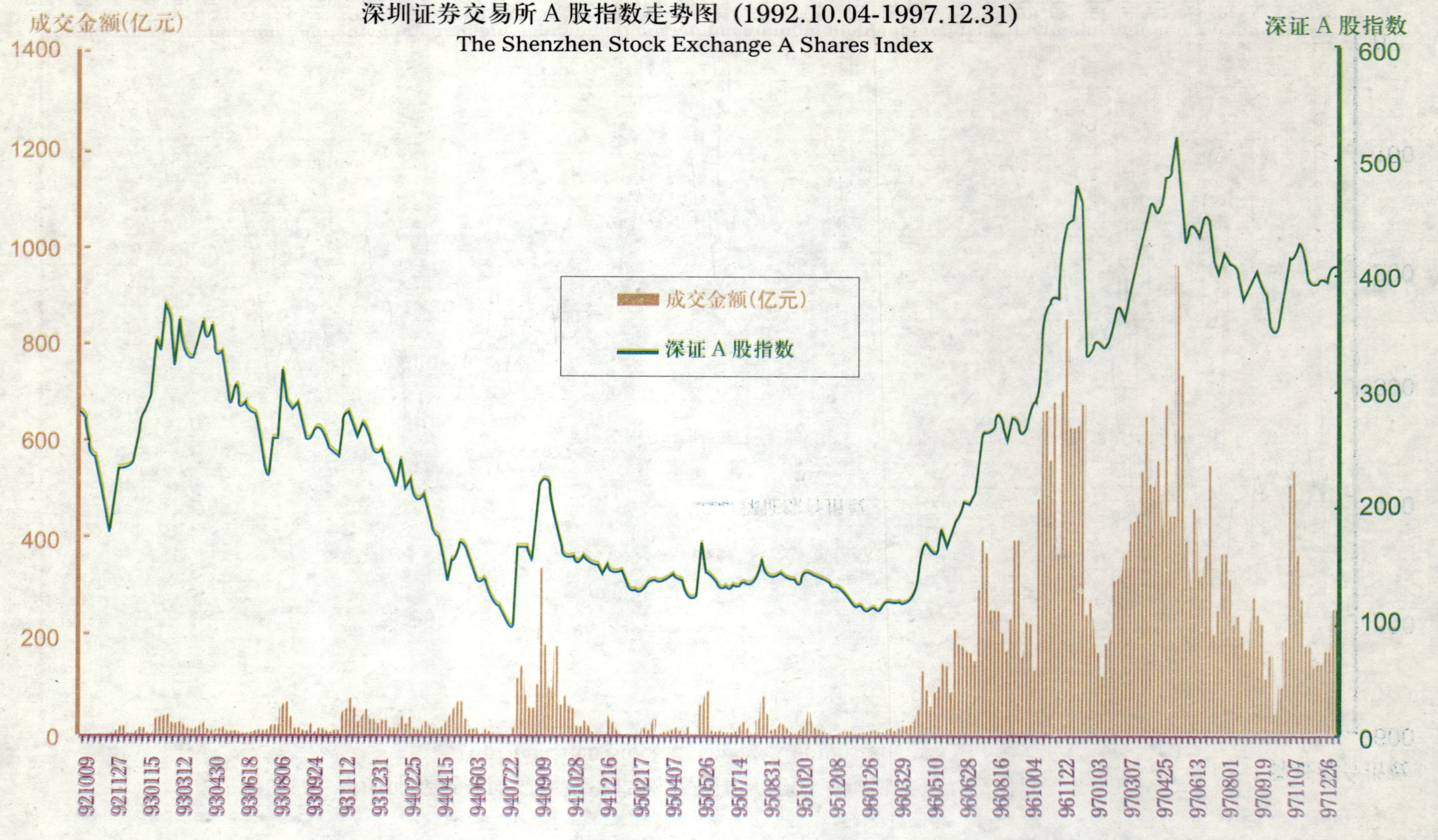

深圳证券交易所B股指数走势图（1992.10.04-1997.12.31）
The Shenzhen Stock Exchange B Shares Index

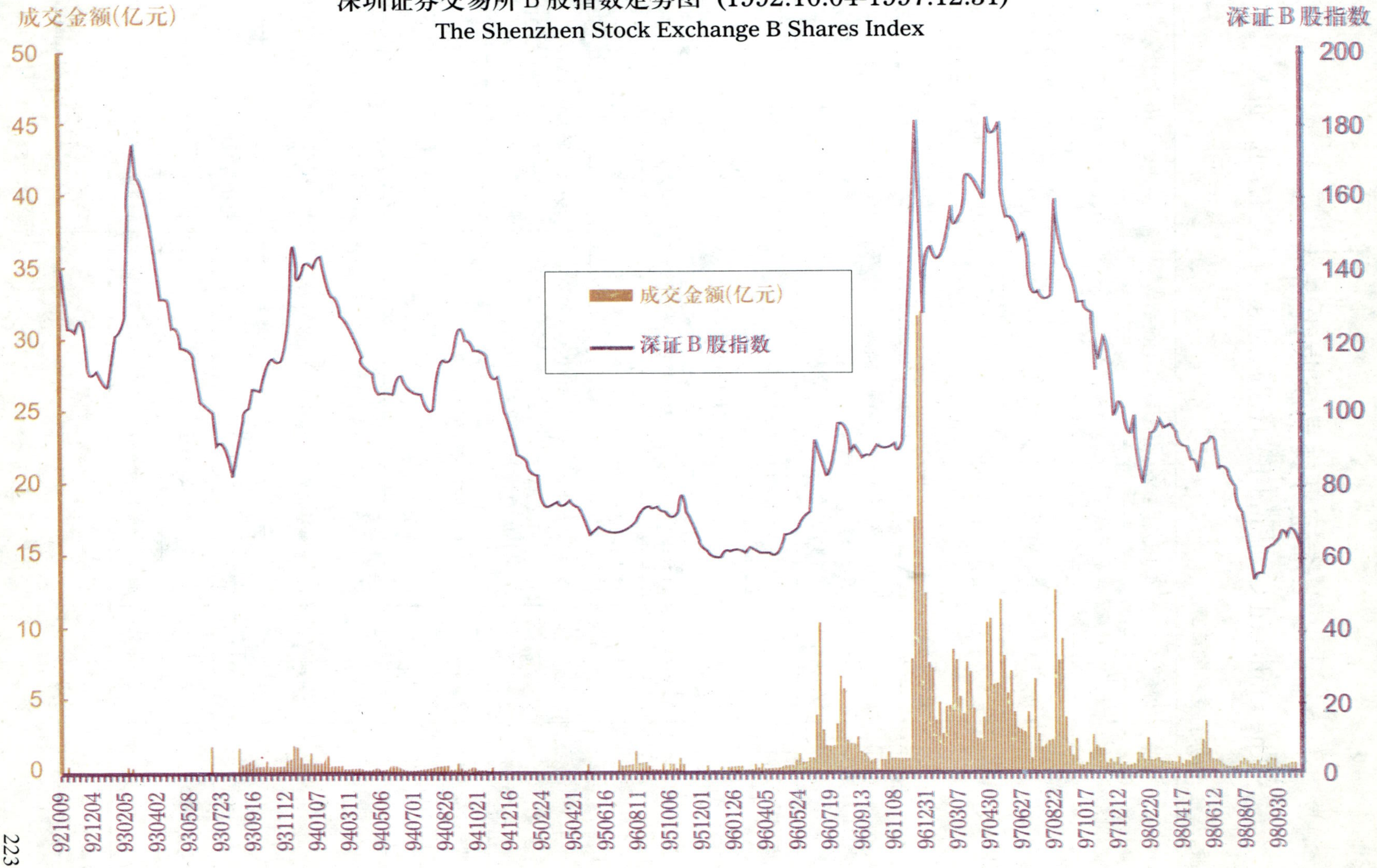

上海证券交易所收费标准

The Standard Cost and Fee (Shanghai Stock Exchange)

A 股、基金、债券的交易和清算

A 股交易	佣金	不超过成交金额的 0.35%,起点:10 元	投资者交证券商
	印花税	成交金额的 0.4%	投资者交税务机关
	交易过户费	成交面额的 0.1%,起点:1.00 元	投资者交证券商,其中成交面额的 0.05%证券商交结算公司
	交易经手费	成交金额的 0.012%	证券商交上交所
	证券管理费	成交金额的 0.003%	证券商交证监机构
债券(国债、企业债、金融债券)	佣金	不超过成交金额的 0.2%,起点:5 元	投资者交证券商
	交易经手费	成交金额的 0.01%	证券商交上交所
国债回购	佣金	3 天按成交金额的 0.015%收取	投资者交证券商
		7 天按不超过成交金额的 0.025%收取	投资者交证券商
		14 天按不超过成交金额的 0.05%收取	投资者交证券商
		28 天按不超过成交金额的 0.1%收取	投资者交证券商
		28 天以上按不超过成交金额的 0.15%收取	投资者交证券商
	交易经手费	对应回购品种标准佣金的 5%	证券商交上交所
可转换公司债券	佣金	成交金额的 0.2%,起点 5 元	投资者交证券商
	交易经手费	成交金额的 0.01%	证券商交上交所
基金/A 股权证	佣金	成交金额的 0.35%,起点:10 元	投资者交证券商
	过户费	成交面额的 0.1%,起点:1 元	投资者交证券商,其中 0.05%证券商交结算公司
	交易经手费	成交金额的 0.012%	证券商交上交所
证券投资基金	佣金	成交金额的 0.25%,起点:5 元	投资者交证券商
	交易经手费	成交金额的 0.0085%	证券商交上交所
清算保证金		20 万元/第一个席位,合并席位 5 万元	证券商交上交所

B 股交易和清算

B股/B股权证交易	印花税	成交金额的 0.4%(双向)	投资者交税务机关
	佣金	成交金额的 0.6%,起点:20 美元	投资者交证券商
	交易经手费	成交金额的 0.03%	证券商交上交所
	交易过户费	成交面额的 0.1%	投资者交结算公司
交收风险基金	基本结算会员	20 万美元	结算会员交结算公司
	一般结算会员	5 万美元	结算会员交结算公司

上市费用

股票上市	上市初费	上市总面额的 0.03%,不超过 3 万元	上市公司交上交所
	上市月费	上市总面额的 0.001%,不超过 500 元	上市公司交上交所
基金(联网基金除外)	上市初费	30000 元	基金管理人交上交所
	上市月费	500 元	基金管理人交上交所
证券投资基金	上市初费 上市月费	基金总额的 0.01%,起点:1 万元,不超过 3 万元 5000 元,按年计收	基金管理人交上交所 基金管理人交上交所
企业债券	上市初费 上市月费	上市总额的 0.01%,起点 8000 元,不超过 4 万元 上市总额的 0.0008%,起点 400 元,不超过 2000 元	发行人交上交所 发行人交上交所
可转换公司债券上市	上市初费	上市总面额的 0.01%	发行人交上交所
	上市月费	500 元	发行人交上交所

深圳证券交易所收费标准

The Standard Cost and Fee (Shenzhen Stock Exchange)

1. 上市初费:30000 元(A、B)
   上市月费以 500 元为基数(5000 万股),每增加 1000 万股,月费增加 100 元
   最高不超过 2500 元(A、B)

2.

种类	项目	收费标准
A股	佣金	成交金额的 0.35%,起点 5 元,客户交券商, 其中:交易所代收成交金额的 0.1925‰, 券商交交易所.
	印花税	成交金额的 0.5%,客户交券商
B股	佣金	成交金额的 0.43%,客户交券商, 其中:交易所代收成交金额的 0.0346%, 券商交交易所.
	印花税	成交金额的 0.5%,客户交券商
基金	佣金	成交金额的 0.3%,客户交券商, 其中:交易所代收成交金额的 0.036%,券商交交易所.
债券	佣金	不超过成交金额的 0.3%,起点 5 元,客户交券商, 其中:交易所代收成交金额的 0.01%,券商交交易所.

后　　记

Postsript

在本书的编制过程中，我们得到了中国证监会领导的关心和指导，得到了会内外有关单位的大力支持和配合。他们是：中国证监会发行部、上市部、国际部、机构部、首会办、法律部，中国人民银行调查统计司、非银司、货币政策司，财政部国债司，国家统计局国民经济核算司，国家外管局外债司、国际收支司，上海证券交易所、深圳证券交易所以及郑州商品交易所、上海商品交易所、上海金属交易所、上海粮油商品交易所、大连商品交易所、苏州商品交易所、北京商品交易所、深圳有色金属期货联合交易所、天津联合期货交易所、沈阳商品交易所、重庆商品交易所、成都联合期货交易所、广东联合期货交易所、海南中商期货交易所等十四家试点期货交易所。美国 SAS 软件研究所上海办事处许三保和王佩瑾在数据处理上给了我们全力帮助，上海证券报李东同志和中国财政经济出版社的张立宪同志在本书的出版发行工作中给了我们的大力支持。我们在此对上述单位及各单位工作人员表示衷心的感谢。

参加本书编写的成员有：

徐雅萍　吴利军　钟蓉萨　何龙灿　刘贤荣　王　婧　刘连起　胡宝剑　杨晓松
朱　岩　陈自强　张京兵　鲁素英　李　红　苗宇峰　窦洪权　周成跃　韦士歌
赵春萍　叶　纯　邢毓静　赵小平　皮六一　董国群　刘　俊　邝　琳　张　侃
周　舶　赵文奇　李　斌　伏晓明　周　晓　王永红　杨润申　孙　伟　顾嵌民
虞文力　任有标　鲁志宏　李　强　邵同康　姜　路　谢秀玲　范晓铭　肖　群
毛春波　姚跃进　陈建平　杨丽萍

中国证券监督管理委员会
信息中心
一九九八年十月